가만한 당신

가만한 당신

최윤필

뜨겁게 우리를 흔든,
가만한 서른다섯 명의 부고

마음산책

가만한 당신

1판 1쇄 발행 2016년 6월 30일
1판 13쇄 발행 2024년 7월 10일

지은이 | 최윤필
펴낸이 | 정은숙
펴낸곳 | 마음산책

등록 | 2000년 7월 28일(제2000-000237호)
주소 | (우 04043) 서울시 마포구 잔다리로 3안길 20
전화 | 대표 362-1452 편집 362-1451   팩스 | 362-1455
홈페이지 | www.maumsan.com
블로그 | blog.naver.com/maumsanchaek
트위터 | twitter.com/maumsanchaek
페이스북 | facebook.com/maumsan
인스타그램 | instagram.com/maumsanchaek
전자우편 | maum@maumsan.com

ISBN 978-89-6090-271-8 03300

* 책값은 뒤표지에 있습니다.
* 이 책의 저자 인세는 전액 해방촌 길고양이 기금으로 쓰입니다.

나는 이 세상에
잘 살려고 왔지,
오래 살려고 온 게
아니야.

외신 부고를 일삼아 읽고 끌리는 이들을 골라 소개하는 지면(《한국일보》 '가만한 당신')을 2년 남짓 맡아왔다. 관련 보도들을 종합하고, 보충 자료를 찾고, 책이나 영화 등 도움 되는 것들은 최대한 참조했다. 국내에 알려진 이들은 어떻게든 기억되리라 여겨 외면했고, 떠난 자리에 잔물결도 일지 않을 것 같은 이들을 편파적으로 주목했다. 그들 중 특히 기억하고 싶은 이들의 이야기를 어렵게 골라 이 책을 엮었다.

그들이 왜 끌렸는지 한두 마디로 설명하긴 힘들다. 굳이 말하자면, 차별과 억압과 무지와 위선에 맞서 우리가 마땅히 누려야 할 가치와 권리를 쟁취하고자 우리 대신 우리보다 앞서 싸워준 이들이라고 하겠다. 글을 깊이 읽은 내 친구는 그들을 "생을 거의 완전연소한" 이들이라고 표현했다. 그는 글보다 먼저 사진 속 표정과 미소와 주름살들을 먼저 '영접'하곤 했다고 말했다. 나는 낯선 그들에게 알게 모르게 빚을 졌다고 생각했다.

그들을 알아가는 과정이 빚을 갚는 일 같아 조금은 행복했다. 떠듬떠듬 원서로 된 탐정소설 읽듯 그들의 말투나 표정을 상상하기도 했고, 매개변수가 빠져 해명되지 않는 단층이 보이면 탐정처럼 자료와 인터뷰, 그 무렵의 사건 따위를 다시 뒤지기도 했다. 물론 미제未濟로 남을 때가 많았지만 익시로라도 잇고 싶을 땐 내 상상이나 희망 따위를 표 나게 끼워 넣기도 했다. 나처럼, 쓰이지 않은 내용과 행간을 뒤져 읽어준 독자들이 있다는 걸 나는 안다.

이 책의 어떤 대목이 읽을 만하다면, 책 속 그들의 삶과 그들이 추구한 세상이 아름다워서일 테고, 책 바깥 독자들의 세상이 너무 고약해서일 테다. 그 간극을 메우는 데 이 책이 조금이나마 기여하기를 바란다.

2016년 6월
최윤필

죽음 이후는 없다고 생각한다.
만일 내가 죽게 된디면
내 방식대로 죽고 싶다.

차 례

6   책머리에

14   콩고의 마마 _레베카 마시카 카추바
            전쟁 속에서 끌어안은 인간의 존엄

22   삶이라는 행운 _홀브룩 콜트
            의사이자 환자로서 혈우병을 치료하다

30   작은 거인 _스텔라 영
            장애 편견과 고통 앞에서 춤추다

40   비행하는 인간 _딘 포터
            육체의 해방을 꿈꾼 익스트리머

50   모성이라는 환상 _바버라 아몬드
            어머니는 아이를 사랑하고 미워한다

60   자살연구자 _노먼 파버로
            죽음을 이해하는 것으로 예방하다

70   사랑의 합법성 _니키 콰스니
            동성혼의 법제화를 위하여

76 **사회를 치료하는 경제학** _우자와 히로후미
안성된 신보늘 멋어나 학문의 의미를 찾다

86 **잘려나간 장미** _에푸아 도케누
여성 할례 금지 운동의 시작

94 **탐욕스러운 환경운동가** _더글러스 톰킨스
노스페이스 창업자, 국가에 공원을 기증하다

104 **거인 같은 여성상** _메리 도일 키프
전쟁으로 시작된 여성해방의 상징

112 **잊을 수 없는 기억** _로저 보이스졸리, 로버트 이블링
챌린저 참사의 비극을 밝히다

122 **자위 해방** _델 윌리엄스
여성 오르가슴으로 세계를 구하다

130 **색깔 없는 인권** _존 마이클 도어
1960년대 흑인 인권 투쟁 현장을 누비며

140 **실수로 갇힌 인간** _글렌 포드
무고한 삶을 오판할 때 벌어지는 일들

148 **생존자에서 조력자로** _데니즈 마셜
폭력 피해 여성 구제를 위하여

156 **순간을 사는 존재** _제럴드 라루
이단자라는 오명 속에서 존엄사 합법화에 나서다

166 **젠더 혁명** _로절린 벅샌덜
관습에 맞선 사회주의 페미니스트

176 **벤치의 익살꾼** _에버렛 라마 브리지스
즐기는 사람이 이기는 사람보다 행복하다

186 **군대 민주화 운동** _앤드루 딘 스태프
부당한 명령과 처우 개선, 반전운동에 힘써

196 **도둑맞은 행복** _도리스 필킹턴 가리마라
수용소에서 1600킬로미터를 걸어 가족 품으로

206 **등불을 켜는 자** _로버트 루시
경찰 내부고발자로 산다는 것

216 **미국의 감시자** _델머 버그
스페인내전 참전 병사가 본 세계 정치

224 **죽을 권리** _데비 퍼디
궁극의 자유를 찾아서

234 **진실 없는 사실** _윌리엄 그린
특종에 취한 언론을 낱낱이 까발리다

244 **자유의 풀잎** _마이클 존 케네디
마리화나 합법화를 위한 잡지를 발행하다

254 **표현의 자유** _앨버트 모리스 벤디크
미국 수정헌법 제1조의 변호사

264 따듯한 심장의 과학자 _요세프 랑에
HIV 환자는 실험 대상이 아닌 파트너

274 일상의 투쟁 _파테마 메르니시
이슬람 페미니즘의 터전을 마련하다

282 폭동 아닌 봉기 _앨빈 브론스타인
수형자의 인권도 존중되어야 한다

292 분노의 목소리 _하요 마이어
아우슈비츠 생존자로서 나치즘과 시오니즘 비판

302 감시받지 않을 권리 _카스파 보든
보편 인권으로서의 프라이버시

312 무기로 쌓아올린 평화 _루스 레거 시버드
세계적인 군비경쟁을 폭로하다

322 진실을 말하는 뼈 _클라이드 콜린스 스노
유골 분석으로 법의인류학을 실현하다

332 선택과 권리 _엘리자베스 리비 윌슨
삶에 대한 결정권은 본인에게 있어야 한다

342 미주
349 찾아보기

1966 —— 2016

레베카 마시카 카추바

콩고의 마마

전쟁 속에서 끌어안은 인간의 존엄

콩고의 레베카 마시카 카추바Rebecca Masika Katsuva는 '마마'라는 애칭으로 널리 불렸다. 그는 콩고전쟁 중 강간당한 여성과 고아, 성폭행으로 태어난 아이들을 거둬 치료하고 함께 먹고 자고 일하고 가르쳤다. 그의 품을 거쳐 간 여성만 약 6000여 명. 아이들이 부르던 호칭을 그들이 따라 불렀고, 친해진 뒤로는 이름을 포개 '마마시카'라고도 했다. 카추바 역시 그들과 다를 바 없는 참혹한 강간 피해자, 아니 생존자였다. 콩고의 여성들은 그런 그에게서 용기를 얻고 조금은 덜 힘들게 다시 일어서곤 했다. 콩고의 '마마'가 2016년 2월 2일 별세했다. 향년 49세.

그의 삶을 되돌아보려면 콩고 현대사를 짧게라도 들춰봐야 한다. 벨기에의 오랜 식민지에서 1960년 독립. 1961년 독립 영웅이자 초대 총리 파트리스 루뭄바Patrice Lumumba, 1925~1961 암살, 미국·소련·벨기에의 암투와 내전, 1965년 미국을 등에 업은 모부투 세세 세코Mobutu Sese Seko, 1930~1997 집권과 32년간의 독재, 동쪽 국경 너머 르완다의 1994년 내전과 반군들의 콩고 월경, 1996년 제1차 콩고전쟁으로 이듬해 5월 로랑 카빌라Laurent Kabila, 1939~2001의 콩고민주공화국 탄생, 1998~2003년 제2차 콩고전쟁, 전쟁 중이던 2001년에 카빌라 암살(사실상 집권 세력에 의한 숙청)과 그의 아들 조제프 카빌라Joseph Kabila, 1971~의 집권.

콩고전쟁이 내전이 아닌 까닭은 이웃 국가의 무력이 공공연히 개입했기 때문이다. 특히 앙골라, 짐바브웨, 우간디, 르완다 등 중부 아프리카 8개국이 각각 콩고 정부군과 반군을 편들어 벌인 제2차 전쟁은 당시 미 국무장관 매들린 올브라이트Madeleine Albright, 1937~의 표현처럼 콩고를 무대로 한 '아프리카 세계대전'이었다. 전쟁 원인은 구리와 우라늄, 다이아몬드 등 콩고의 자원, 특히 동부 지역에 집중 매장된 콜탄 때문이었다. '잿빛 골드'라 불리는 분쟁 광물 콜탄은 희소원소 '나이오븀Nb'과 '탄탈룸Ta'의 원광석이고, 두 광물은 각각 초경합금과 첨단 전자 장비의 재료로 쓰인다. 특히 탄탈룸은 전자무기와 스마트폰, 노트북 등 IT 장비 전자회로와 전지의 필수 광물. 전 세계 콜탄 매장량의 70퍼센트 이상이 콩고에 있고, 그 대부분이 동부 콩고·우간다·르완다·부룬디와 국경을 맞댄 남·북키부주에 묻혀 있다. 콩고의 서쪽 끝 수도 킨샤사의 권력은 동부까지 미치지 못했고, 쿠데타군은 동부의 자원을 떡밥 삼아 저들 국가의 군대를 끌어들였다.

제2차 전쟁 희생자는 400~600만 명에 달했고, 집단 학살과 강간, 고문, 기아, 질병으로 숨진 민간인이 전투에서 숨진 군인보다 훨씬 많았다. 반군 진영은 광산들을 꿰찬 채 아동·여성 노동력을 노예처럼 부려 콜탄을 채석했고, 걸러진 탄탈룸은 여러 경로로 팔려

나가 무기로 바뀌어 동부로 되돌아왔다. 희생자가 가장 많았던 곳도 당연히 동부 키부 지역. 카추바가 나고 자라 결혼해 살던 곳이 거기였다.

카추바는 1966년 5월 26일 남키부 주 카타나에서 태어났다. 처음 얻은 이름은 레베카였지만, 독재자 모부투가 아프리카 민족주의를 선언하며 국호를 바꾸고 서양식 이름을 불법화하면서, 그는 마시카가 됐다. 오퍼상이던 보스코 카추바와 결혼한 해는 분명치 않다. 카추바는 남편이 두바이 등지를 다니며 가져온 생활용품 등을 판매하는 가게를 운영했다. 부부는 꽤 넉넉한 생활을 했고, 제2차 전쟁이 발발하던 1998년 무렵 그들에겐 네 딸이 있었다.

무장 반군이 들이닥친 건 그해 10월 어느 밤이었다. 아일랜드 더블린에 본부를 둔 국제인권단체 프런트라인이 펴낸 책자에 카추바가 직접 쓴 일부다. "밤 11시경 모든 게 시작됐다. 남편과 네 아이, 내 여동생과 나. 이웃집서 비명이 들렸지만 도망갈 데가 없었다. 마을 한쪽은 야수들이 사는 정글이었고, 다른 쪽은 강이었다. (…) 마침내 그들이 들이닥쳤고 모든 걸 강탈했다. (…) 죽이려면 총으로 죽여달라는 남편을 조롱하며 그들은 '(칼로) 조각조각 내 죽여주겠다'라고 했다. (그들은 실제로 그렇게 했고) 남편의 토막 난 시신을 내게 한데 모으게 한 뒤 그 위에 나를 눕혔다. (…) 열두 명째에 이를 무렵 옆방 아이들의 비명 소리가 들렸다. 열다섯 살, 열세 살 딸과 내 여동생의 목소리였다. 나는 정신을 잃었다."

6개월 뒤 병원에서 깨어난 카추바는 제 상처를 추스를 겨를도 없이 두 딸의 임신한 배를 바라봐야 했다. 그는 남편 가족들이 집을 팔아치워 돌아갈 곳도 없었다. 남편 형제들은 카추바에게 강도들과 내통해 남편을 죽게 한 것 아니냐고 했고, 정 들어와 살고 싶으면 시동생과 다시 결혼하라고도 했다. 카추바는 옷 가방 하나 들고 마을에서 쫓겨났다. 그가 아들을 못 낳아서 쫓겨났다는 기록도 있고, 마을 교회 근처에서 노숙하던 그가 성가셔 남편 가족들이 차비를 주어 멀리 쫓아 보냈다는 기록도 있다.

모든 전쟁이 그렇지만 콩고전쟁에서 강간은 반군, 정부군 할 것 없이 전투의 한 방편처럼 일상적으로 자행됐고, 남성 피해자도 적지 않았다. 훗날 카추바의 이야기를 다큐멘터리로 만든 피오나 데이비스는 "전쟁이 치열했던 무렵에는 동부 콩고에서만 매시간 48명이 강간당했다는 추산도 있다"라고 썼다.[1] 영국 옥스퍼드에 본부를 둔 국제빈민인권기구 옥스팜OXFAM 홈페이지에는 그들이 조사한, 읽기조차 고통스러운 콩고의 강간 사례들이 소개돼 있다. 아내와 딸을 집단 강간한 뒤 남편에게 딸을 강간하도록 강요하고, 불응하자 남편과 세 아들을 살해한 이야기, 반군에게 끌려가 7개월 동안 성 노예로 지내다 탈출한 사연……. 한 여성은 "그 일이 내게 일어났다는 게 믿기질 않는다. 차라리 죽고 싶다"라고 말했다. 국제사면위원회Amnesty International '지네타사강기금'의 앤드리아 클래번 이사장은 "콩고전쟁은 여성과 아동을 폭력의 대상으로 삼은, 제2차 세계대전 이후 가장 참혹하고 잔인한 전쟁이었다"라고 말했다.[2]

카추바는 2000년 무렵 북키부 주 고마 시의 한 국제인권단체가 운영하던 '아일아프리카Isle Africa'라는 강간 피해 여성들의 의료 쉼터

일을 도왔다. 피해 여성들을 데려와 치료받게 하는 게 그의 일이었
다. 자신의 사연은 감춘 채 일을 시작했던 그는 훗날 강간 후유증을
못 견뎌 제 사연을 털어놨고, 그들의 도움으로 자궁 적출 수술을 받
았다.

옥스팜에서 받은 돈 250달러로 그는 독자적인 강간 피해 여성 자
활 운동을 시작했다. 가족들로부터 쫓겨난 여성들을 모아 함께 지
내며, 사연을 듣고자 하는 유엔과 국제인권단체를 연결시켜주는 일
을 했다.(그의 집은 '경청의 집Listen House'이라 불렸다.) 기부금이 모이
면 인근 땅을 사서 함께 농사짓고 수확물을 판매하며 자활 공동체
를 구축해나갔다. 어느 마을에 반군이나 정부군이 들이닥쳤다는
소식이 들리면 그는 열 일 제쳐두고 찾아가 오갈 데 없는 이들과 아
이들을 데려오곤 했다. 카추바는 "그들에겐 각자 특별한 사연과 문
제들이 있다. 우리는 함께 사연을 듣고 토론해서 해법을 찾는다" 하
고 말했다. 그들이 가족에게 돌아가고 싶어 하면 부족 어른들을 찾
아가 직접 설득하기도 했다. 그는 2002년 공동체를 '버려진 이들의
자활연대협회APDUD'로 개편했고, 그렇게 점차 '마마'가 돼갔다.

국제인권단체가 그를 지원했다. 한국정신대문제대책협의회의 전
시성폭력피해자지원기금인 '나비기금'의 2012년 첫 지원 대상도 버
려진 이들의 자활연대협회였다. 여성들의 집은 50채가량으로 늘어
거의 마을 공동체가 됐다. 그곳에는 평균 150~200명가량의 여성들
이 생활했고, 아이들만 80명이 넘었다. 하지만 후원금이 넉넉했을
리 없다. 카추바를 돕던 이들이 "이제 한계" "그만 받아들여야 한
다"라고 권유하자 그는 "어떻게 아이들을 길바닥에서 죽게 내버려
둬" 하며 단호하게 거부한 적이 있다고 한다.[3] "내가 아이들에게서

얻는 게 있다" "아이들이 나를 안정시켜준다"라고 그는 말했다. 피오나의 다큐멘터리에는 그가 아이들을 씻기고 입히고 먹이고 병원에 데려가는 뭉클한 장면들이 나온다. "나 역시 죽을 마음을 여러 차례 먹곤 했다. 하지만 그때마다 나는 내 도움을 원하는 아이들과 여성들을 본다."⁴

유엔 등 국제사회의 중재와 분쟁 광물 무역 규제 등에 떠밀려 콩고 정부군과 반군은 2003년 휴전했다. 하지만 동부는 지금도 사실상 반군 수중에 놓여 있고, 분쟁과 강간도 지속되고 있다. 옥스팜은 2004~2008년 사이 남키부 주 유일한 산부인과 병원인 판지병원에서 진료받은 강간 피해자 9709명 가운데 4311명을 인터뷰한 결과를 2010년 4월 공개했다. 피해자의 56퍼센트는 들판이나 숲속이 아닌 자신의 집에서 밤중에, 다시 말해 가족들이 보는 앞에서 강간당했다. 남편과 함께 병원에 온 이는 1퍼센트가 되지 않았고, 세 명 중 한 명은 혼자 왔으며, 절반 이상은 강간당한 지 1년이 지난 뒤에야 질병 등 후유증 때문에 온 이들이었다. 휴전 뒤 민간인에 의한 강간 범죄도 그사이 무려 열일곱 배나 증가했다. 2004년 1퍼센트 미만이던 민간인 강간 비율은 2008년 전체의 38퍼센트였다.

카추바도 2006년 이후 무려 세 차례나 더 집단 강간을 당했다. 2009년 1월 강간은 카추바가 군인들의 강간 사실을 고발·폭로해온 데 대한 보복·협박 강간이었다.⁵ 카추바의 어머니도 그의 일을 돕다가 강간·살해당했다.

2010년 4월 마시카 카추바는 국제사면위원회의 지네타사강상을 수상했다. "끊임없는 공격과 협박에도 굴하지 않고 성폭력 생존자와 청소년, 아이들에게 피난처를 제공하고 돌본" 공로였다. 미국 뉴올리언스에서 열린 시상식에 그는 불참했지만, 국제사면위원회 미국 지부의 수잔느 트리멜은 카추바가 상금 1만 달러를 어떻게 쓸지 궁리 중이었다고 전했다. "돈을 집에 둘 수 없으니 우선 은행에 넣어두려고 한다. 나중에 고마에 집을 한 채 사서 세를 놓을 생각이다. 아이들의 학비를 내야 하기 때문이다. 돈이 남으면 그 아이들과 여성들을 입히고 먹이는 데 쓸 거다." 그에겐 함께 돌보는 아이들 외에 입양한 고아 열여덟 명이 있었다.

콩고 출신으로 영국에서 활동해온 인권운동가 바바 탐파는 〈가디언〉 기고문에서 작년 말 카추바가 재봉틀을 구해 달라고 했으며 "다섯 대가 있었는데 세 대는 망가지고 하나는 도둑맞았다"라고 했고, 몇 달 뒤에는 "수확한 농작물을 시장에 내가기 위해 밴 한 대가 있으면 좋겠다"라고 했다고 전했다. 그렇게 여성과 아이들과 마을 살림을 챙기느라 정작 자신의 몸은 못 챙겼던지, 카추바는 2016년 2월 2일 오전 8시에 병원에 갔다가 오후 4시에 숨졌다. 사인은 말라리아 합병증에 의한 심장마비였다. 인권단체 휴먼라이츠워치HRW의 콩고 담당 선임연구원 아이다 소여는 "카추바가 떠난 뒤 세상이 더 황량해진 것 같다"라고 HRW 홈페이지에 썼다. 그는 "카추바 덕에 모진 일을 겪었던 수많은 여성과 아이들이 자신들도 사랑스럽고 가치 있는 존재임을 알게 됐고 또 힘을 얻었다" "내 삶도 그를 알아 더 풍요로워졌다"라고 추모했다. 유엔의 분쟁 지역 성폭력 특별대표 자이납 하와 방구라Zainab Hawa Bangura, 1959~는 "마시카는 영웅이었다. (…) 그 어떤 야만도 인간의 존엄과 평화를 향한 인류의 열망을 이길 수 없음을 그는 내게, 이 세계에 보여주었다"라고 밝혔다.

1977 — 2016

홀브룩 콜트

삶 이 라 는 행 운

의사이자 환자로서 혈우병을 치료하다

신생아 100명 중 세 명은 선천성 기형 또는 유전성 질환을 안고 태어난다. 유전성 질환은 말 그대로 유전, 또는 유전자 일부 인자의 돌연변이로 발병한다. 그 병들은 1953년 제임스 왓슨 등이 DNA 분자구조를 밝히기 전까지 '선천성대사이상'이란 애매한 이름으로 불렸고, 더 오래 전에는 저주의 다른 표현인 '천형天刑'이라 불리기도 했다. 인류가 유전성 질환의 발병 메커니즘을 밝혀 공략의 가능성을 찾아 나선 것도 사실상 1960년대 이후부터였다.

혈우병hemophilia은 대표적 유전병 가운데 하나다. X염색체 혈액응고인자 가운데 일부가 부족하거나 아예 없어 출혈 시 피가 잘 멎지 않는 질병.(X염색체 질환이라 여성 환자는 드물다. 여성XX은 한쪽 X에 문제가 있어도 다른 쪽으로 만회할 수 있기 때문이다.) 정상인의 경우 피가 나면 혈관이 수축돼 출혈량이 줄고 혈액 속 혈소판이 상처의 구멍을 메운다. 그사이 체내에서는 혈액 단백질 등이 응고괴clot라는 물질을 형성해 그물처럼 상처 부위를 막아 혈소판의 기능을 돕는다. 혈액응고인자가 부족하거나 없으면 저 기능이 약해진다. 외상도 위험하지만 겉으로 드러나지 않는 내출혈, 예컨대 경미한 뇌출혈이나 장출혈도 혈우병 환자에게는 치명적이다. 환자는 혈액에서 추출한 응고인자농축제제나 유전자재조합제제(단일클론항체)를 주기적으로 정맥에 주사해 불시 출혈에 대비하거나 증상을 완화해야 한다.

미국 스탠퍼드 의대 종양학자 홀브룩 콜트Holbrook Kohrt가 앓던 병이 혈우병이었다. 그는 미국 펜실베이니아 주 스크랜턴 시에서 1977년 12월 14일에 태어났다. 몸에 원인을 알 수 없는 멍이 많았고, 할례 후 출혈이 멎지 않았다고 한다. 그의 경우는 가족력 없이 발병한 돌연변이성(전체 환자의 20~30퍼센트)이었고, 소아과 의사 아버지와 간호사 어머니조차 처음엔 혈우병 가능성을 생각하지 않았다고 한다. 병원을 전전하던 사이, 심한 멍을 보고 아동 학대를 의심한 누군가의 신고로 아동보호국의 조사를 받기도 했다. 진단 결과 콜트는 8번 응고인자 결핍, 즉 'A형 혈우병'이었다.(환자의 약 60~70퍼센트가 A형이다.)

훗날 그는 이런저런 자리에서 그동안 산 날들이 '행운' 덕이라고 말하곤 했다. 행운이라면 좋은 부모를 만난 게 첫 번째 행운이었을 것이다. 충격이 컸을 부모가 맨 먼저 한 일은 그의 침대와 벽을 푹신한 패드로 감싸는 거였고, 초등학교 입학 전까지 헬멧 등 안전 장구를 쓰게 하는 거였다. 가급적 병을 의식하지 않고 최대한 평범하게, 다른 아이들처럼 놀고 활동할 수 있게 하자는 배려였다. 의료인 부모였으니 그들은 영국혈우재단이 발간한 『혈우병과 더불어 살기 Living with Hemophilia』의 어린이 지침'을 읽었을 것이다. 지침 열 개 항목 대부분은 "정상적으로 친구와 놀고" "정상적으로 학교생활을 하고" "정상 수명을 기대하게" 해야 한다는 내용으로 채워져 있다.

물론 콜트는 무조건 이틀에 한 번씩 혈액제제 정맥주사를 맞아야 했고, 병원 응급실을 제집처럼 드나들어야 했다. 초등학교 2학년짜리 아이가 직접 주사를 놓는 장면을 본 담임교사가 졸도를 한 일도 있었다고 한다. 하지만 더 고통스러운 건 편견이었다. 수혈을 받으면 지옥에 간다고 믿던 '여호와의증인' 신자 이웃들의 폭력이 특히 심했다고 했다. 2014년 〈샌프란시스코매거진〉에 쓴 글[2]에서 그는 "세 살 때부터 여덟 살 때까지 그들(여호와의증인 신자 이웃)은 실제로 내 가족을 위협하기도 했다"라고 썼다. 대문 앞에 서 있다가 문을 연 그의 얼굴에 침을 뱉기도 했고, 버스 같은 데서 조롱을 하기도 했다. 그는 "생존에 필요한 처방을 받는 사람을 향한, 그토록 지독한 편견과 비이성적이고도 집요한 적의를 그 뒤로도 경험한 적이 없다"라고 썼다.

학교에 입학한 여덟 살 때부터, 부모는 그를 혈우아동여름캠프에 보냈다. 전문가들의 보살핌을 받으며 안전한 시설에서 같은 처지 아이들끼리 어울려 지내는 프로그램. 툭하면 붓는 무릎 관절, 멍투성이 팔다리들을 서로 내보이며 키득거리기도 하고 지긋지긋한 정맥주사의 고충을 털어놓으며, 그들은 학교 친구들과 또 다른 우정을 쌓았을 것이다. 1980년대 중후반은 에이즈의 기세가 등등하던 때였다. 당시 혈우병 환자에겐 혈액제제 외에 대안이 없었고, 불특정 다수의 혈액에서 추출한 응고인자농축액들은 HIV 바이러스에 무방비 상태였다. 그는 첫 캠프 때 약 200명이었던 참가자가 해가 바뀔

때마다 줄어갔다고 했다. "이듬해 만나면 우리는 누가 안 왔는지, 어디가 얼마나 아픈지 서로 묻곤 했고, 점점 그 질문은 누가 죽었는지로 바뀌어갔다." 그들 다수는 혈우병 때문이 아니라 에이즈로 숨졌고, 그가 10대 중반에 이르러 캠프가 문 닫을 즈음까지 살아남은 이는 그를 포함해 단 두 명뿐이었다.[3] 미국질병통제예방센터CDC는 콜트와 같은 생존자를 대상으로 HIV 내성 인자 보유 여부를 검사, 그중 일부가 실제로 돌연변이를 통해 HIV 면역에 기여하는 케모카인Chemokine 단백질과 수용체를 보유한 것으로 훗날 밝혀냈다. 콜트는 그런 변이가 없이 감염되지 않은, 기적 같은 행운의 주인공이었다. 13세 때 감염된 혈액제제 때문에 C형 간염에 걸려 약 2개월간 입원하기도 했는데, 그때는 '완전항체반응full antibody response', 즉 몸 면역 시스템이 스스로 병을 치유해내는 또 한 번의 마법 같은 일을 경험하기도 했다. 혈액제제가 안전해지고, 유전자재조합 방식의 새로운 치료제, 즉 비감염 혈액의 특정 단백질을 햄스터의 난소 등에 주입해 혈액응고인자를 추출해 만드는 농축제제가 나온 것은 1990년대 이후였다. 콜트는 '행운'이라고 했지만 그건 사무치게 원망스러웠을 자신의 몸을, 그래도 믿고 사랑한다는 고백이었을 것이다.

콜트는 2013년 〈뉴욕타임스〉 인터뷰[4]에서 "유년 시절 대면하는 죽음은 그 무게를 온전히 느끼는 죽음이 아니다. 어찌어찌 살아지겠지, 하고 여기게 된다"라고 말했다. 성년이 된 뒤에는 "생명과 직결된, 스스로 통제할 수 없는 치명적인 문제를 안고 있다는 건 고도의 공포를 동반한 채 산다는 걸 의미한다. 그 공포를 안고 반복되는 일상을 다만 버틸 것인가, 어떤 희망을 찾아 앞으로 나아갈 것인가의 선택을 해야 한다" 하고 말했다. 콜트는 펜실베이니아 뮬런버그칼리지에서 분자생물학을 전공한 뒤 2000년 스탠퍼드 의대에 진학해 석·박사 과정을 이수해 조교수가 됐고, 2012년부터 대학 부설 '레비Levy연구소'에서 면역종양학 연구에 몰두했다.

레비연구소의 로널드 레비Ronald Levy, 1941~는 로슈Roche사의 블록버스터 표적항암제 '맙테라'의 주성분인 단일클론항체 '리툭시맙Rituximab'의 개발자로 유명하다. 단일클론항체란 표적 항원에만 부착돼 항암 화학 치료 시 건강한 세포에 독성을 줄여주는 특이 항체로, 리툭시맙은 "악성 B세포에 발현된 CD20 항원을 표적으로 하여 체내 면역 체계가 표지된 B세포를 공격하게" 하는 기능을 한다. CD20 항원이 줄기세포에는 없기 때문에 화학 치료 부작용을 줄여주고, 치료 후 건강한 B세포가 재생되는 데 도움을 준다. 리툭시맙은 비非호지킨성 림프종과 백혈병, 류마티스 관절염 등에 주로 쓰인다.

그는 의사 겸 종양학자가 된 동기를 〈샌프란시스코매거진〉에 이렇게 썼다. "힘든 시기마다 곁에 의사가 없었던 적이 없다. 나를 절망하지 않도록 도와준 이들도 의사였다. (…) 나도 다른 이들의 삶에 그런 커다란 영향을 줄 수 있는 기회를 얻고 싶었다." 그는 "C형 간염 극복 경험 등을 통해 암도 면역 체계를 활성화하는 방법으로 공략할 수 있지 않을까 관심이 쏠렸다"라고 말했다.

그의 주 연구 분야도 '항체공학antibody engineering'을 통한 면역 시스템 개선이었다. 그는 2013년 8월 스탠퍼드 의대 '항체공학 및 치료' 팟캐스트[5]에 출연하여 "리툭시맙 이래로 트라스트주맙, 세툭시맙 등 다양한 단일클론항체들이 개발됐지만 불행히도 우리가 기대했던 '특효약magic bullet'이 되진 못했다"라며 새로운 돌파구를 찾기 위해 의과학자들이 안간힘을 다하는 분야의 하나로 항체공학을 소개했다. 국내 여러 항체공학연구소 등에 따르면 항체공학은 치료용 항체 반복 투여 부작용 제어, 면역항체 반응을 최소화하기 위한 생쥐 단일클론항체의 인간화항체humanized antibody 전환, 치료 효능을 높이기 위한 이중특이항체bispecific antibody 실험, 항체–약물 결합체 등을 연구·개발하는 분야다.

콜트는 자궁경부암과 난소암 수술 환자에게 미량의 암특이단백질cancer-specific protein을 백신처럼 투입해 잔존 암세포를 공격하고 고형 종양의 재발을 방지하는 치료법을 독자적으로 개발, 쥐 실험 치료에 성공한 뒤 임상 실험을 진행해왔다.[6] 쿠바 의료진의 요청으로 현지에서 유방·난소암 백신 1차 임상 실험을 진행해 성공했고, 그 실험은 현재 호주와 유럽, 스탠퍼드대학교에서 진행되고 있다.

앞서 그가 스탠퍼드 의대의 '고급 레지던트 과정Advanced Residency Training'을 이수한 까닭도 연구와 임상 치료를 병행하기 위해서였다. 고급 레지던트 과정은 미국에서 의대를 졸업하면 받는 의학박사MD, Medical Doctor 외에 의과학 연구자로서 활동할 수 있는 박사PhD를 결합한 교육 프로그램이다.(통합 과정으로 운영되는 한국과 달리 미국은 MD만 보유한 의사가 많아 'MD=의사'라는 의미로 통한다.) 그는 2009년 〈스탠퍼드의대매거진〉 인터뷰에서 "임상에서는 판단과 결정을 신속히 해야 하고 결과도 금방 드러나지만, 실험실에서는 그 과정이 몇 달 심지어 몇 년씩 예사로 걸린다. (…) 두 가지 상반된 일을 함께 잘하는 건 생각보다 훨씬 어렵지만 (…) 나로선 환자에게서 얻는 (즉각적인) 만족 없이는 (길고 지루한) 일련의 실험들을 잘해내지 못

할 것 같더라" 하고 말했다. "효과적인 치료법을 가지지 못한 채 암 환자를 대하는 건 참 힘든 일이다. 그럴 때마나 소금이라도 빨리 실험실로 돌아가 연구해야 한다는 생각, 그것만큼 더 중요한 일이 없다는 생각을 하게 된다." 그는 환자들의 심정을 잘 알았을 것이다. "미래가 불확실한 만큼 내 모든 걸 과학과 환자들에게 쏟아야 한다는 걸 일찌감치 깨달았다. 만일 당신이 어려서부터 심각한 질병을 앓아왔다면, 아마 당신도 하루하루 최선을 다해 살아야 한다는 걸 알 수 있을 거다." 그는 "그건 인간관계에서는 썩 좋은 일이 아니어서 나는 결혼을 두 번 했다"라고 덧붙였다.[8]

그는 2016년 2월 22일에 바하마에서 휴가를 보내던 중 뇌출혈을 일으켜 마이애미의 잭슨메모리얼병원으로 후송됐고, 이틀 뒤 24일에 별세했다. 향년 38세.

근년 들어 그의 육체는 응고인자제제를 거부하기 시작했다고 한다. 인체 면역 체계가 농축제제를 항원으로 인식해 공격에 나선 거였다. 항체 반응은 대개 초기에 발현하지만, 그의 경우처럼 드물게 늦게 나타나기도 한다. 스탠퍼드 의대 종양학과장 조지 슬레지 주니어는 "그는 재능과 헌신, 끈기 면에서 예외적으로 탁월한 동료로 존경받았다"라며 "수많은 선배 연구자들도 그를 통해 많이 배웠다며 슬픔을 전해왔다"라고 전했다. 가장 가까운 스승이었을 레비는 "그는 항암 면역요법 분야에서 아주 중요한 몇 가지 발견을 해냈고, 환자에게 직접 혜택을 줄 수 있는 여러 임상 실험을 디자인해 추진해왔다"라고 말했다.[9]

1982 — 2014
스텔라 영

작은 거인

장애 편견과 고통 앞에서 춤추다

스텔라 영Stella Young은 호주의 코미디언 겸 방송인이었고 칼럼니스트였다. 그는 불완전골형성증osteogenesis imperfecta이란 희귀 유전병을 갖고 태어난 장애인이었다. 뼈가 약하고 변형되는 저 증상 때문에 1미터가 되지 않는 키에 골절상을 달고 살았는데, 일곱 살 무렵 친구 생일잔치에 초대받아 가서 과자를 먹던 중 사레가 들려 쇄골이 부러진 적도 있었다고 한다. 그는 맹렬한 장애인인권운동가였다.

2013년 11월, 31세의 영은 〈시드니모닝포스트〉에 「여든 살의 나에게」란 제목의 칼럼을 썼다. 편지 형식의 글에서 영은 "와인이라도 몇 잔 마신 날이면 잔망스럽게 혼자 하던 생각이지만 '나는 이 세상에 잘 살려고 왔지, 오래 살려고 온 게 아니야'라고 한 말은 진심"이라고 "하지만 당신(여든 살의 나)을 만나러 가는 동안 모든 가능성을 움켜쥐고 늘 긍정적이고 진취적으로 지혜롭게, 즐겁게 살겠다고 약속하겠다"라고 썼다. 그는 그 약속을 지켰지만 여든 살의 자신을 만나지는 못했다. 그는 2014년 12월 6일에 숨졌다. 향년 32세.

영은 트위터 계정에 자신을 "Writer, Comedian, Knitter, Crip(작가, 코미디언, 뜨개질쟁이, 크립)"이라고 소개했다. 그는 crip이란 단어를 의식적으로 쓰곤 했다. 영어권 시민들은 장애를 지칭할 때 disability란 말을 주로 쓴다. crip은 cripple^{불구자}에서 나온 속어로 절름발이와 같은 모멸적 뉘앙스 때문에 금기시되는 단어다. 영은 동성애자들이 퀴어^{queer}란 단어를 적극적으로 씀으로써 성 소수자 공동체의 결속과 자긍심을 고양한 것처럼 crip을 끌어안았다. "내가 경험한 장애는 육체적 장애인 동시에 사회적·문화적 장애였다. crip은 그 모든 장애의 경험들이 함축적으로 담긴 단어다."

그는 자신의 정체성으로 '장애'를 직업과 취미 다음에 놓았다. 영은 장애인이면서 글 쓰고 방송하고 뜨개질하는 사람이 아니라, 글쓰고 방송하고 뜨개질을 좋아하면서 장애도 있는 사람이었다. 그는 세상도 그를, 그리고 모든 장애인을 그렇게 대하기를 바랐고, 그게 자연스럽고 당연하게 생각되는 세상을 만들고자 했다. 장애를 특별하게 생각하고, 장애인을 특별히 대하는 모든 호의가 악의 못지않게 해롭다고도 말했다.

지난 2013년 4월에 테드^{TED} 시드니 강연에서 한 말도 그거였다. "장애는 나쁜 것도, 특별한 것도 아닙니다." 비장애인에게 감동을 주고 동기부여를 하기 위해 흔히 소개되는, 장애인 운동선수들의 슬라이드 사진을 보여준 뒤 그는 그것들을 "비장애인이 장애인을 대상화하는 감동 포르노"라고 비판했다. 그러면서 "나는 당신들에게 영감이나 감동을 주기 위해 존재하는 사람이 아닙니다"라고 말했다.

"수많은 이들이 저를 찾아오곤 했습니다. 그들은 제가 용감하다 거나 감동적이라고 말하고 싶어 했습니다. 공적인 활동을 하기 훨씬 전부터 그랬어요. (…) 그건 장애인을 대상화하는 겁니다. 이런저런 이미지들은 비장애인의 이익을 위해 장애인을 이용하는 것이나 마 찬가지입니다. (…) 저는 열다섯 살짜리 소녀가 침대에 기대 〈버피 더 뱀파이어〉TV 드라마를 봤다고 칭찬받지 않아도 되는 세상에 살고 싶 습니다. 단지 앉아 있었던 것뿐이니까요. 저는 단지 장애인이라는 이유로, 침대에서 일어나 제 이름을 기억하고 있다고 해서 칭찬받지 않아도 되는 세상에 살고 싶습니다. 저는 장애인이 지닌 참된 성취 로 평가받는 세상, 휠체어를 탄 선생님이 새로 부임해 왔다고 해서 멜버른의 고등학생들이 조금도 놀라지 않는 그런 세상에 살고 싶습 니다."

스텔라 영은 1982년 2월 24일에 호주 빅토리아 주 스타웰에서 태 어났다. 그의 아버지는 정육점을 운영했고 어머니는 미용사였다. 병 원에서는 장애를 지닌 영이 1년을 버티기 힘들 거라고 했지만, 그는 살아남았다. 세 살 무렵 그는 보행기 대신 휠체어에 앉았다. "부모님 은 나를 어떻게 대해야 할지 몰라 마치 내가 다른 아이들과 전혀 다를 게 없는 것처럼 대했다. 그게 내겐 더없이 좋은 양육법이었다." 하지만 사회가 그를 배척한다는 인상을 받은 건 꽤 어린 시절부터 였다. 영은 열네 살 때 스타웰의 번화가를 돌며 휠체어를 타고 들어 갈 수 있는 곳과 없는 곳을 일일이 조사해 지역신문에 기고했다. 열 일곱 살에는 집을 떠나 디킨대학교에 진학, 언론학과 교육학을 전공 했다. 그의 꿈은 교사였다.

저는 단지 장애인이라는 이유로,
침대에서 일어나 제 이름을 기억하고 있다고 해서
칭찬받지 않아도 되는 세상에 살고 싶습니다.
저는 장애인이 지닌 참된 성취로 평가받는 세상,
휠체어를 탄 선생님이 새로 부임해 왔다고 해서
멜버른의 고등학생들이 조금도 놀라지 않는
그런 세상에 살고 싶습니다.

하지만 교사가 되지는 못했다. "학교장들은 내게 어떻게 칠판에 글을 쓸 거냐고 물었고, 나는 '지금은 21세기다. 칠판 없이노 교육할 수 있는 창의적인 방법들이 많다'라고 대답하곤 했다." 대신 멜버른 박물관의 공공 프로그램에 자원해 아이들에게 곤충이나 공룡 등 기괴하고 환상적인 동물들에 대해 가르치는 일을 했다. 어느 날 그는 어떤 아이에게서 "선생님은 요정이냐?" 하고 질문을 받았다고 한다. 영은 '아이가 내 육체에서 어떤 엄청난 마법을 본 건가'라고 생각했다며 훗날 칼럼에 이렇게 썼다. "나는 아이들과 아름다운 소통을 경험하곤 했고, 그때 나의 장애는 어마어마한 특권이었다. (…) 아이들이 (장애에 대해) 경계심 없이 성장할 수 있도록 하는 데 내가 기여해야 한다는 책임감을 느꼈다. (…) 장애는 내가 지금의 내가 될 수 있도록 많은 사랑스러운 것들을 주었고, 나는 그것들 없는 나를 원치 않는다."

그는 걸진 입담과 위트로 좌중을 사로잡곤 했다. 멜버른 국제코미디페스티벌 '로코미디Raw Comedy'에 출전해 두 차례나 최종 라운드에 진출했고 채널31의 장애인 문화 프로그램 〈노리미츠No Limits〉를 맡아 여덟 시즌을 진행했다. 2011년부터는 호주 국영방송 ABC의 블로그 〈램프업Ramp Up〉 고정 필진으로 참여해 다양한 장애인 현안들에 대해 썼고, 2012 런던 패럴림픽 방송 해설을 맡기도 했다. 빅토리아 주 장애인권익위원회 등 여러 단체에서도 장애인·여성·청소년 인권을 위해 일했다.

ABC 블로그의 한 칼럼에서 그는 "장애인을 가장 마지막으로 본 게 언제냐"라고 물었다. 드라마나 영화에서 스쳐 가는 인물이 아니라 전면적 캐릭터로서 장애인을 본 적 있느냐고, 몇 번이나 봤냐고 물었다. 거리에서, 사무실에서, 시청이나 도서관 혹은 극장에서 장애인을 얼마나 자주 보느냐고도 물었다. 그는 장애인을 배제하고 차단하는 사회의 차가운 야만을 고발하고 장애인들의 위축된 마음을 자극하고자 했다. "내 장애인 친구는 자기가 성인이 되면 죽거나 장애가 사라지는 줄 알았다고 말했다. 영화나 드라마에서 장애를 지닌 성인을 단 한 번도 못 봤기 때문이다. 장애인은 늘 그가 정기적으로 다니던 병원과 특수학교 교실에만 있는 줄 알았다는 거다."

그가 말한 '사회적 야만'에는 구조적인 문제도 당연히 포함된다. 장애인은 여러 가지 이유로 학교를 못 다니거나 특수학교로 진학한다. 그 결과 취업에 대한 차별이 없어도 필요한 교육을 못 받게 되고 능력이 부족해 일할 기회를 얻기 어려워진다. 그래서 상대적으로 가난하고, 가난은 또 여러 활동을 제약한다. 장애인은 그렇게 점차 공동체에서 배제된다. 호주 통계청에 따르면 2011년 14~65세 인구 중에서 12년 교육고등학교 졸업을 이수한 비율은 장애인이 25퍼센트, 비장애인은 55퍼센트였다. 호주의 장애인 고용률은 39.8퍼센트로 비장애인의 79.4퍼센트의 절반 수준이다.

모든 장애인 배제가 나쁜 의도에서 비롯되는 것도 아니다. 한 여성인권운동가 그룹이 영을 연사로 초청했는데 행사장이 엘리베이터가 없는 2층이어서 거절한 적이 있었다고 한다. 행사 주최 측은 영에게 사과하며 부랴부랴 장소를 옮겼는데, 거긴 장애인용 화장실이 없는 곳이었다. 영은 "악하지 않다고 해서 해롭지 않은 것은 아니다"라고 썼다. 교육학 학위를 받기 전 3주간 교생실습을 했던 20대 때의 경험도 소개했다. 그 학교에도 장애인용 화장실이 없었다. 그가 할 수 있는 조치란 예방, 즉 아예 물을 마시지 않고 모닝커피를 포기하는 거였다. 오후가 되면 탈수증상으로 두통에 시달렸지만 그렇게 애를 써도 마지막 수업을 할 때면 방광이 터질 지경이었다고 한다. "당시 나는 학교 측에 불만을 말할 엄두조차 낼 수 없었다. 대학이 내게 그 자리를 얻어 주기 위해 얼마나 노력했는지 알고 있었기 때문이다. 휠체어로 이동이 자유로운 학교도 많지 않았고, 휠체어 실습교사를 받아주는 학교도 드물었다. 내가 그 학교의 교단에 설 수 있었던 건 내게 자격이 있어서가 아니라 그들이 허락해줬기 때문이라고 생각했다. 장애인인 우리는 감사하는 마음을 갖게끔 되어 있다." 그 사연과 함께 영은 페미니스트 행사에 대한 '감정'을 토로하며 "그래도 교생실습 땐 와인의 유혹은 없었는데……" 하는 구절로 독자를 웃겼다.

2014년 초 한 방송에서 영은 "내 삶의 문제는 키가 자라지 않고 내 뼈가 툭하면 부러지는 데 있는 게 아니라, 내가 가고 싶은데 갈 수 없게 만들어진 무수히 많은 공간들에서 비롯된 것들이다. 세상 사람들이 나를 보며 가정하는 내 삶의 고통은 편견적인 고통일 뿐이다"라고 말했다. 다른 글에서는 "내 집에서 나는 그 어떤 장애도 겪지 않는다" 하고 밝혔다.

영이 태어난 1982년에 빅토리아 주는 장애인 아동 교육 시스템을 전면 재검토한다. 2년 뒤에는 모든 아동이 일반 학교에서 교육받을 권리가 있음을 천명한다. 하지만 이후로도 오랫동안 시설, 커리큘럼, 예산 등 여러 제약 때문에 일반 학교는 보행 보조 등 장애 아동 지원을 충분히 해주지 못했고, 특수학교는 육체적 보조는 해주지만 상급 학교 진학이나 노동시장에서 요구하는 지식을 주지 못했다. 영은 자신이 일반 학교에 진학할 수 있었던 것을 행운이라고 말했다. 그리고 장애와 관련된 모든 특수·특별의 씁쓸한 의미들을 곱씹었다. 〈시드니모닝포스트〉 칼럼에서 그는 "17세 무렵에야 나는 내(장애)가 이 세상에 잘못한 게 아니라, 이 세상이 나를 온당하게 대접하지 않고 있다는 사실을 깨달았다"라고 썼다.

금요일 밤이면 영은 댄스클럽의 플로어에 서서 춤을 추곤 했다. 그의 춤은 휠체어 안에서 펼쳐지는 아주 절제된 동작이었을 것이다. 호르몬이 충동질하는 만큼, 아니 여린 뼈와 근육이 허락하는 만큼. 리듬을 타며 춤추는 것을 즐겼던 영에게 그 순간은 몸의 감각을 가장 예민하게, 역설적으로 가장 자유롭게 의식하는 순간이기도 했을 것이다. 하지만 거기서도 그는 사람들의 시선을 느껴야 했다. 그들에게 영의 춤은 춤이 아니었을지 모르고, 영의 존재 자체가 이채로웠을지 모른다. 다른 이들과 마찬가지로 즐기기 위해 추는 춤이 비장애인에게는 '특별한 행위'로 느껴지는 현실. 그는 그 시선들을 '논평의 시선'이라고 했다. 놀랍다, 대단하다, 라며 말을 건네는 이들도 있었다고 한다. 그는 〈램프업〉의 한 칼럼에 이렇게 썼다. "음악에 영혼을 맡기고 춤으로 근심 따위를 털어내는 그 공간에서조차 그들, 비장애인들은 나의 존재를 교훈적 타자로 대상화한다." "장애인의 몸은 그 자체로써 정치적이기 때문에, 나의 춤은 정치적 발언이 된다." 하지만 그는 "그러거나 말거나 난 춤을 추고플 땐 출 것"이라고 썼다. "문제는 우리의 장애가 아니라 장애를 바라보는 당신들의 방식입니다."

2014년 12월 18일 멜버른 타운홀에서 열린 영의 추도식 드레스 코드는 '재미있는, 멋진fabulous'이었다. 그의 가족과 친구들은 큐빅 장식의 스팽글 드레스나 물방울무늬 블라우스를 입고 꽃 장식을 달았다. 진행을 맡은 방송인 월리드 앨리는 "오늘은 맘껏, 무제한 즐기는 자리"라며 "환호하고 박수치고 춤추자"라고 말했다.¹ 온당치 못한 사회와 싸우면서도 웃음을 잃지 않고 그것을 또 나눠주기까지 한 고인의 삶처럼 영을 잃은 슬픔도 행복한 웃음으로 기억하자는 취지였을 것이다. 행사가 끝난 뒤 참석자들은 타운홀 바깥 연방광장으로 나가 영이 그렇게 즐기던 춤으로 성대한 잔치를 벌였다.

1972 — 2015
딘 포터

비 행 하 는 인 간

육체의 해방을 꿈꾼 익스트리머

그는 날고 싶어 했다. 오래 날기 위해 점점 높이 올라갔고(클라이밍), 그러자니 더 가벼워져야 했다(프리솔로잉). 부력을 아끼려면 정밀한 몸의 균형은 필수였다(하이라이닝). 윙슈트플라잉은 그의 꿈에 가장 근접한 익스트림스포츠였다. 그의 마지막 꿈은 맨몸에 윙슈트로만 날아 낙하산 없이 착지하는 거였다. 땅의 속박으로부터 최대한 벗어나기. 그에게 비행은 자유였다.

어쩌면 그는 추락과 비행의 차이를 활강하는 육체의 방향각이 아니라 의지의 지향각에 두었을지 모른다. 그래서 절벽에 부딪쳐 부서져버린 몸이 균형과 부력을 잃고 수직으로 내리꽂히던 그 짧은 시간 동안, 그는 자신이 비로소 날고 있다고 생각했을지 모른다. 죽음의 추락이 아닌, 마침내 삶의 비행. 다만 그 비행은 너무 짧았다. 2009년 〈내셔널지오그래픽〉이 뽑은 '올해의 모험가' 딘 포터Dean Potter가 2015년 5월 16일 요세미티국립공원 윙슈트플라잉 도중 사고로 숨졌다. 향년 43세.

벼랑 끝이나 밧줄 위 혹은 오버행을 이고 까마득한 수직 절벽을 기어오르는 유튜브 영상 속의 그는 자유롭고 신나 보인다. 하지만 그는 늘 두려워했고, 악몽도 자주 꾼다고 했다. 2003년 멕시코 스왈로스케이브Cave of Swallows 베이스점핑에서 젖은 낙하산이 엉켜 죽을 뻔한 뒤 한동안 칩거하기도 했다. "당시 나는 다시 뭔가를 시도할 의지를 거의 잃고 지냈다. 그 사고는 내가 왜 이 짓을 하는지 스스로 되묻게 했다. 2년 넘게 에너지 고갈 상태였다."[1]

암벽등반가로 세계적 명성을 얻어가던 시기였다. 1998년 요세미티국립공원의 하프돔 북서벽415미터, 난이도 5.12a로 요세미티 암벽 난이도 등급에서 5.10 이상은 '극도로 위험(Extremely Severe)'으로 분류된다을 그는 로프와 안전장비를 거의 사용하지 않고 올랐다. 그 등반을 훗날 체더 라이트 같은 등반가는 "빅월big wall 클라이밍의 패러다임을 바꾼 등반"이라고 평했다. 하루 만에 요세미티의 양대 거봉인 엘캐피탄El Capitan과 하프돔을 연속 등정한 것도 2002년에 그가 최초로 해낸 일이었다. 2008년 〈뉴욕타임스〉는 "아마추어 암벽등반가라면 로프와 온갖 장비를 갖추고 2주 휴가를 내야 엄두를 내볼 수 있는 일"이라고 썼다. 2001년 엘캐피탄의 914미터 수직 암벽 노즈Nose월을 최단 시간인 3시간 24분 만에 주파하기도 했다. 비교하긴 그렇지만 1958년에 선구적 클라이머 워런 하딩의 팀이 노즈 루트를 등정하는 데 걸린 시간은 45일이었다. 그는 2002년 칠레 파타고니아의 피츠로이 암벽 역시 한 시즌에 두 차례 연속, 한 번은 새로운 루트로 프리솔로잉했다. 딘 포터는 피츠로이에서 처음으로 "단숨에 안전하게 산을 벗어나는 방법"을 생각하기 시작했다고 말했다. 그게 패러글라이딩이거나 베이스점핑이거나 윙슈트플라잉이었다.[2]

슬럼프를 벗어난 뒤 그의 스타일은 더 거칠고 과감해졌다. 2006년에 포터는 동료 두 명과 함께 엘캐피탄의 또 다른 난봉 레티슨트 암벽Reticent Wall을 34시간 57분 만에 주파했고, 숀 리어리Sean Leary, 1975~2014와는 엘캐피탄 노즈 루트 정상을 세계기록인 2시간 36분 45초 만에 정복했다. 잡지 〈플래닛마운틴〉은 "그들이 (수직 절벽을) 뛰어올라 갔다"라고 썼다.

암벽 자유등반과 달리 인공 암장에서 속도와 기량을 겨루는 클라이밍을 스포츠클라이밍이라 한다. 로프와 카라비너 등 안전 장비 없이 맨몸으로 오르는 건 볼더링이다. 볼더링은 위험하기 때문에 대개 고도 6미터 이내의 암벽에서 바닥에 매트를 깔고 한다. 반면 프리솔로잉은 볼더링으로 혼자 암벽을 오르는 방식이다. 수백 미터씩 되는 암벽을 맨몸으로 오르는 프리솔로잉은 중간중간 로프에 매달려 쉬지 못하기 때문에 체력과 기술에 목숨을 걸어야 한다. 중간에 미끄러지거나 균형을 잃으면 곧장 추락이니까. 낙하산을 메더라도 그걸 펼칠 수 있는 높이까지는 올라가서 미끄러져야 살 가망이 있다. 포터는 저 기록들을 대부분 프리솔로잉으로 이뤘다.

'단숨에 안전하게 하산하기'는 로프 없이 암벽을 오른 이들의 공통된 바람일 것이다. 베이스점핑은 낙하산을 메고 구조물에서 뛰어내리는 스포츠다. 베이스BASE란 빌딩building, 탑antenna, 교각span, 절벽earth의 머리글자를 딴 말. 항공기를 이용하는 스카이다이빙에 비해 낮은 고도에서 뛰지만 바람과 구조물 충돌, 착륙 지점 확보에 더 신경을 써야 한다. '프리베이스'를 처음 시도하고 정착시킨 것도 딘 포터였다. 프리솔로잉 도중의 베이스점핑은 대개 돌발적인 상황에서 이뤄진다. 몸이 미끄러지는 순간 매달리려는 본능에 맞서 본능적으로 암벽을 발로 걷어차야 한다. 절벽으로부터 최대한 떨어져야 하고 순식간에 낙하산을 펼쳐야 한다. 몸의 균형도 그만큼 다급하게 확보해야 한다.

클라이머들은 균형 감각을 기르기 위해 슬래클링slackling이라 부르는 외줄 타기를 한다. 1980년대 초 베이스캠프에서 빈둥거리던 몇몇이 나무둥치나 차량 범퍼를 밧줄로 이어 놀이처럼 시작한 슬래클링은 점차 고도를 높이며 벼랑이나 봉우리 높이까지 올라갔고, 1980년대 중반 무렵 하이라이닝highlining이라는 독립 종목을 만들어냈다.

포터가 하이라이닝을 시작한 건 1993년 무렵이다. 슬래클링의 구루guru로 통하는 척 터커가 그의 스승이었다. 터커는 2011년 〈아웃사이드〉 인터뷰에서 "포터는 첫 시도에서 12미터 밧줄을 단숨에 건너더니 그날 밧줄 위에서 돌아서는 기술까지 익혔다"라고 말했다. 그는 "슬래클링이 클라이밍의 필수 훈련 코스가 된 것도 딘이 자신의 클라이밍 기술의 정수가 슬래클링에 있다고 한 뒤부터"라고 말했다.

아드레날린 중독자였을 포터가 가장 무서워했던 게 하이라이닝이었다. 그도 그럴 것이 그는 하이라이닝의 생명줄인 테더링tethering, 즉 안전 끈을 묶지 않고 줄 위에 서는 유일한 하이라이너였다. 그는 끈 대신 낙하산을 멨고, 추락하면 베이스점핑을 했다. 2008년 3월 유타 주 모하비의 헬로어링캐니언고도 275미터, 길이 55미터 하이라이닝 때도 그는 테더링을 마다했다. 〈뉴욕타임스〉는 "그가 중간쯤 이르렀을 때 밧줄은 좌우로 약 60센티미터, 상하로 약 30센티미터씩 흔

들렸다"라고 썼다. 2012년 4월 중국의 그랜드캐니언으로 불리는 후베이성 언스시 협곡에서 밧줄을 탈 때는 안전 끈도 낙하산도 없었다. 이를테면 프리솔로 하이라이닝이었는데 그는 훗날 "당시 내가 믿은 것은 떨어질 것 같으면 다리나 손으로 밧줄을 붙잡는 것뿐이었다"라고 말했다.

돈이나 명성보다 스릴 자체를 중시하는 익스트리머들은 아무렇게나 입고 잘 씻지도 않는다. 오지에서 지내는 때가 많아서이기도 하지만, 목숨을 반쯤 내놓고 살기 때문이기도 할 것이다. 그들은 법이나 관습보다 중력에 얽매인다. 긴장과 두려움을 극복하고 집중력을 유지하기 위해 명상 등 수련을 하는 이들도 많다. '더트백dirtbag'은 한 발을 세상 바깥에 두고 사는 그들을 통칭하는 용어다. 돈벌이에 관심 없고 사회적 규범과 관습에 구애받지 않아 히피와 흡사하지만 구체적인 목표를 지향한다는 점에서 그들과 다르다. 〈워싱턴포스트〉는 딘 포터를 '울트라 더트백'이라고 불렀다. 수다스럽고 유쾌하다가도 계획이 서면 극도로 침잠하며 차가운 열정을 쏟아내는 그를 더트백들은 '어둠의 마법사dark wizard'라 불렀다.

그는 점핑이든 클라이밍이든 먼저 머리로 시작하는 것이라고 말했다. 자세와 경로를 상상하면서 호흡과 명상으로 평정심을 확보하기. 요가 교사였던 어머니의 가장 안정적인 호흡과 숨소리를 기억하는 그는 자신의 호흡을 거기에 포개면서 한 걸음 한 걸음 벼랑 끝으로, 무념의 경지로 다가간다고 했다. 그는 2008년 ESPN 인터뷰에서 "죽음 이후는 없다고 생각한다. 만일 내가 죽게 된다면 내 방식대로 죽고 싶다"라고 말했다.

2009년 여름, 등산화도 스틱도 없이 청바지에 운동화 차림으로, 윙슈트에 낙하산 하나 달랑 메고 아이거 북벽 디프블루시Deep Blue Sea 루트의 해발 3970미터 벼랑에 섰을 때도 그랬을 것이다. 떨어진 돌이 바닥에 닿는 데 약 8초가 걸리는 그 높이에서, 그는 장장 2분 50초 동안 5.5킬로미터를 날았다. 윙슈트플라잉 최장 기록이었다. 2011년 11월 그는 아이거 서벽수직 고도 2804미터에서도 3분 20초 동안 7.5킬로미터를 날아 자신의 세계기록을 경신했다.

윙슈트의 활공비는 2.5쯤 된다. 1미터 하강하는 동안 2.5미터를 수평 이동한다는 얘기다. 땅의 수평선을 기준으로 하강하는 각, 즉 활강각은 50.7도다. 그의 2011년 활강각은 20.5도였다. 〈토니윙슈트〉 사이트에 올린 글에서 그는 "내가 사람보다 새에 더 가까워진 것 같았다"라고 썼다.

딘 포터는 1972년 4월 14일에 캔자스 주 포트리븐워스의 군병원에서 태어나 뉴햄프셔에서 자랐다. 아버지는 군인이었다. 뉴햄프셔 고교에 다니던 열여섯 살 무렵 그는 독학으로 클라이밍을 시작한다. 조잉글리시힐고도 380미터의 60미터쯤 되는 화강암벽이 그의 첫 도전 무대였다. 안전벨트는 당연히 없었고, 로프는 친구가 가져온 빨랫줄이었다. 그리고 암벽은 공군기지 통제권 내에 있었다. 그는 처음부터 불법 클라이머였다.

1991년 초 뉴햄프셔에서 그의 클라이밍 파트너를 했던 찰리 벤틀리라는 이는 2011년 〈아웃사이드〉 인터뷰에서 이렇게 말했다. "처음에는 내 레벨이 좀 높았는데 그해 봄이 끝날 즈음에는 실력 차이가 없어지더니 가을 무렵 그는 5.13등급(5.14가 인간이 오를 수

인간이 난다는 게 미친 생각이란 걸 나도 안다.
하지만 언젠가 그게 가능해지려면
생각이 허용하지 않는 곳으로
누군가는 나아가야 한다.

있는 등급의 끝이다)의 암벽을 오르고 있더라. 어떻게 그렇게 빨리 실력이 늘었는지 지금도 불가사의하다." 포터는 뉴햄프셔대학교 진학 후 조정 대표팀에 들지만 경쟁을 부추기는 코치의 등쌀에 진저리를 치고 세 학기 만에 자퇴, 본격적으로 '더트백'의 세계로 뛰어든다.

그는 1990년대 내내 밴에서 먹고 자면서 클라이머와 볼더들의 메카로 꼽히는 요세미티와 텍사스의 후에코탱크스, 콜로라도 에스테스, 유타 모하비 등지를 떠돈다. 가방 공장, 식당 등지서 파트타임으로 일을 하기도 했다. 2009년 아이거 베이스점핑 파트너였던 짐 허스트를 만난 것도 그곳에서였다. 허스트는 "딘은 등반 친구들이 오면 블루베리 팬케이크에 베리를 산처럼 쌓아 줘서 주인에게 심하게 욕을 먹곤 했다"라고 회고했다. 포터는 친구와 둘이서 소금을 친 샌드위치로 배를 채우던 어느 해 크리스마스이브를 기억했다.[5]

1990년대 말의 그는 세계적 클라이머가 돼 있었고, 굴지의 스포츠 용품 업체들—파타고니아, 블랙다이아몬드, 파이브텐—과 스폰서십 계약을 맺는다. 그리고 2006년 파란의 스캔들로 기억되는 유타 주 아치스국립공원 프리솔로잉으로 그는 저 스폰서들을 잃고 만다. 무른 사암沙岩들의 풍화로 조성된 유타 주 남부의 랜드마크들 중에서도 크기로나 모양에서 가장 돋보이는 델리키트아치Delicate Arch를 프리솔로잉한 거였다. 불법은 아니지만 클라이머들조차 신성시하며 넘보지 않던 바위였다. 거기에서 촬영팀의 밧줄에 긁힌 듯한 자국이 발견됐다. 클라이머들의 성토가 이어졌고, 공원 측도 공식 조사에 착수했다. 딘은 "바람 불면 날아갈 초크 자국 외엔 남긴 흔적이 없다"라고 결백을 주장했지만 정황상 궁지에 몰릴 수밖에 없었다. 그 일로 2002년에 결혼한 클라이머이자 아내 스테프 데이비스Steph Davis, 1973~의 스폰서 계약마저 끊겼다. 둘은 2010년 이혼했다. 2008년 ESPN 인터뷰에서 그는 "사람들은 자연을 신성하게 지키기 위해 멀찌감치 떨어져 있어야 한다고 생각하는 경향이 있는데 왜 그래야 하는지 모르겠다"라고 말했다. 그 사건 이후 아치스국립공원은 일체의 등반 행위를 공식적으로 금했다. 물론 더트백에게 법은 대수로운 게 아니다. 그들을 멈추게 하는 것은 자기 몸이 바위(자연)를 다치게 할 수 있다는 가능성이다. 따지고 보면 요세미티를 비롯한 국립공원 베이스점핑도 모두 불법이다. 점퍼들은 단속을 피하기 위해 해가 진 뒤 주로 점핑을 한다. 어두워서 더 위험한 대신, 어둡기 때문에 공기의 미세한 흐름에 더 예민해질 수 있다고 딘 포터는 말했다.

"인간이 난다는 게 미친 생각이란 걸 나도 안다. 하지만 언젠가 그게 가능해지려면 생각이 허용하지 않는 곳으로 누군가는 나아가야 한다." 그는 동료 그레이엄 헌트와 2015년 5월 16일 저녁 7시 30분, 요세미티 협곡의 고도 914미터 '태프트포인트Taft point'에 올랐다. 다음 날 시신으로 발견된 그의 몸에는 낙하산이 펼쳐지지 않은 채 매여 있었다.

1938 — 2016

바버라 아몬드

모 성 이 라 는 환 상

어머니는 아이를 사랑하고 미워한다

낯선 이의 가만한 미소 혹은 가만히 건네는 손의 온기가 값진 위안이 될 때가 있다. 힘겨운 자리에 혼자 섰거나 그런 기분에 지친 이에게는 마주 서는 것보다 나란히 서서 가만히 같은 곳을 바라봐주는 게 더 고마운 일일지 모른다.

바버라 아몬드Barbara Almond는 정신분석·상담 의사로 『어머니는 아이를 사랑하고 미워한다』라는 책을 썼다. 책에서 그는 자식에 대한 어머니의 사랑과 헌신, 희생을 뭉뚱그려 '모성motherhood'은 무조건 완벽하고 최고여야 한다는 아득한 기준을 부정했다. 끊임없이 '모범 어머니'를 찾아 전시하는 사회, 모든 어머니가 그런 모범 사례를 본받아야 한다고 채찍질하는 사회를 비판했다. 책의 제목처럼, 그녀는 모성에 밝은 면과 어두운 면이 나란히 있고 모든 어머니는 자식을 진심으로 미워할 때도 있다고 썼다. 당신만 아이를 미워하는 게 아니고, 그게 잘못된 일도 아니며 한결같이 감싸주는 게 아이에게 좋은 일도 아니라고, 그러니 스스로를 미워하지 말라고 썼다.

실패의 예감과 불안, 실패했거나 하고 있다는 자책과 죄의식에 시달리는 세상의 모든 어머니에게 든든한 '어머니' 같았던 그가 2016년 3월 6일 별세했다. 향년 77세.

작가이자 교수인 캐럴린 시Carolyn See, 1934~는 2010년 10월 〈워싱턴포스트〉에 기고한 아몬드의 책 서평 첫 줄을 "우선 이 매혹적인 책을 모든 새로운 엄마와 나이 든 엄마, 좋은 엄마와 나쁜 엄마, 아이와 남편, 아빠와 연인 들에게 권한다"라고 썼다. "(이 책은) 모두가 알고 있지만 거의 아무도 대놓고 말하지 못하는 사실을 전한다. 우리 중 최고의 엄마들조차 때때로 모성이란 것이 요구하는 바에서 비롯된 두려움과 공포, 증오와 역겨움으로 고문당하고, 심지어 아이들을 향한 순전한 살의를 경험하기도 한다는 사실을 들려준다."

사실 신화화된 모성에 대한 공격은 아몬드 이전에도 적지 않았다. 본격적인 반박은 아무래도 1960년대 2세대 페미니즘 운동과 더불어 시작됐다고 봐야 한다. 사회 진출의 절박한 요구와 양육의 전적인 책임 사이에서 1960년대 여성들은 '생물학적 본성으로서의 모성'을 의심하며 사회가 구축한 모성 이데올로기를 비판했고, 사회주의 페미니스트들은 알렉산드라 콜론타이가 1920년대부터 제기했던 보육의 사회적 책임을 주장했다. 기성 사회는 그들을 모성 결핍이라고 진단했다. '이기적인 여자'라는 손가락질은 너그러운 편이었고 생물학적·인격적 결함으로 몰아세우기도 했다. 그 공격의 선봉에는 물론 모성 이데올로기를 내면화한 여성들도 있었다.

행복과 불행은 능력의 많고 적음보다 의욕(욕심)의 많고 적음에 더 자주 영향을 받는다. 능력은 결핍일 때 주로 문제가 되지만 의욕은 과잉일 때 더 자주 말썽을 빚고, 경험으로 판단컨대 능력은 충분할 때가 드물고 의욕은 석당할 때가 드물다. 그 간극이 커지면 자신도 주변도 불행해진다. 아마 모성이 놓인 자리가 거기일 것이다.

물론 모성만 그런 건 아니다. 사회가 개인을 평가하는 기준은 능력도 의욕도 다다익선에 맞춰져 있고, 모범에 못 미치는 이들과 사회의 기준을 내면화한 이들은 하릴없이 자책하고 죽도록 분발한다. 모성이 더 치명적인 것은 (내든 안 내든) 사표나 이민 같은 탈출구도 없기 때문이다.

아몬드의 책에 소개된 영국의 심리치료사 로지카 파커Rozsika Parker, 1945~2010도 1995년 책 『어머니의 사랑, 어머니의 증오Mother Love, Mother Hate』에서 어머니의 자녀에 대한 양가감정은 불가피하고 정상적인 일이라고 옹호했다. 파커는 "어머니들이 겪는 진짜 문제는 양가감정 그 자체가 아니라 양가적인 감정들의 부정적인 면에 대한 폭넓고 대중적인 비난에서 비롯되는 죄책감과 불안"이라고 주장했다.

바버라 아몬드는 1938년 6월 6일 미국 뉴욕 브롱크스에서 태어났다. 〈뉴욕타임스〉에 따르면 그의 아버지는 꽤 큰 보험회사의 임원이었고, 어머니는 교사였다. 그는 맨해튼의 공립 예술고교에서 피아노를 전공했고, 안티오크칼리지와 예일 의대를 나와 정신 분석·심리 상담 전문의가 됐다. 1962년, 24세의 그는 대학서 만난 리처드 아몬드와 결혼해 세 아들을 낳았고, 1972년 샌프란시스코 팰로앨토에 병원을 열었다. 그 정도가 알려진 그의 이력이다. 그는 길게 인터뷰한 적도 없고, 남편과 함께 쓴 상담 심리 관련 책을 빼면 따로 글을 발표한 적도 없는 듯하다. 그러다 2000년, 그러니까 36년간 정신 상담 의사로 일한 뒤 무명의 필자로 저 책을 냈다.

그의 책은 세 아이의 엄마인 자신의 경험과 한 세대에 걸친 다양한 임상 사례, 거기에 소설과 영화 등에 등장하는 '모성'의 전형적인 양상들을 분석한 글을 보탠 거였다. 그가 보기에 1960년대 이후 40년 동안 여성들이 짊어진 모성 신화의 짐은 더 무거워졌다. 당장 자신의 경험이, 직장 여성이던 어머니에 비해 그러했다고 한다.

시장 말고는 그 어디서도, 아니 노동시장에서 특히 환대받지 못하는 청년들 입장에서는 선망의 대상이었을지 모르지만, 아몬드는 일과 '어머니 노릇'을 병행하는 게 힘들었다고 한다. 그가 아이들을 낳은 건 20대 중반, 정신과 수련의 과정을 마치기 전이었다. "혹시 (병원) 복귀를 너무 오래 미루다 내 직업적 역할에 자신감을 잃게 될까 봐 두려웠다. 그러나 그보다 훨씬 더 직면하기 어려운 사실이 있었다. 비록 내가 아이들을 사랑하기는 하지만 아이들은 많은 주의를 요하면서 사람의 기운을 쏙 빼놓았고, 물론 일 역시 사람을 지치게 만들기는 했지만 그래도 그건 종종 짤막한 휴식처럼 느껴졌다. 나는 결국 수련의 근무를 시간제로 바꾸어 3년짜리 과정을 5년에 끝마치는 방향으로 타협점을 찾았다. (…) 그럼에도 일을 할 때면 아이들이 늘 마음에 걸렸다. 내가 정신과 수련의 근무를 시작한 첫 날은 2년 6개월 된 내 아들이 유아원에 가는 첫날이기도 했다."[1]

그의 환자들, 그러니까 비싼 진료비에 보험 혜택도 없는 심리 분석 상담을 받으러 오는 여성들은 대부분 그와 다를 바 없는 중상류층 전문직 종사자였다. "나는 과거와 현재를 막론하고 내 여성 환자들 대다수가 자신들의 어머니 노릇 수준이나 어머니기를 회피하는 데 대한 죄책감과 수치심을 해소하고자 애써왔거나 애쓰고 있음을 깨닫게 되었다. 이는 심지어 헌신적이고 성실한 어머니들의 경우에 도 마찬가지였다."

어머니가 될 자신이 없어 '합리적인 이유'를 찾아 임신을 늦추거 나 출산을 늦춘 뒤 죄의식을 느끼고, 괴물 같은 아이를 낳거나 (제대 로 못 키워) 괴물을 만들지 모른다고 두려워하고, 좋은 엄마가 아니 라고 자책하고, 미워하는 마음 때문에 우울해하고, 거꾸로 자신을 그렇게 몰아붙이는 존재인 아이를 더 미워하고 학대하는 엄마들. 그 렇게 안팎으로 단련돼 자신의 배타적 가족 이기주의에도 너무 당당 해져버린 여성들. 산후 우울증은 한 시기의 예일뿐, 저 증상은 모성 의 주체들이 거의 전 생애를 두고 겪는 일이라고 그는 진단했다.

미국의 변호사 겸 작가 아엘렛 월드먼Ayelet Waldman, 1964~의 육아 일기 『나쁜 엄마』의 첫 장 부제는 '나쁜 엄마 선언문'이다. 거기서 월 드먼은 달리는 열차에서 어린 딸의 머리를 빗겨주다 비틀거리는 아 이에게 심하게 짜증을 내는 한 여성을 향해, 끔찍한 모성 범죄라도 목격한 듯 "부인, 사람들이 모두 보고 있어요!"라고 꾸짖은 적이 있 다고 고백했다. "이처럼 우리는 보고 있다. 나쁜 엄마를 잡는 경찰 은 항상 오렌지급 경계 태세를 갖추고 지켜보고 있다." 물론 그는 자타 공인 '나쁜 엄마'다. 2005년 〈뉴욕타임스〉 에세이에서 "나는 자식보다 남편을 더 사랑한다"라고 썼다가 '메데이아'의 화신이라도 된 양 여론(특히 엄마들)의 호된 매질을 당하기도 했다. 친지를 상대 로 그가 조사한바 '좋은 엄마'는 이런 엄마였다. "아침에 과일을 내 오고, 항상 명랑하고, 절대로 소리 지르는 법이 없으며, 아무리 신경

우리는 어머니들이 엄청난 압박에 직면한다는 점과
그들이 자식에게 느끼는 폭넓은 감정이
정상이라는 점을 인정하는 데서부터 출발해야 한다.
우리는 어머니 노릇의 방식이 아주 다양하며,
모든 모자 관계가 각기
고유하다는 점을 인정해야 한다.

질이 나고 못마땅한 것이 있어도 그것을 아이들에게 발산하지 않는 여자, 활발하고 사랑스러운 태도로 커뮤니티에 봉사하는 여자, 아이들과 그림 그리기를 함께하고, 신나게 같이 놀아주는 여자. 그러면서 섹스를 절대로 마다하지 않는 여자. (…) 나와 정반대인 여자."[2]

그는 "전통적인 모성상의 결정판은 자신을 희생하는 것"이고 "나쁜 엄마를 규정하는 가장 큰 특징은 이기심"이라고 썼다. "우리는 아이들을 위해 단순히 희생만 하면 되는 게 아니라 기쁜 마음으로 즐겁게 희생해야 하며, 그것에 대해 절대로 후회해서도 안 된다." 그는 좋은 엄마가 되기 위해 일을 포기하고 전업주부로 산 이야기, 유치원에서 나쁜 엄마로 찍혀 따돌림당한 이야기, 시어머니와의 갈등, 천재인 줄 알았던 아들에게 주의력결핍과잉행동장애ADHD 진단이 내려진 뒤 겪어야 했던 안팎의 시련 등을 소개했다.

모성 신화는 신데렐라(계모의 이면에는 이상화한 친모가 있다)보다 더 오랜 연원을 지닐 것이다. 그게 유난해진 건 계몽주의 시대, 특히 지난 세기 이후부터였다. 핵가족화로 보육 책임이 부모(거의 어머니)에게 이전되고 이혼율이 증가했으며 출산율이 저하했다. 앞서 언급했듯 여성의 사회 진출과 페미니즘 논의가 활발해지면서 가정의 붕괴에 대한 위기감이 증폭된 데 따른 가부장 사회의 반작용 탓도 있을 것이다. "역설적이게도 어머니 노릇의 여건이 더 어려워짐에 따라 어머니에게 기대되는 것도, 또 어머니가 스스로에게 기대하는 것도 더 많아진다. (…) 보육의 모든 영역—수유, 수면, 놀이, 정서적·지적 발달—에서 완벽주의적 기준이 만연"[3]하게 된 것이다. 거기에 베이비붐 세대의 열정이 결합했다. 아동 인권도 날로 중요해졌다.

'좋은 어머니'에 대한 광적 집착은 모유 수유와 자연분만에 대한 맹목적 숭배, 백신 접종 거부 등 부작용을 낳기도 했다. 아몬드는 어머니의 불행에 대한 보상 심리가 아이에 대한 과잉 애착으로 전이돼 아이의 자율성과 자립성을 훼손하는 사례를 '뱀파이어형 모성'이라고 불렀다.

그는 "우리는 어머니들이 엄청난 압박에 직면한다는 점과 그들이 자식에게 느끼는 폭넓은 감정이 정상이라는 점을 인정하는 데서부터 출발해야 한다. 우리는 어머니 노릇의 방식이 아주 다양하며, 모든 모자 관계가 각기 고유하다는 점을 인정해야 한다. (…) 인간은 삶의 모든 영역에서 유행을 따르지만, 유행을 향한 열정이 자녀 양육의 관행을 상식 밖으로 침해할 경우 크나큰 불행이 초래될 수 있다는 점을 인정해야 한다"라고 썼다.[4] 모성의 어두운 면을 긍정하고, 그 감정을 존중해야 하는 주체는 먼저 어머니 자신과 가족이며, 또 사회여야 한다고 그는 덧붙였다. 곧 정신의학에서 말하는 '위기 개입'이다. 물론 그의 모든 메시지는 양육을 비롯한 모든 분야에서의 온전한 성 평등과 사회제도적 양육 환경 개선―출산 휴가, 낙태 합법화, 좋은 보육·교육 서비스 등―을 전제한 것일 테다.

아몬드는 숨을 거두기 두 달 전까지 진료를 계속했다. 스탠퍼드 의대에 출강했고, 샌프란시스코 심리분석센터 일을 거들기도 했다. 53년을 해로한 남편 리처드는 〈SF게이트SFGate〉 인터뷰에서 환자들이 아내의 재치 있는 농담을 특히 좋아했다고, 자신은 흉내조차 낼 수 없다고 전했다. 각각 아마추어 피아니스트와 성악가였던 부부는 지인들을 초대해 슈베르트의 가곡 레퍼토리로 홈 리사이틀을 즐겨

열곤 했다고 한다.

책을 낼 무렵 아몬드에게는 손주들이 있었다. 2011년 〈보스턴글로브〉 인터뷰[5]에서 할머니가 되니까 '양가감정'이 덜하냐는 질문에 그는 "조부모 노릇Grandparenthood은 부모 노릇과 달리 순수한 기쁨이다. (…) 하루이틀 뒤 조금도 미안한 마음 없이 짐 싸서 집에 돌아올 수 있기 때문이다"라고 말했다.

1918 — 2015
노먼 파버로

자 살 연 구 자

죽음을 이해하는 것으로 예방하다

아우슈비츠 생존 작가 장 아메리Jean Améry, 1912~ 1978는 『자유죽음』 서문에 "이 책은 심리학이나 사회학과는 거리가 멀다. '자살학suicidology'이라는 과학이 끝나는 곳에서 이 책은 시작한다"라고 썼다. 그는 책에서 생명의 논리, 삶의 논리로 죽음과 자살을 설명하고 배격하는 모든 시도들을 반박하고 조롱하며 "인생을 사랑하는 마음"으로 "깨어 있는 명료한 의식을 가지고 택한" 자유죽음을 옹호했다. 그에게 자유죽음은 '에셰크échec, 체스 게임의 외통수', 즉 돌이킬 수 없는 총체적 삶의 실패에 직면한 이가 "모든 삶의 충동, 살아 있는 존재의 끈질긴 자기 보존 충동"에 저항하며 그 에셰크를 돌파하는 유일한 길이고 "자유를 가장 급진적으로, 어떤 점에서는 가장 생생하게" 실천하는 행위였다.

아메리보다 6년 늦게, 미국 펜실베이니아 주 피츠버그 시에서 태어난 심리학자 노먼 파버로Norman Farberow는 제2차 세계대전을 아우슈비츠 수감자가 아닌 미 공군 대위로 경험했다. 그는 전후 참전 군인들이 겪는 고통스러운 사회 부적응과 급증하는 자살률에 학자로서 감응, 아메리가 "경의와 더불어 약간의 경멸도 숨기지 않"았던 자살학의 토대를 닦았다. 미국 최초의 자살예방센터를 세워 '생명의 전화' 서비스를 시작했고, 이제는 상식이 된 자살 예방 연구와 자살로 친지를 잃은 생존자의 심리 치유에 생을 바쳤다. 국제자살예방협회IASP 설립을 주도한 그가 국가자살예방협회가 제정한 세계 자살 예방의 날이던 2015년 9월 10일, 향년 97세로 별세했다.

전혀 상반된 입장에 선 듯 보이는 아메리와 파버로는 자살에 대한 세상의 통념에 맞서 싸운 동지기도 했다. 아메리가 '생명의 논리'로부터 죽음과 자살의 인식론적·철학적 해방을 추구했다면, 파버로는 자살이라는 행위에 드리운 종교적·사회문화적 보편 인식들, 예컨대 자살자에게 드리운 비겁함과 나약함의 이미지, 남은 자가 감당하는 수치와 죄의식을 걷어내고 현상을 과학적으로 바라보게 하는 데 헌신했다.

그가 자살 연구를 본격적으로 시작한 것은 1940년대 말 제2차 세계대전 직후였다. 그는 자살에 대한 시대별 인식과 태도 변화에 관한 연구로 1950년 UCLA에서 박사 학위를 받았다. 앞서 언급했듯이 당시는 전후 많은 베테랑들이 알코올·약물 중독과 장애 같은 전쟁 후유증으로, 또 사회 재적응 어려움 등으로 자살을 감행하던 때였다. 반면에 사회는 그 현상을 냉정히 들여다보기보다 터부시하고 죄악시하고, 무의미한 행위로 외면하거나 배척하기 바빴다.

그의 첫 직장은 LA 재향군인관리국VA의 신경정신과 병원이었다. 거기서 평생 동지이자 동갑내기 친구 에드윈 슈나이드먼Edwin S. Schneidman, 1918~2009을 만난다. 서던캘리포니아대학교를 나온 슈나이드먼의 첫 직장도 LA 브렌우드의 재향군인병원이었다. 1949년 슈나이드민은 병원 환사였다가 자살로 생을 마감한 두 참전 군인의 젊은 과부에게 병원을 대표해 편지를 쓰는 일을 맡게 됐고, 그 일을 계기로 자살 사례 연구를 시작했다.[1] 둘은 병원에서 맡은 일을 하면서 미국국립정신보건원NIMH 등에서 각자 수집한 자살 사례들을 중심으로 본격적인 연구를 시작한다.

LA카운티 검시관실에 보관돼 있던 자살자들의 메모와 유서들은 그들에게 보물 창고나 다름없었을 것이다. 그들은 1944~1953년 사이의 유서 721건 가운데 서른세 건을 고른 뒤 자살자와 연령 등이 유사하지만 자살 위기 없는 백인 피실험자들에게 가상 유서를 써보게 하는 실험을 한다. 실제 유서와 가상 유서를 분석한 결과, 실제 유서에는 사후 가족들에게 당부하는 말을 비롯해 구체적이고 시시콜콜한 일상사들이 주로 담긴 반면 피실험자들의 글에는 극적인 어조dramatic language의 문장이 많다는 사실 등을 확인했다. 자살학 분야의 최초 논문이라 할 수 있는 둘의 다섯 쪽짜리 보고서가 '자살의 증거들'이란 제목으로 1956년 공공보건 보고서에 실렸다. 공동 논문에서 그들은 "(진짜 유서 중에도) 곧 자신이 살아 있지 않을 것이라는 사실을 명백히 수용한 상태에서 쓰인 것도 있지만, 미래의 일들에 유보적인 태도를 취하며 자신이 계획한 행동에 대한 망설임과 모순을 드러내는 유서도 있다"라고 밝혔다.[2] 그들은 국립정신건강연구소NIMH로부터 5200달러의 연구비를 지원받았고, 국립정신건강연구소와 재향군인관리국을 설득해 이후 3년간 총 150만 달러에 달하는 7년간의 연구비를 받아냈다.[3] 현대 자살(예방)학은 그렇게 탄생했다.

당시로선 그들조차 '자살suicide'이란 금기어를 쓰기 어려웠는지 연구소의 첫 이름은 '돌발죽음unpredicted death 중앙연구소'였다. 정신과 의사 로버트 리트먼Robert E. Litman, 1921~2010과 함께 독립기관인 LA자살예방센터LASPC를 설립한 것은 1958년이었다. 유럽 학계와도 교류, 오스트리아의 신경심리학자 에르빈 링겔Erwin Ringel, 1921~1994과 더불어 1960년에 국제자살예방협회도 창립했다.

파버로와 슈나이드먼은 공동 사례연구를 통해 모든 자살자를 '정신병자psychotic'로 치부하던 통념에 맞서 정신 질환이 자살의 원인인 경우는 15퍼센트에 불과하고 주된 원인은 '우울증depression'이며, 그중 약 10퍼센트는 성공하려는 의도 없이 자살을 시도하는 경우라고 밝혔다. 파버로는 "자살 충동자는 그렇게 태어나는 것이 아니라 그렇게 만들어지는 것이다. 우리는 자기 파괴적 행동의 근원을 더 잘 이해함으로써 그 충동을 분쇄할 수 있다"라고 말했다.

자살 연구는 크게 종적 연구와 횡적 연구로 나뉜다. 종적 연구가 아동기의 트라우마에서부터 시작해 장기간 객관적 요인들을 데이터화하는 접근법이라면 횡적 연구는 현재와 가까운 과거를 중심에 두고 접근하는 방법, 즉 자살자의 말과 글과 행위 등을 분석해 지금(혹은 근래) 무슨 일이 일어났고, 자살자가 얼마나 많은 고통을 받았느냐 하는 보다 임상적이고 개별 기술적인 방법이다. 그 방법에 '심리부검Psychological autopsy'이란 용어를 붙이고, 원칙과 방법의 기초를 만든 것이 파버로와 슈나이드먼이었다. 한국중앙심리부검센터는 심리부검을 유가족 인터뷰 등을 통해 "사망 전 일정 기간 동안의 심리적 행동 양상 및 변화, 상태를 재구성하여 높은 가능성을 지닌 자살의 원인을 추정하는" 과정 전체를 일컫는 용어라고 설명한다. 물론 오늘날의 심리부검은 사망 전 상황뿐 아니라 "의학 병력, 성격 특성과 행동적 특성, 자살 전 경고 신호" 등 분석 범주와 기법이 다양하고 정교해졌다.

　LA자살예방센터가 자살에 대한 연구와 대응의 중추 기관으로서 명성을 얻어가면서 경찰, 학교, 병원, 군대, 관공서 등의 강연 요청이 쇄도했다. 센터에는 또 난간 바깥으로 한 발쯤 내디딘 듯한 절박한 상담 전화들도 걸려오곤 했다. 그들은 1963년 '생명의 전화'로 알려진 상설 자살 상담 전화를 개설했고, 파버로는 하루 서너 시간씩 직접 전화에 응대했다. 1970년대 초 LA자살예방센터의 생명의 전화는 스무 명의 전문가가 교대로 24시간 대기하며 상담해야 할 만큼 절실한 상담 창구가 됐고, 이후 미국 내 100개가 넘는 상담 단체가 설립됐다.[1] 그들의 상담은 자살 예방 활동인 동시에 값진 사례 연구의 필드이기도 했다.

　1962년에 LA카운티 경찰은 수면제 과다 복용으로 숨진 영화배우 메릴린 먼로Marilyn Monroe, 1926~1962의 사인 규명을 위해 LA자살예방센터에 심리부검을 의뢰한다. 음모론자들의 이설이 지금도 떠돌지만, 당시 LA 경찰은 파버로 등의 진단에 따라 먼로의 죽음을 자살로 발표했다. 3년 뒤인 1965년, 파버로는 자살 위기 상황에 가장 먼저 개입할 수 있는 경찰에게 자살 시도에 대한 이해를 돕기 위한 전문 훈련 과정을 개설하기도 했다.

　슈나이드먼은 1966년 센터를 떠났다. 그는 연구 전문 기관인 '미국자살학위원회American Association of Suicidology'를 설립하고 1970년

UCLA 사망학과 교수가 됐으며 저술 및 강연 외에 주로 학술적인 활동을 펼쳤다.

파버로는 센터에 남아 상담 활동과 연구를 병행했다. 그는 1981년 자살로 동생을 잃은 재닛 벨런드라는 자원봉사자의 제안을 받아들여 친지를 잃은 이들이 겪는 분노와 수치심, 죄의식 등 복합적인 슬픔을 치유하는 프로그램을 시작했다. 〈LA옵저브드LA Observed〉라는 매체 기자인 데이비드 데이비스는 그 무렵 자신이 만난 상담자 파버로의 면모를 소개하며 "그는 자신을 '파버로 박사'나 '노먼'이 아닌 '놈Norm, 평범'이라 소개했다. (…) 그는 그의 (저명한) 이름을 장식처럼 활용하려 하지 않았다"라고 썼다. 여동생을 자살로 잃은 데이비스는 자신과 같은 자살 후 생존자survivors after suicide를 위한 프로그램이 필요했다고 한다.

"그는 내가 만난 최고의 청취자였다. 그는 기이할 정도로 침착했고, 심리적 수렁에서 빠져나와 뭔가를 말하기 위해 필요한 침묵을 허락할 줄 알았다. 그는 자신이 선 자리가 뭔가를 설교하고 또 판단하는 자리가 아니라 '생존자'에게 뭔가를 배출하고 욕하고 허물어져도 좋은 해방구를 제공하는 자리임을 잘 알고 있었다. 그는 상담을 시작하며 '지난 주 어땠어요?'라고 묻고는 한 상자의 휴지가 눈물로 다 젖어 비워지는 90분 동안 단 한 마디도 하지 않고 있다가 흘끔 시계를 보고는 '으음, 미안합니다. 다음 주를 위해 여기서 멈춰야 할 것 같아요'라고 말한 적도 있다. (…) 8주 과정이 끝난 뒤 우리 생존자들은, 여전히 눈물이 마르지는 않았지만, 그래도 웃고 서로 포옹할 수 있었다. (…) 우리는 살아남았고, 스스로 알던 것보다 조금 더 강해졌음을 알게 됐다."[5] 데이비스는 "그룹 세션이 진행되는 동안

전화 한 통화 같은
아주 사소한 우정을 표시하는 것만으로도
자살을 막는 데 큰 기여를 할 수 있다는 사실이
내겐 늘 굉장한 일처럼 여겨졌다.

그가 세계적으로 저명한 심리학자라는 사실을 알아챈 이는 거의 없었다" "그가 은퇴 후 근 20여 년 동안 단 한 푼도 받지 않으면서 그 일을 계속했다는 사실도 밝혀야겠다"라고 썼다.

LA자살예방센터는 1997년 이후 '디디허시정신보건서비스DHMHS'와 통합, 운영돼왔다. 1930년대 대공황 이후 실직한 여성들의 실의를 치유하고 격려하려는 목적으로 설립된 민간 자선단체인 디디허시정신보건서비스는 시대 상황에 따라 빈민, 소수 인종 등 다양한 소외 계층의 정신보건 증진을 위해 일했다. 디디허시정신보건서비스 디렉터인 심리학자 키타 커리는 파버로 헌정 비디오에서 "파버로는 자살의 '오점'을 지우기 위해 헌신한 개척자 가운데 한 사람이었다" "자살하려는 이들이 겪는 극심한 고통을 누구보다 앞서 이해한 사람이었다"라고 말했다. 2014년 파버로는 미국자살학회학술대회 비디오 연설을 통해 "전화 한 통화 같은 아주 사소한 우정을 표시하는 것만으로도 자살을 막는 데 큰 기여를 할 수 있다는 사실이 내겐 늘 굉장한 일처럼 여겨졌다" 하고 말했다. 온화하고 겸손한 성품처럼, 그는 저 '소박한' 말로 자신의 학자이자 봉사자로서의 생애와 자살학의 역사를 포괄했다.

당연한 말이지만 자살과 자유죽음은 동의어가 아니고, 노먼 파버로가 막고자 한 모든 자살이 장 아메리가 옹호한 자유죽음은 아니다. 심리부검을 포함한 자살 연구와 예방 활동, 또 자살 후 생존자에 대한 심리 치료의 목적이 "(자살자) 본인보다는 가족, 나아가 사회의 보상 심리에 달려 있다"라고 한 아메리의 비판에는 부인하기 힘든 진실이 있고, 여전히 자살을 죄악시하는 종교와 관습과 법이 지배하는 현대사회에서 아메리의 목소리는 좀 더 커져야 할 필요가 있다.

하지만 심리학과 자살학이 자유죽음의 "존엄성을 박탈"한다는 아메리의 단죄에 파버로와 슈나이드먼 같은 이들이 고분고분하게 수긍할 것 같지도 않다. 그들은 아마 아메리가 책에서 예로 든 숱한 이들의 자살이 모두 그의 기준에 부합하는 자유죽음이었는지 심리 부검을 통해 규명하자고 따져 물을 것이고, 아메리는 삶의 외통수를 판별하는 판관은 개인과 사회이지만 둘의 판단이 일치하는 경우는 드물다고 응수할 것 같다.

그렇게 그들은 각자 자신들의 입장을 뒷받침하는 수많은 사례와 철학적 논리로 끝도 없이 맞섰을 것이다. 하지만 그들의 전선戰線 너머에서 '자살=죄악'이라는 해묵은 주장이라도 끼어들면 금세 나란히 서서 사회의 위선에 맞서 동지로 싸웠을 것이다. 그들로 하여 우리는 자살이라는 죽음의 한 형태와 거기 이르는 삶의 보편과 특수를, 지금 우리 삶의 양상을 조금은 더 느긋하게 이해할 수 있게 됐다.

1976 — 2015
니키 콰스니

사 랑 의 합 법 성

동성혼의 법제화를 위하여

난소암을 앓던 니키 콰스니Niki Quasney는 2014년 3월, 운전 중 찌르는 듯한 가슴 통증을 느꼈다. 곧장 응급실로 와야 한다며 의사가 경고했던 바로 그 증상이었다. 하지만 콰스니는 통증을 견디며 혼자 40여 분을 더 달려 인디애나 주 경계를 넘어 일리노이 주 병원을 찾아갔다. 지난해 8월 AP통신 인터뷰에서 그는 "두려워서 그랬다"라고 말했다.

그가 두려워한 건 병과 죽음보다 법과 제도의 억압이었다. 동성혼을 인정하지 않는 인디애나 주법에 따르면 13년 반려자 에이미 샌들러도 완벽한 타인일 뿐이어서, 가족에게만 면회가 허용되는 투병 과정이 더 고독하고 절망적이리라 그는 두려워했다.

다행히 퇴원한 그는 곧장 인디애나 주 연방지방법원에 자신들을 법적 부부로 인정해달라며 소송을 제기한다. 더 늦기 전에 자신의 사망진단서에 샌들러가 아내로 기록될 수 있도록, 사망 후 유산과 연금 등 혜택을 받을 수 있도록 하려는 거였다. 앞서 콰스니와 샌들러는 2011년 일리노이 주에서 시민결합Civil Union, 동성혼 대신 부부 지위만

^{보장}을 했고, 2013년에 매사추세츠 주에서 결혼도 했지만 인디애나 주는 다른 주의 동성혼 사실조차 인정하지 않았다.

연방지방법원은 그해 4월 주정부가 두 사람의 결혼 사실을 인정해야 한다고 판결한다. 이례적으로 빠른 판결이었다. 그리고 6월 동성혼을 허용해달라는 소송 10여 건에 대해서도 주정부가 승인해야 한다고 판결한다. 주정부는 즉각 항소했지만 9월에 제7항소법원은 만장일치로 연방지방법원의 판결을 편들었다. 인디애나 주는 10월부터 동성 커플의 혼인확인서 발급을 시작했다. 소송을 시작한 지 6개월 만이었다.

목숨을 건 사랑과 호소로 연방법원을 감동시키며, 미국의 모든 주를 통틀어 법정투쟁 최단 기록으로 인디애나 주의 동성혼 합법화를 이끈 니키 콰스니가 2015년 2월 5일에 별세했다. 향년 38세.

니키 콰스니는 인디애나 주 이스트시카고에서 태어나 먼스터에서 자랐다. 1994년 먼스터고교를 졸업했고, 퍼듀대학교와 미주리주립대학교에서 아동학과 체육학을 전공했다. 그는 체육 교사였고 스포츠광이었다. 특히 육상과 사이클링을 즐겨서 암 발병 후에도 수차례 트라이애슬론대회에 출전할 정도였다고 한다.

동갑내기인 콰스니와 샌들러는 2000년에 만나 줄곧 함께 생활했다. 둘은 여느 동성애자 커플처럼 세인의 시선과 차별로부터 상대적으로 자유로운 미국의 대도시들—세인트루이스, 라스베이거스, 시카고 등—을 두루 돌면서 잘 지냈다. 딱히 결혼을 해야겠다는 생각 없이 안정적으로 충만했던 둘의 일상은 2009년 콰스니의 암 발병과 함께 급변한다. 그해 시민결합 커플로 등록한 것도, 한 살과 세

살의 두 딸을 입양한 것도, 서로를 붙들고 싶고 서로에게 묶이고 싶어서였고, 불안하게 덜컹거리다가 언제 벼랑으로 추락할지 모를 시간을 함께 견디기 위해서였을 것이다. 콰스니가 나고 자랐고, 부모와 형제가 살고 있는 먼스터로 이사를 결심한 것도 그래서였다. 콰스니 일가는 2001년에 귀향했다.

샌들러는 2014년 8월 〈시카고트리뷴〉 인터뷰에서 "다른 곳에서 우리는 100퍼센트 부부로 대접받았지만 인디애나에서는 완전히 법적 타인이었다. 지금껏 한 번도 맞닥뜨리지 않았던 장애물들에 계속 부딪쳐야 했다"라고 말했다. 헬스클럽에서 가족 멤버십 카드를 받을 수도 없었고, 딸을 병원에 데려가서 혈액검사를 받을 때에도 병원 직원은 콰스니의 면전에서 '콰스니(아버지) 씨가 누구냐'라고 묻곤 했으며, 시카고에서 교사로 일하던 때처럼 가족 건강 프로그램을 인정받을 수도 없었다. 매사추세츠 주가 발급한 혼인확인서도 주정부는 인정하지 않았다. 그래도 언젠가는 인디애나의 동성혼도 합법화될 테지, 하며 기다려볼 참이었다고 콰스니는 말했다. 수차례의 수술과 방사선치료 등 당장의 투병에 집중하기 위해서였다. 하지만 세상의 더딘 변화보다 병세는 훨씬 빠르게 악화됐다.

2014년 4월 연방지방법원에 소송을 내면서 콰스니는 말기[4기] 난소암 진단서를 첨부했다. 그는 하루빨리 법적 부부로 살고 싶었지만 지금껏 참고 기다려왔다고, 하지만 이제 자신에게 시간이 얼마 남지 않았다고, 자신의 사망진단서에 기혼자로 남겨 파트너에게 혜택을 주고 싶다고 썼다. 법정에서 콰스니는 "나는 내 아이들이 그들의 부모가 다른 이들처럼 결혼한 부부라는 사실을 알기 바라고, 또 그 사실을 자랑스러워하기를 바랍니다. 나는 나의 고향에서 에이미와 우리 딸들과 함께 합법적인 가족으로 인정받는 게 어떤 느낌인지 알고 싶습니다"라고 말했다.

콰스니 커플의 법정 투쟁은 〈가족인 이유What Makes A Family〉라는 제목의 TV영화로 잘 알려진 플로리다의 레즈비언 커플 재닌 래트클리프와 조앤 펄먼의 사연을 환기시키며 여론의 뜨거운 호응을 얻었다. 이는 조앤이 인공수정으로 아이를 낳은 뒤 병으로 숨지면서 재닌과 조앤 부모가 아이의 양육권을 두고 긴 소송을 벌였고, 곡절 끝에 재닌이 승소한 실화였다.

일리노이 주 연방지방법원 리처드 L. 영 판사는 소장이 접수된 지 불과 일주일 만에 콰스니 커플의 청을 수락, 매사추세츠 주가 발급한 혼인확인서가 일리노이 주에서도 유효하다고 판결한다.

그들은 인디애나 주 최초의 동성 부부가 됐다. "엄청난 행운이죠. 내 파트너에게뿐 아니라 인디애나 주 모든 시민에게 내가 결혼한 사람으로 인정받는 거잖아요. 하지만 더 나아가야 한다는 것도 알고 있었어요. 우린 결혼할 권리를 가진 수많은 일리노이의 동성 커플 가운데 하나일 뿐이니까요." 콰스니는 이렇게도 말했다. "하지만 이게 내가 말기 암 환자이기 때문에 누리는 특권이라는 느낌을 갖는 건 싫어요. 그건 옳지 않은 일이죠."

콰스니 부부의 탄생으로 인디애나 주의 동성혼 합법화 투쟁은 더 뜨겁게 달아올랐다. 그리고 두 달 뒤인 2014년 6월에 영 판사는 동성혼 불허는 연방헌법 정신에 위배된다며 100여 건의 동성혼 신청 소송 사례를 일거에 주정부로 보내 즉각 혼인확인서를 발급하도록 판결한다. 판결에서 영 판사는 "조만간 미국 시민은 원고들과 같은 커플의 결혼을 흔히 보게 될 것이며, 그걸 '동성혼'이 아니라 그냥 '결혼'이라 부르게 될 것이다. 젠더와 성적 지향을 빼면 그들은 거리의 여느 부부와 조금도 다를 바 없으며, 다르지 않은 그들을 다르지 않게 대하라는 게 미합중국 헌법의 요구다"라고 밝혔다. 물론 주정부는 '시기상조'라며 항소했다.

10월 연방대법원은 인디애나와 오클라호마, 유타, 버지니아, 위스콘신 등 5개 주 항소법원을 거쳐온 동성혼 합법화 상고심에 대해 "심리하지 않겠다"라고 발표했다. '무대응의 대응act by inacting', 즉 동성혼 금지를 위헌이라고 판결한 하급법원의 결정에 찬성도 반대도 하지 않음으로써 사실상 항소심의 판결을 최종적으로 승인한 거였다. 2013년 6월에 결혼을 이성간의 결합으로 한정한 '결혼보호법DOMA'을 위헌 판결한 바 있는 대법원이었지만 여론을 앞질러 미 전역의 동성혼 합법화를 자극할 수 있는 판결은 부담스러웠던 것이다. 5개 주는 즉각 동성혼증명서 발급을 시작했다. 동성애자 법·인권 운동의 거점 가운데 한 곳으로, 콰스니 소송을 대리했던 람다 법률사무소 폴 카스틸로 변호사는 "니키와 에이미의 용기가 새로운 역사를 만들었다"라고 말했다. 미국 연방대법원이 동성 결혼을 법제화한 것은 콰스니가 숨진 지 넉 달 뒤인 2015년 6월이었다.

콰스니는 펄 잼의 노래를 좋아했고, 특히 그의 〈광년Light Years〉을 흥얼거리곤 했다고 한다. "낭비할 시간도 여투어 둘 시간도 없지. 몽땅 다 써야 해(No time to be void or save up on life, you gotta spend it all)"라는 몇 소절의 가사가 그에게는 더 특별했을 것이다.

1928 ─ 2014
우자와 히로후미

사회를 치료하는 경제학

안정된 진로를 벗어나 학문의 의미를 찾다

교황 레오 13세[1878~1903 재위]의 회칙 '레룸노바룸Rerum Novarum'이 발표된 것이 1891년이다. 교황은 19세기의 10년을 남겨둔 인류가 20세기를 맞이하며 감당해야 할 숙제와 지향을 밝힌 그 회칙의 뼈대를 "자본주의의 폐해와 사회주의의 환상"이라는 함축적인 표현 안에 담았다.

그로부터 100년 뒤인 1991년 5월, 교황 요한 바오로 2세[1978~2005 재위]는 같은 이름의 새로운 교황청 회칙 '뉴 레룸노바룸'을 내놓는다. 이 시기는 공산주의의 패배와 자본주의의 전일적 지배가 확연해진 문명사적 전환기였다. 바오로 2세는 회칙에 레오 13세의 구절을 뒤집은 "사회주의의 폐해와 자본주의의 환상"이라는 예언적인 표현을 굵은 글씨로 담았다.

바오로 2세가 회칙을 준비하면서 자문을 청한 외부 인사가 있었다. 교황청 회칙 작업에 참여한 첫 외부인으로 알려진 그가 일본의 경제학자 우자와 히로후미宇澤弘文였다. 그해 그는 바티칸이 주최한

'경제학의 사회적·윤리적 전망 학회'에서 교황을 만났다고 한다. 그 작업에서 우자와의 역할이 어느 정도였는지는 알려지지 않았다. 다만 분명한 것은 그의 학문과 삶이 바오로 2세 회칙의 저 정신과 다르지 않았다는 점이다. 우자와는 세계적인 경제학자로서 강단의 경계를 넘어, 다시 말해 학자로서 그에게 보장된 안정적인 진로를 벗어나 시대와 사회의 맥락 안에서 학문의 역할과 의미를 찾고자 했던 지식인이었다.

이야기를 이어보자. 1994년에 우자와는 저서 『사회적 공통 자본』에서 20세기 세계경제와 경제학의 흐름을 일별하다 1980년대 신자유주의 대목에 이르러 능청스럽게도 "그때 우리 경제학자들의 사고방식에 큰 영향을 주게 되는 문서가 나왔다" 하며 바오로 2세의 회칙을 꺼낸다. "자본주의냐 사회주의냐라는 문제의식을 넘어 사람들이 이상으로 삼을 만한 경제체제가 무엇이냐를 생각해봐야 한다는 로마교황의 문제 제기에 대해 우리 경제학자들은 겸허하고 성실하게 대응해야 한다."

신고전학파의 산실인 케임브리지와 케인스학파의 보루 프린스턴 대학교, 신자유주의의 아성으로 꼽히는 시카고대학교 등에서 두루 교수와 펠로fellow를 지낸 전 도쿄대학교 명예교수 우자와 히로후미가 2014년 9월 18일에 별세했다. 향년 86세. 그는 성장이론 분야의 세계적 수리경제학자로서 자신이 연구한 모든 근대경제학이 놓친 현실들, 예컨대 환경과 문화 등을 포괄하는 경제학 너머의 경제학을 만들고자 노력했다. 『사회적 공통 자본』도 그 노력의 한 결실이었다.

『사회적 공통 자본』은 프린스턴대학교 시절 그에게 큰 학문적 영감을 준 경제학사 소스타인 베블런Thorstein Bunde Veblen, 1857~1929 등의 '제도주의institutionism' 개념에서 발아했다고 한다. 제도주의 경제학이란 자본주의경제가 경제적 요인들로만 움직이는 게 아니라 법률, 관습 등을 포함한 각종 제도에 의해 규정되기 때문에 경제 분석 역시 다양한 제도와 함께 이뤄져야 한다는 입장의 경제학이다. 그만큼 개별 사회의 특수성을 중시한다. 그에게 사회적 공통 자본은 "한 나라 또는 특정 지역에 사는 모든 사람이 풍요로운 경제생활을 영위하고, 우수한 문화를 전개하며, 인간적으로 매력 있는 사회를 지속적이고 안정적으로 유지할 수 있게 해주는 사회적 장치"다. 거기에는 대기, 삼림, 하천 등 자연환경과 도로, 상하수도, 전력 등의 사회 인프라와 교육, 의료, 사법, 금융 등 제도 자본이 포함된다.

모든 시민의 기본적 권리를 충족시키는 데 필수불가결한 사회 전체의 공유 자산(자연환경과 사회 환경)은 소유와 관리를 사적 자본의 이윤 동기에 맡겨서는 안 되며, 국가가 정한 기준이나 규칙에 따라 운영되어서도 안 된다는 게 그의 주장이다. 우자와는 "각 분야의 직업적 전문가가 전문적 식견에 기초해서 직업적 규율에 따라 (사회적 공통 자본을) 관리·운영해야 한다"라고 썼다. 위탁이 아니라 신탁fiduciary, 즉 관리 주체는 독립적이고 자립적으로 운영·관리하되 시민들에게 직접적으로 책임을 져야 하고, 정부는 전문가들이 신탁 원칙에 따라 제대로 운영·관리하는지 감독하고 사회적 공통 자본들 사이의 재정적 균형을 유지하도록 해야 한다는 것이 그의 요지였다. "제도주의 경제체제에서 정부가 수행해야 할 경제적 기능은 통치기구로서의 국가 기능이 아니라 모든 국민이 소득과 주거지 등을 불문하고 누구나 시민으로서의 기본적 권리를 누리는지 감시하는 기능이다."[1]

그는 1930년대 대공황으로 신고전주의 이론의 허술함이 드러나고 다시 1970년대 세계경제 위기와 혼란으로 케인스 이론에 대한 신뢰가 무너진 소위 '경제학의 두 번째 위기'를 맞아 극단적으로 보수화한 학계의 흐름을 '역사의 뒤틀림'이라고 표현했다. 그는 정반대의 길을 걸었다.

우자와는 1928년 7월 21일에 일본 돗토리 현 서부 요나고 시에서 태어났다. 네 살 무렵 교사였던 아버지는 가족들을 이끌고 도쿄로 나왔다. 학문(학자) 정보 사이트인 〈퀘스티아〉에 올린 그의 수필에는 초등학교 4학년 무렵의 추억 하나가 소개돼 있다. "당시 선생님은 2600년 전 진무텐노神武天皇의 전설로부터 시작되는 일황 가계 역사를 자랑스럽게 가르치곤 했는데, 어느 날 내가 손을 들어 나로선 너무나 자연스러운 질문을 했다. '만일 황제의 장남이 바보면 어떻게 되나요?' 어떤 벌을 받았는지는 기억나지 않지만 선생님의 얼굴이 분노로 벌게졌던 건 선명히 떠오른다." 장남이 모든 가산을 물려받고, 둘째부터는 아들 없는 이웃집 양자로 들어가는 게 유일한 희망이었던 시절이다.

태평양전쟁이 발발할 무렵 그는 명문 도쿄제1중학교 학생이었고, 1936년에 학교 인근에서 발발한 '2·26사건'을 목격하게 된다. 황도파 젊은 장교들이 쇼와昭和 일왕이 직접 통치할 것을 주장하며 부패 관료들을 살해하고 수상 관저를 공격한 이 사건은 '3일 천하'로 막을 내렸고, 군부 강경파일명 통제파가 권력을 쥐는 계기가 된다. 이듬해 일본은 태평양전쟁을 시작한다. 하지만 교사 누구도 그 사건에 대한 우사와의 의문을 풀어주지 않았고, 그는 직접 도서관을 다니며 자료를 찾았다고 한다. 그는 일본의 교육에 아주 비판적이었다.

우자와는 모범생이었고 특히 수학에 뛰어나 중 3 무렵 이미 뉴턴의 정리를 수학적으로 혼자 검증할 수준이었고, 그래서 도쿄대학교 수학과에 진학했다고 1998년 6월 케임브리지대학교 저널이 마련한 석학 인터뷰에서 말했다. "옛 일본 교육제도하에서 처음에 나는 의예과 학생이었고, 당연히 의대로 진학할 생각이었다. 그런데 히포크라테스 선서를 읽고 마음을 바꿨다. 선서를 보자니 의사는 영리하고 사려 깊어야 하고 무엇보다 환자를 위해 자신의 목숨도 내놓을 수 있을 만큼 고결한 성품을 지녀야 한다고 돼 있더라. 나로선 전공을 바꿀 수밖에 없었고, 그게 수학이었다."

그는 학부를 마친 뒤 학과의 특별연구원으로 2년간 재직하며 군역을 면제받는다. 경제학에 관심을 두기 시작한 건 그 무렵부터였다. 전후 황폐한 일본 경제 현실―가난, 불평등, 인플레이션, 실업 등―이 눈에 들어오기 시작한 것이다. "수학만 연구하며 맘 편히 지내기 힘들었다. 의사가 사람의 질병을 치료하듯 경제학자가 돼서 사회를 치료하자는 생각을 했다."

경제학을 독학하던 시절, 그가 구할 수 있는 책은 대부분 마르크스경제학이었다. 전쟁 중 구제고舊帝高대학 예비과정를 함께 다닌 중국인 학생들로부터 마오쩌둥毛澤東1893~1976의 사상과 이론을 귀동냥해둔 터였다.(만주전선에서 곤욕을 치르던 일본은 동화정책의 일환으로 중국인 학생들을 선발해 일본인 학생들과 함께 수학케 했는데, 우자와는

이 모델로는 일본 사회의 진정한 모습을
포착할 수 없습니다. 왜냐하면 환경 파괴나 공해 등
가장 중요한 요소가 이 모델에는
들어 있지 않기 때문입니다.

오히려 그들이 마오의 철학과 정치 이념을 일본인 학생들에게 가르쳤다고 1997년 인터뷰에서 밝혔다.)

"마르크스경제학은 아무리 읽어도 이해가 안 되고 수긍하기도 힘들었어요. 당시 나는 일본공산당에 가입하려던 참이었는데, 어느 날 먼저 당원이 된 한 친구가 말하길 내 빈약한 마르크스경제학 지식으로는 입당 시험을 통과할 수 없을 거라고 하더군요. 그 후 대학 연구원직을 사직하고 경제학 공부에 몰두했죠. 몇 년 뒤에야 그런 시험이 없다는 걸 알았어요. (…) 친구가 그때 왜 그런 말을 했는지 모르겠지만…… 어쩌면 그게 나를 구한 셈입니다."

그는 고교 시절 럭비부에서 인연을 맺은 도쿄대학교 경제학과 교수의 스터디 그룹에 나가기 시작했고, 매년 방학 강좌를 이끌던 한 스탠퍼드대 교수가 1954년 강의에서 소개한 케네스 애로Kenneth Joseph Arrow, 1921~의 미발표 원고들을 읽었다. 그 원고들에 감명받은 그는 처음으로 경제학에 수학이 유용하게 쓰인다는 사실을 알게 됐고, 자신의 견해를 적은 짧은 원고를 애로 교수에게 보냈다. 그러자 스탠퍼드대학교에서 초청장이 날아왔고, 그는 1956년 여름에 풀브라이트장학생으로 유학을 떠날 수 있었다. 그의 학문적 업적 가운데 하나로 꼽히는 발전이론 분야의 '2부문 모형two sector model'도 스탠퍼드 시절에 쓴 논문이었는데, MIT 공대 밥 솔로 교수의 '1부문 모형one sector model'을 개량한 거였다고 한다. 그는 1965년에 시카고대학교로 옮긴다. 조지프 스티글리츠Joseph Stiglitz, 1943~도 그 무렵 우자와의 강의를 들었다. 1994년 3월 〈보스턴글로브〉는 1960년대 성장이론 분야의 최고 학자들을 소개하며 "1965년 여름에 MIT의 우수한 학생들은 모두 시카고대학교로 몰렸다. 솔로 이래 수리성장

이론 분야의 최고 대가였던 우자와 히로후미 밑에서 공부하기 위해서" 운운하는 기사를 싣기도 했다.[2]

하지만 당시는 베트남전쟁 반대 운동이 미국 대학가를 휩쓸던 때였고, 그 전쟁이 우자와의 운명도 흔들었다. 우수한 학생들이 아예 미국을 떠나거나 감옥에 가는 일이 다반사였다. "1967년의 한 학생을 기억한다. 보수적인 학생이었는데 어느 날 그 학생이 '밀워키 14' 멤버 중 한 명이라는 사실을 신문에서 읽고 큰 충격을 받았다. 밀워키 징병사무소에 들어가 징병 영장을 전부 태운 열네 명 가운데 한 명이었던 거다. 그 학생은 7년형을 선고받았고, 대학도 경제학도 그만둬야 했다. 당시엔 그가 예외적인 학생이 아니었다." 그는 1967년까지 케임브리지대학교에서 잠깐 머문 뒤 귀국, 1969년 도쿄대학교에 자리를 잡는다.

귀국 후 그가 처음 쓴 책은 『자동차의 사회적 비용』이었다. 당시로선 신선하고 충격적인 발전의 이면, 즉 1970년대 광화학스모그와 시민의 위협받는 안전 등을 폭로한 책이었다. 근대경제학을 반성적으로 고찰한 『근대경제학의 재검토』라는 책도 썼다. 농지 위에 활주로를 닦아 나리타공항을 국제공항으로 확장하려던 일본 정부의 계획에 맞서 1966년부터 20년 넘게 싸운 '산리즈카 마을' 주민들의 투쟁을 일본 경제사회의 현실과 맞물려 환기시킨 『나리타란 무엇인가』뿐 아니라 『지구온난화를 생각한다』 『일본의 교육을 생각한다』 등등 그의 저서들은 경제 이론의 경계를 벗어나 현실 속으로 뻗어나갔다. 일본 출판업계의 거물인 이와나미문고의 편집자 출신이자 사장이었던 오쓰카 노부카즈大塚信一 1939~는 『책으로 찾아가는 유토피아』라는 책에서 『자동차의 사회적 비용』 출간 이후 우자와가 감당해야 했던 괴롭힘과 협박, 『나리타란 무엇인가』 이후 몇 년간 외출할 때마다 경찰의 경호를 받으며 살아야 했던 이야기 등을 소개했다. 1970년대 이와나미문고에서 열린 한 연구회 일화도 있다. 당시 우자와는 근대경제학의 모델과 수식으로 일본 사회가 안고 있는 문제들을 명쾌하게 분석해 경제·사회학자들을 매료한 뒤 칠판에 커다란 X표를 치며 이렇게 말했다고 한다. "이 모델로는 일본 사회의 진정한 모습을 포착할 수 없습니다. 왜냐하면 환경 파괴나 공해 등 가장 중요한 요소가 이 모델에는 들어 있지 않기 때문입니다."

그는 노벨경제학상의 단골 후보였다. 하지만 시카고대학교나 MIT, 프린스턴의 강단 학자들이 그의 '이질적인' 연구와 사회 활동을 어떻게 평가했을지는 의문이다. 어리석은 가정이지만, 만일 베트남전쟁이 없었다면, 그래서 그가 미국의 대학에서 연구 활동에 전념했다면 사정은 달라졌을지 모른다. 훗날 우자와는 경제학을 공부하면서도 예비 의학도 시절 히포크라테스 선서 앞에서 좌절했던 기억을 간직했다고 말했다. 길다면 긴 생을 청년기의 어떤 기획 속에 두고 마름질하듯 주무를 수는 없겠지만 경제학자로서 그의 마음속에는 '사회를 치료하는 경제학자'로서 자신만의 '히포크라테스 선서'가 있었을지 모른다. 그는 환자를 위해 목숨을 바칠 수는 없었지만 사회를 위해 자신에게 더 유리한 자리를 포기했다. 그는 학문의 보수적 경계를 넘어섬으로써 자신이 설정한 경제학자로서의 경계를 지켰고, 그건 그에게 노벨상으로도 채울 수 없는 커다란 야심이었을지 모른다.

1949 ― 2014

에푸아 도케누

잘려나간 장미

여성 할례 금지 운동의 시작

피렐리, 샤넬의 브랜드 모델로 1980, 1990년대 〈엘르〉 〈보그〉 등 패션지 표지를 장식했던 소말리아 출신 모델 와리스 디리Waris Dirie, 1965~가 자신의 상처를 세상에 공개한 게 1997년 〈마리끌레르〉 인터뷰에서였다. 세 살 때 '미드간여성 할례 시술자'에게 클리토리스와 음순을 잘린 이야기, "성냥개비 머리만 한 구멍"만 남긴 채 질구를 봉합당한 이야기, 시술 후 자신은 살아남았으나 동생은 과다 출혈로 숨진 이야기.

'사막의 꽃'으로 불리던 세계적 패션 스타의 고백은 아프리카와 중동 대다수 국가들이 종교와 전통의 이름으로 수천 년 동안 자행해온 끔찍한 가혹 행위의 실상을 극적으로 폭로했다. 그는 1998년에 수기 『사막의 꽃』을 썼고, 2009년 셰리 호만 감독은 에티오피아의 모델 겸 배우 리야 케베데Liya Kebede를 주연으로 이를 영화화했다. 와리스는 유엔 아프리카인권특사, 아프리카연합AU 평화대사 등을 역임하며 여성성기절제FGM, Female Genital Mutilation 근절과 여성 인권 신장을 위해 헌신하고 있다.

아프리카 가나 출신 영국인 간호사 에푸아 도케누Efua Dorkenoo가 질구 봉합 후유증으로 출산에 실패한 한 임산부의 사례를 처음 겪고 충격을 받은 건 1970년대 말이었다. 하지만 더 충격적이었던 것은 병원도 의사도 그 문제를 문제 삼지 않는 현실이었다. 그는 런던의 인권단체 소수자인권그룹Minority Rights Group 회원들과 함께 거리로 나섰다. 곧장 병원에도 사표를 내고 공부를 재개해 1982년 석사 학위를 땄다. 그의 석사 논문이 FGM을 다룬 사실상 첫 논문이었다. 이듬해 그는 FGM 연구 및 반대 운동을 위한 최초의 단체 여성보건연구개선기금FORWARD을 설립했다. 그와 여성보건연구개선기금의 활동은 2년 뒤인 1985년 영국 정부의 '여성할례금지법' 제정으로 이어졌다. 1994년 발간한 그의 책『장미 자르기Cutting the Rose』역시 FGM 관련 최초의 전문서였다. 이 책은 2002년 짐바브웨에서 열린 국제북페어조직위원회가 국제심사위원단을 통해 선정한 '20세기 아프리카 (출신 작가가 쓴) 최고의 책 100권'에 꼽혔다.

1995~2001년에 세계보건기구의 여성보건국 국장(대리)으로 발탁된 그는 아프리카, 부르키나파소, 가나, 카메룬, 케냐, 소말리아, 수단 등의 국가 보건 당국을 비롯, 유엔의 모든 회원국이 FGM을 금지하는 데 동의하도록 설득했다.

유엔과 국제사회가 와리스의 저 고백에 충격을 받았다고 말하는 것은 위선일 가능성이 높다. 그 사례가 와리스 개인의 상처나 소말리아만의 관습이 아니고 덜 민주화한 대륙의 어두운 이면만도 아니라는 사실, 소위 선진국의 이민자 공동체 안에서도 은밀히 또 공공연히 자행돼온 일임을 그 전에도 결코 모르지 않았기 때문이다. 유엔총회가 FGM을 인권 범죄로 규정한 것은 2012년이었다. 그리고 믿기지 않을 일이지만, 지금도 매년 수만 명의 어린 여성이 종교와 전통, 문화적 득수성의 미명하에 저 범죄에 희생되고 있다.

FGM의 실태와 문제점을 사실상 처음 고발함으로써 국제사회가 그 문제에 관심을 쏟게 하고, 아프리카 여러 나라를 돌며 FGM 근절 캠페이너로 활동한 에푸아 도케누가 2014년 10월 18일에 별세했다. 향년 65세.

그는 1949년 9월 6일에 가나의 케이프코스트에서 태어났다. 여고에서 학생회장을 지낸 그는 졸업 후 양호교사였던 아버지의 권유로 영국 런던으로 유학을 떠났다. 위생 및 열대 의학을 전공했고, 대학을 나온 뒤 빈민의료시설인 로열프리Royal Free 등 여러 병원에서 간호사로 일했다. 그 무렵까지 그는 FGM에 대해 들어 알고만 있었을 뿐 큰 관심이 없었다고 했다.

2007년 세계보건기구는 FGM의 유형을 넷으로 분류했다. 음핵 전체 혹은 일부를 잘라내는 유형, 음핵과 음순 일부 혹은 전부를 잘라내는 유형, 외음부를 잘라낸 뒤 질구의 상당 부분을 봉합하는 유형, 그 외 여성 외음부에 미용 등 목적으로 피어싱하거나 문신을 새기는 등의 행위다. 처음 세 유형이 인권유린이다. 그것은 육체의 일부를 훼손하는 데 그치는 게 아니다.

FGM의 뚜렷한 기원은 밝혀지지 않았다. 종교적·지역적·문화적 전통이자 관습으로 수천 년 동안 당연시해왔기 때문이다. 아프리카와 중동, 인도네시아 등 상당수 국가와 부족은 지금도 여성 할례를 순결의 증표로 인식한다. 할례를 안 받은 여성은 창녀로 취급받아 결혼도 못하고 가족과 부족의 수치가 된다. 그래서 대개 15세 이전, 이르면 3~7세의 소녀들은 가족의 손에 이끌려 칼이나 나무 가시 등으로 살점이 잘리고 뜯긴다. 곪거나 과다 출혈로 숨지기도 하고, 영구 손상을 입어 임신과 출산을 못하거나 배뇨 등 장애를 겪는 이들도 적지 않다. 그 같은 '부수적인' 피해는 아직 현황조차 파악된 바 없다.

국제보건인권기구와 시민사회단체의 활동은 도케누와 여성보건연구개선기금의 선구적인 활동 덕에 1980년대 중반 이후 비로소 활기를 띠었다. 유니세프는 2013년 보고서 「미래엔 어떻게 될까What might the future hold」에서 현재 아프리카와 중동 29개국의 여성 약 1억 2500만 명이 이미 FGM을 당했고, 현재 약 3000만 명의 소녀들이 위험 속에 방치돼 있는 것으로 추정했다.

저 현황은 1980년대 이후 현저히 줄어든 숫자다. 특히 케냐, 탄자니아 등 일부 국가에서 FGM이 범해지는 횟수는 30년 전에 비해 약 3분의 1로 감소했고 중앙아프리카공화국, 이라크, 라이베리아, 나이지리아에서도 절반 정도로 줄었다. 유엔인구기금UNFPA과 유니세프는 2008년부터 아프리카 중부와 북부 22개국에서 FGM을 근절하기 위한 강력한 프로젝트를 시작했다. 각국 정부와 공동으로 여성할례 금지를 법제화하고, 다각적 인권 교육을 펼치고 있다. 행정·종교 지도자들과의 지속적인 협의로 '순결 전통'은 지키면서 할례를 대신할 만한 방안을 모색하는, 이를테면 문화적 타협안을 찾기도 했다. 그 결과 2014년 기준으로 15개국의 약 1만 2000여 개의 부락(약 1000만 명)에서, 적어도 공식적으로는 FGM을 안 하겠다고 천명했다. 이는 전년보다 약 2000개 부락이 늘어난 수치다. 유니세프 보고서는 FGM에 대한 인식도 점차 전향적으로 변하고 있다고 밝혔다. 하지만 FGM이 악습임을 알면서도 "강력한 사회적 압력 때문에 어쩔 수 없이 자신의 딸들에게 FGM을 당하도록 하는" 이들이 적지 않다고 덧붙였다.

도케누에게 세계보건기구에서 일한 6년의 경험은 다양한 전문가들을 만나고 실질적 연대의 네트워크를 이루는 데 큰 도움이 됐지만, 거대 조직 특유의 관료주의와 더디고 조심스러운 절차는 불만족스러웠다고 한다. 그는 2001년에 세계보건기구를 떠나 여성인권 국제민간단체 '이퀄리티 나우EQUALITY NOW'에 합류한다. 거기서 도케누는 FGM 피해자의 생생한 증언들을 국제사회에 알리고, 인권범죄에 드리운 문화적·종교적 허울을 보다 적극적으로 폭로했다. 정책 당국과의 협의나 미디어 홍보 활동을 벌일 때마다 피해 증언자들과 함께 다니며 국제 여론을 환기하기도 했다. 그는 2000년 미국의 저명한 페미니스트인 글로리아 스타이넘Gloria Steinem, 1934~과 함께 이퀄리티 나우의 평생공로상을 수상했고, 앞서 1994년 대영제국훈장OBE을 받았다. BBC는 2013년 국제사회의 정치·노동 등의 분야에서 성 차별을 극복하는 데 헌신한 첫 '여성 100인'으로 도케누를 선정하면서 그에게 'FGM의 전사'라는 타이틀을 부여했다.

아프리카의 여러 나라에 적지 않은 도덕적·정치적 빚을 지고 있는 영국 정부는 지난해 FGM 근절을 위한 아프리카 펀드를 조성했고, 도케누는 그 펀드로 출범한 아프리카인 주도의 사실상 첫 FGM

근절 운동기구인 '더 걸 제너레이션The Girl Generation'의 실행 감독을 맡았다. 기구의 공식 활동은 도케누가 숨지기 일주일 전인 2014년 10월 10일에 시작됐다.[1]

물론 갈 길은 아직 멀다. 유니세프 보고서는 지역별 인구 증가율을 감안할 때 2050년이면 전 세계 신생아의 약 31퍼센트(여아 하루 평균 5만 7000명)가 FGM이 지행되는 아프리카와 중동 29개국에서 태어날 것이라고 예측했다. 또 FGM 관행이 지속될 경우 피해자는 현재의 연간 360만 명에서 660만 명으로 늘어나게 된다고 밝혔다. 지난 30년간의 FGM 감소 추세를 감안하더라도, 지금보다 많은 410만 명이 매년 FGM을 당하게 된다는 거였다. FGM 관행의 가장 악명 높은 국가 가운데 하나인 이집트의 경우, 여성 인구의 91퍼센트가 FGM을 당했고 와리스의 조국 소말리아 역시 98퍼센트의 소녀들이 희생되고 있다. 또한 지부티(93퍼센트), 말리(89퍼센트), 수단(88퍼센트), 기니(97퍼센트), 시에라리온(90퍼센트), 에리트레아(83퍼센트).

도케누는 국제 개발현안 연대 매체인 〈디복스Devox〉와의 인터뷰에서 "만일 해당 국가와 국제사회가 의지를 갖고 나선다면, 우리는 한 세대 안에 FGM을 근절할 수 있을 것이다"라고 말했다. 그 말은 지금까지, 또 아직도 관련 국가와 국제사회가 그 잔혹한 행위에 적극적으로 대처하지 않고 있다는 의미였다. 그는 말로만 반대하고 글로만 그럴싸하게 성토하는 정치인들의 이중적 행태와 유엔을 비롯한 국제기구의 더디고 미온적인 개입에 분노했다. 영국 역시 1985년에 선도적으로 금지법을 제정했지만, 또 연간 100여 건의 FGM 관련 합병증 사례가 보고되고 있지만 첫 기소가 이뤄진 건 2014년이었다. 데이비드 캐머런David Cameron, 1966~ 영국 총리는 그해 초 런던에서 열린 FGM종식국제회의 연설에서 "내 생애 안에 그 행위가 근절되기를 바란다"라고 천명했다. 도케누가 논문을 발표한 지 32년 만이었다.

　도케누는 법적 강제에 만족하지 않았다. 〈워싱턴포스트〉 인터뷰에서 그는 "금지법은 물론 중요하다. 하지만 그건 동전의 양면과 같은 의미를 지닌다. 법에만 의지할 경우 기소를 면할 수만 있다면 그들은 저지를 것이기 때문이다"라고 말했다. 그에게는 적도 많았다. 〈가디언〉 인터뷰에서 그는 "나의 공개적인 발언과 행동이 (누군가에게) 살만 루시디에 못지않은 도발로 받아들여졌고 또 실제로 살해하려 한다는 말을 전해들은 적도 있다"라고 밝히기도 했다.

　반면에 아프리카의 여성들, 특히 FGM의 피해자들은 그를 '에푸아 엄마Mama Efua'라고 불렀다. 일곱 살에 FGM을 당하고 현재 '더 걸 제너레이션'에서 일하고 있는 지부티 출신의 님코 알리는 "도케누는 (마치 엄마처럼) 유쾌하고 지혜로우면서 언제나 우리의 말을 끈기 있게 들어주는 사람이었다. (⋯) 우리도 아프리카의 여성들과 '엄마와 딸' 같은 관계를 맺으려고 노력해왔다"라고 BBC 인터뷰에서 말했다. 그는 〈뉴요커〉 인터뷰에서 아이작 뉴턴의 표현을 빌려 "그녀는 거인이었고, 우리는 지금 그녀의 어깨 위에 서 있을 뿐이다"라고도 말했다. 글로리아 스타이넘은 〈뉴요커〉에 보낸 이메일에서 "(도케누는) 희망과 변화의 기적"이라고 애도했다.

1943 — 2015

더글러스 톰킨스

탐 욕 스 러 운 환 경 운 동 가

노스페이스 창업자, 국가에 공원을 기증하다

더글러스 톰킨스Douglas Tompkins는 몽상가였다. 그의 꿈은 자연보호가 아닌 자연의 복원이었다. 이미 병들어버린 땅, 보호는 헛되고 부질없는 짓이었다. 잘해봐야 증상을 잠시 완화하거나 지연시킬 뿐. 그나마도 자연이 아니라 인간을 위한 보호였다. 그는 뭇 생명을 자연으로서 사랑했지만 인간만큼은 반反자연으로 여겼다. 자연과 항구적으로 공존하기에 인간은 못 믿을 존재였고, 또 너무 많았다. 그가 지구 끝, 인적 드문 칠레와 아르헨티나의 광막한 숲과 초원, 화산과 습지와 강과 피오르해안에 제 꿈의 거처를 마련한 까닭이 그거였다. 220만 에이커약 27억 평, 서울 면적의 열다섯 배. 그 땅은 자연의 피난처가 아니라 수복의 거점이었다. 아웃도어 브랜드 노스페이스의 창업자, 더글러스 톰킨스가 2015년 12월 8일 별세했다. 향년 72세.

더글러스 톰킨스는 1943년 3월 20일 미국 오하이오 주에서 태어나 뉴욕 밀브룩에서 자랐다. 돈 잘 버는 골동품 상인이던 아버지는 그를 코네티컷의 명문 사립학교에 보냈지만 그는 사고뭉치였다. 열두 살 때부터 답답한 교실보다는 뉴욕 주 남부 샤완겅크Shawangunk 산군의 암벽이 더 좋았다는 그다. 열다섯 살 무렵에는 이미 등산·스키 마니아였다. 그는 이런저런 사고를 치던 끝에 학교에서 잘렸다. 그에게 퇴학은 해방이었다. 곧장 환경운동단체인 '시에라클럽'에 가입해 미국 서부의 온갖 데를 신나게 누볐고, 성년도 되기 전인 열일곱 살에 집을 나와 콜로라도 아스펜으로 떠났다. 1년 동안 종업원으로 일하며 모은 돈으로 그는 유럽으로 건너갔다. 그가 주로 머문 곳은 피렌체나 파리가 아니라 알프스와 피레네의 암벽과 설원이었다. 돈이 떨어져 돌아온 게 스무 살이던 1963년, 고른 일자리가 시에라네바다의 타호 호수 산림감시원이었다. 그리고 그해, 히치하이킹을 하다가 한 여자를 만난다. 세계적인 패션 브랜드 '에스프리Esprit'의 창업자 수지 러셀Susie Russell, 1943~이었다. 둘은 이듬해 결혼, 캘리포니아에 정착했다.

먹고살자고 차린 게 1964년의 '노스페이스'였다. 돈도 기술도 졸업장도 없었지만, 아웃도어 장비 하나는 남 못지않게 안다고 자부하던 그였다. 빌린 돈 5000달러로 유럽의 좋은 장비들을 수입해서 팔던 노스페이스는 지인들의 투자를 받으면서 독자적인 장비를 생산하기 시작했다. 최초의 내한 온도 표시 침낭, 다운 점퍼의 원조 격인 '시에라 점퍼', 중간 기둥을 없앤 돔형 텐트……. 20세기 아웃도어라이프의 대중화를 이끈 저 장비의 혁신은, 물론 타인의 자본과 기술력으로 가능했던 거지만 먼저 톰킨스 자신의 갈증에서 비롯된 거였다.

1960년대 미국의 청년들은 크게 두 부류로 나뉘었다. 싫은 세상을 바꾸려고 덤벼든 이들과 세상이 싫어 아예 등 돌린 이들. 후자 덕에 그의 사업은 번창했다. 하지만 누구보다 맹렬한 후자가 또 그였다. 톰킨스의 유별난 이력 중에서도 가장 돌출적인 사건이 그 무렵, 그러니까 노스페이스의 명성이 제 이름 아이거 북벽처럼 솟구쳐 오르던 1968년이었다. 회사를 동업자들에게 맡긴 채 톰킨스는 친구들과 함께 낡은 포드를 타고 남미를 종단해 아르헨티나(와 칠레 국경) 파타고니아의 피츠로이 등정에 나섰고, 그 과정을 다큐멘터리 영상에 담았다. 산악 컬트무비의 고전으로 꼽힌다는 그의 유일한 영화 〈폭풍의 산Mountain of Storms〉은 〈워싱턴포스트〉 보도에 따르면 한 국제어드벤처필름상을 수상했고, 2010년 크리스 멜로이 감독의 새 다큐 〈180도 남쪽180 Degrees South〉의 모티브가 됐다. 2010년 영화는 등반가 제프 존슨이 톰킨스 등의 1968년 여정을 되짚어가는 내용이었다.

그렇게 그가 파타고니아를 누비고 다니던 무렵 아내 러셀은 〈뉴욕타임스〉에 따르면 "부엌 식탁 위에서" 에스프리를 창업했다. 톰킨스가 단돈 5만 달러에 모든 지분을 넘기고 노스페이스를 떠난 건, 그 이듬해인 1969년이었다.

중고 폭스바겐 버스 노점으로 시작한 에스프리가 20년 사이 연매출 10억 달러의 거대한 패션 기업으로 성장하게 된 데에 톰킨스가 직접 기여한 바가 얼마나 되는지는 사실 의문이다. 다만 상품 디자인과 판촉 등은 몰라도, 에스프리의 젊고 새롭고 진취적이고 환경친화적인 기업 이미지를 주도적으로 기획하고 이끈 게 그였다는 건 부인하기 힘들다. 획기적인 사원 복지, 예컨대 무료 외국어 교육이나 환경 캠프, 히말라야 트레킹과 래프팅 여행 등으로 에스프리는 의류 패션과는 별개로, 기업의 패션을 일구며 뉴히피 세대의 새로운 에스프리를 자극했다. 요컨대 그는 돈을 번 게 아니라 돈을 씀으로써 사업의 성장을 도왔다. 하지만 그의 철학은 어느새 거대 다국적기업이 된 회사의 경영진 및 출자자들과 툭하면 부딪치곤 했다. 톰킨스 못지않게 등산과 트레킹을 즐기고 자연을 사랑했던 러셀과의 불화도 1980년대 중반 이후 심화됐다. 1989년 둘은 이혼했고, 그는 1억 2500만 달러와 동아시아 지부 지분 25퍼센트약 2500만 달러를 받고 에스프리와도 결별했다. 46세의 그에게 그 결별은 도시·문명과의 결별, 사업·자본주의와의 결별, 한 생과의 급진적인 결별이었다.

톰킨스의 1980년대는 새로운 생태주의적 각성의 시기였다. 그는 헨리 데이비드 소로부터 게리 슈나이더에 이르는 다양한 이들의 에세이와 시를 게걸스럽게 읽었고, 생태주의 활동가들의 강연과 캠프라면 열 일 제쳐두고 찾아다녔다고 한다. 인간중심주의 자연관을 비판하며 '심층생태학Deep Ecology'의 이념을 주창한 노르웨이 철학자 아르네 네스Arne Naess, 1912~2009와의 만남, 조지 세선스와 빌 디벌의 공저 『심층생태학』의 독서 체험은 그중에서도 특별했다. 인간은 생존의 필요와 무관하게 자연에 개입해서는 안 된다는 철학, 인구가 너무 많다는 각성, 자연을 살리자면 경제 패러다임을 근본부터 바꿔야 한다는 생각, 한마디로 자본주의의 미래는 없다는 깨달음.

그는 1994년 '심층생태학재단DEF'을 설립하고 칠레 차카부코 계곡 푸말린Pumalin의 20만 8000에이커약 2억 5000만 평의 땅을 사서 정착한다. 그해 재혼한 크리스 맥디비트 톰킨스Kristine McDivitt Tompkins,

이곳을 예전처럼
목상으로 이용하고 싶어 하는 이들이 있다.
하지만 알아야 할 것은 100년 뒤,
아니 10~20년만 지나도 사람들은 여기가
공원이 아니었던 때를 생각할 수 없을 것이다.

1950~와 함께였다. 오만하고 고집 센 이분법 원리주의자 톰킨스가 전적으로 믿고 기댄 단 한 사람이었다.

크리스는 아웃도어 브랜드 '파타고니아'의 총괄매니저와 CEO를 지냈다. 그는 창업자이자 모험가이고 열렬한 환경보호론자인 이본 쉬나드Yvon Chouinard, 1938~와 더불어 '파타고니아 스타일'이라는 기업 신화를 일군 주역이었다. 암벽 손상을 최소화하기 위해 손해를 무릅쓰며 출시했다는 재활용 알루미늄 초크, 재활용 종이 카탈로그, 상품 포장 최소화, 유기농 면 전면 사용, 1980년 업계 최초 연수익의 10퍼센트 환경 기부……. 1980년대에 이미 사원들을 위한 사내 보육시설을 열었고, 캘리포니아 벤추라의 파도가 좋은 날이면 사무실이 텅 비어도 좋으니 서핑하러 가라고 등 떠미는 회사.(쉬나드의 2005년 경영철학서 제목도 '직원들에게 서핑을 허락하라'다.) 톰킨스의 오랜 친구 쉬나드는 1968년 피츠로이 등반대의 일원이었고, 파타고니아를 창업하면서 피츠로이의 정상 능선을 브랜드 로고로 채용하기도 했다. 크리스는 암벽등반을 즐기던 열다섯 살 무렵 그들을 만났고, 아이다호대학교를 마치자마자 갓 창업한 파타고니아에 합류했다.

크리스는 그러니까, 톰킨스와 1970년대부터 암벽에서 서로에게 목숨을 맡기던 자일 파트너였다. 그리고 "크리스야말로 톰킨스의 숨은 동력"이라는 지인들의 말처럼, 둘은 자연에 대한 가치관을 물샐틈없이 공유했다. 세계에서 가장 광활한 사유지 야생공원인 푸말린공원(땅을 더 사들여 71만 5000에이커가 됐다), 국립공원이 된 아르헨티나의 몬테레온공원, 칠레 파타고니아의 코르코바도공원, 그리고 아르헨티나 최대의 야생습지공원 에스테로스 델 이베라Esteros del

Ibera. 둘은 저 땅을 사들이는 데만 2억 7500여만 달러약 3250억 원를 썼다.

제국주의와 참혹한 독재 시절을 겪으며 백인이라면 실눈을 뜨게 된 남미인들이다. 돈 많은 '그링고미국인'가 저 넓은 땅을 뭉텅이로 사들이는 일이 순탄했을 리 없다. 더군다나 그들이 추구한 '복원'은, 개발에 맞선 보호에 더해 지역 경제와 긴 농경 전통·관습의 근간을 부정하는 거였다. 한편에서는 파타고니아의 댐 개발 세력과 추종자들이, 다른 편에선 연어 양식과 가축 방목으로 생계를 이어오던 주민들이 톰킨스 부부에게 저항했다. 톰킨스로선 댐은 말할 것도 없고 가라앉은 사료와 항생제로 물을 죽이는 양식과 과도한 방목으로 파타고니아 초원을 황폐화하는 목장을 용납할 수 없었다. 톰킨스는 "과도한 목축으로 계곡Cochrane이 황폐해졌다. 파타고니아의 25~30퍼센트는 이미 사막화됐다"라고 단언했다.[2] "그린피스는 겁쟁이들"이며 "기부금만 받아먹고 하는 일이 없다"라고 비판하던 그였다. 그는 여느 자본가 못지않게 강압적으로, 또 탐욕스럽게, 다만 이윤이 아닌 자신의 꿈을 구현해나갔다.

비난도 오해도 난무했다. 핵 폐기장을 건설하려 한다, 유대인 정착촌을 만드는 중이다, 청정수를 퍼다 물장사를 해서 수자원을 고갈시키고 말 거다……. 칠레 정부가 푸말린공원 한가운데에 경찰 분소를 설치해 그들을 감시한 적도 있고, 사유지 경계에 군부대를 배치한 적도 있었다. 1990년대 말 푸말린공원 남북을 잇는 가톨릭계 대학 부지 8만 에이커약 9700만 평를 사들이려다 무산된 적도 있었다. 그는 최고가를 제시했으나 대학 측은 스페인계 발전회사에 땅을 팔았다.[3] 미국과 유럽의 거부들처럼 경치 좋은 자리에 수십만 평쯤 사서 근사한 별장을 지었다면 받지 않았을 오해였다.

크리스는 "이곳을 예전처럼 목장으로 이용하고 싶어 하는 이들이 있다. 하지만 알아야 할 것은 100년 뒤, 아니 10~20년만 지나도 사람들은 여기가 공원이 아니었던 때를 생각할 수 없을 것이다"라고 말했다. 주민들이 양을 키우기 시작한 1940년 이전에는 그 땅의 주인이 농부가 아닌 야생의 동물들이었다는 얘기다. 하지만 크리스는 남편과 달리 "주민 설득을 등한시한 탓에 오해와 불신을 증폭시킨 점"을 후회했고, 별도의 팀을 꾸려 주민들을 이해시키고 관계를 개선하는 노력을 도맡았다. 지역 청소년들의 하이킹·캠핑 프로그램을 만들었고, 주민들의 공원안내원 취업 프로그램을 열었으며 향후 국립공원이 되면 관광 수입으로 지역 경제가 더 활성화될 것이라는 믿음을 전파하는 데 주력했다.

자연을 복원해서 지키는 가장 근사한 해법으로 그들이 택한 게 국립공원화였다. 1929년 미국 연방정부가 옐로스톤을 국립공원으로 지정하면서 인근 티턴Teton 산맥을 제외하자 록펠러가 15년 동안 은밀히 그 땅들을 사들인 이야기, 지역 정치인들과 목장 주민들의 반대를 뿌리치고 국립공원으로 국가에 기증해 당시 대통령이던 루스벨트가 수락한 이야기, 여름 들꽃이 그렇게 황홀하게 핀다는 그랜드티턴국립공원이 그렇게 만들어졌다는 이야기를 톰킨스는 들려주곤 했다. 그리고 개인이나 단체가 사적으로 넓은 땅을 가지는 것은 바람직하지 않다고, 다만 자신은 임시 집사provisional stewards일 뿐이라고 말했다. "나도 해낼 수 있다. 일이십 년만 기다려달라"라고 말한 게 불과 2014년 9월이었다. 크리스는 그런 그를 늘 '롤로젊은이'라는 애칭으로 불렀다.

하지만 그는 2015년 11월, 생애 마지막 인터뷰가 된 현지 잡지 〈파울라Paula〉와의 인터뷰에서 "최근 들어 나의 생물학적 시계에 주의를 기울이게 된다. 서두르라고, 죽기 전에 다 끝마쳐놓으라는 말이 들린다"라고 말했다. 푸말린공원의 도로와 안내소, 식당 등의 시설을 갖춘 뒤 칠레 정부에 열쇠를 넘길 참이라고 했다. 「은퇴를 생각한다」라는 인터뷰에서 그는 두 딸과 손자들에게 단 한 푼의 유산도 남기지 않겠노라고, 노년에 쓸 작은 농장과 집만 남기고 전 재산을 칠레와 아르헨티나 환경 보존을 위해 기부할 생각이라고도 했다.

베테랑 카야커이기도 했던 그는 2015년 12월 8일 지인들과 함께 파타고니아 헤네랄카레라 호수 투어에 나섰고, 돌풍에 보트가 전복되면서 물에 빠져 저체온증으로 숨졌다. 어떤 사람으로 기억되고 싶으냐는 질문에 그는 "훗날 사람들이 이 땅을 걸을 것이다. 무덤보단 이게 더 아름답지 않은가?"라고 말했다.

1922 — 2015

메리 도일 키프

거 인 같 은 여 성 상

전쟁으로 시작된 여성해방의 상징

1943년 5월 29일, 발행 부수 400만 부에 달하던 미국 주간지현재 격월간지 〈새터데이이브닝포스트〉는 메모리얼데이 기념호 표지를 화가이자 일러스트레이터 노먼 록웰Norman Rockwell, 1921~1978의 그림으로 장식한다. 작업복 차림의 건장한 여성이 커다란 리벳건을 무릎에 얹고 점심 도시락을 먹는 모습. 샌드위치를 든 그는 이두박근이라도 과시하려는 듯 왼팔을 힘주어 구부렸고, 발은 히틀러의 책 『나의 투쟁』을 짓밟고 있다. 무릎 위 도시락에 새겨진 '로시'라는 이름 때문에 〈리벳공 로시Rossi the Riveter〉가 된 그림은 더 많은 여성 노동력을 동원하기 위한 전시戰時 국가와 자본의 홍보물로, 전시 채권 판촉용 포스터로 활용되면서 세계적으로 유명해졌다.

로시는 또 1960년대 페미니즘 운동이 내건 여성 파워의 상징으로, 2001년 9·11사태 이후에는 애국주의의 한 표상으로 소환되기도 했다. 〈리벳공 로시〉의 모델이었던 메리 도일 키프Mary Doyle Keefe가 2015년 4월 21일에 별세했다. 향년 92세.

제2차 세계대전은 여성 노동력의 사회화가 양적·질적으로 급격히 진전된 시기였다. 전쟁 특수와 남성 노동자의 징집으로 미국은 군수산업을 비롯한 산업 전 영역에서 심각한 인력 부족 사태를 겪었다. 여성 노동력 외에는 대안이 없었고, 그러자면 노동시장의 전통적인 성 역할에 대한 인식도 허물어져야 했다.

'미국 여성의 역사'라는 부제를 단 세라 에번스^{Sara M. Evans, 1943~}의 책 『자유를 위한 탄생』에는 1943년의 〈포춘〉 기사 한 구절이 인용돼 있다. "실질적으로 사회로 유인할 수 있는 미혼 여성이 전혀 남아 있지 않다. (…) 다음 산업 노동자의 잠재적 재원으로는 가정주부가 남아 있을 뿐이다." 통념으로나 실제로나 당시 여성 취업자는 대부분 미혼 독신 여성이었고, 그들 대부분은 웨이트리스 등 서비스업 종사자였다. 〈포춘〉 기사는 "우리는 여성이 무엇을 해야 한다거나 할 수 없다는 강력하고 뿌리 깊은 관념을 가진 인정 많고 다소 감상적인 사람들이다. 많은 수의 사려 깊은 사람들이 기혼 여성을 고용하는 묘안에 대해 진심으로 심각하게 고려하고 있다"라고 덧붙였다. 저 기사는 고용주, 즉 기업인들의 상황 인식을 반영한 것이었지만, 무엇보다 현장 남성 노동자의 고정관념에 대한 전면적인 선전포고이기도 했다. 그즈음 미국 연방고용국 조사에 따르면 고용주들은 여성 인력을 고용할 수 있는 일자리 비율을 1942년 1월에 29퍼센트에서 같은 해 7월에 55퍼센트로 대폭 넓혔지만, 여성과 함께 또는 여성 밑에서 일할 수 없다며 수시로 작업 거부를 감행하는 남성 노동자들을 염려했다고 저자는 적었다. 〈리벳공 로시〉의 우람한 팔뚝은 그러니까, 유럽 전선의 나치를 겁주고 그들과 싸우는 미군 청년들의 사기를 북돋우기 위한 것이 아니라 군함과 전투기를 생산하는 군수공장 남성 근로자들 보라고 내민 거였다.

『미국 전쟁사 속 여성』은 제2차 세계대전 4년 동안 약 600만 명의 신규 여성 노동자가 탄생했다는 사실과 함께 다양해진 직종 통계를 인용하고 있다. 『미국 경제사 백과사전』에 따르면 미국 여성 노동자 수는 1940년에 1200만 명에서 1944년에 2000만 명으로 57퍼센트나 급증했고, 방위산업체의 경우에는 20~34세 미혼 남성 종사자가 170만 명이었던 반면 여성 노동자는 410만 명에 달했다. 상당수가 대대로 아내이자 주부로서 제 역할을 한정해왔던 중산층 백인 기혼 여성들이었다.

반전은 정작 〈리벳공 로시〉의 모델인 키프가 당시 리벳건을 단 한 번도 본 적이 없었다는 사실이다. 버몬트 주 알링턴의 작은 마을에서 어머니와 함께 전화교환수로 일하던 열아홉 살의 키프는 이웃에 살던 화가 록웰의 모델 제안을 받는다. 이틀 동안 그림 모델을 서고 그가 받은 돈은 10달러. 첫날 하얀 블라우스와 단화를 신고 간 그녀에게 록웰은 청색 작업복과 운동화를 신고 와달라고 청했고, 그림을 완성한 뒤 키프에게 "그림이 실제와는 꽤 다를 테니 많이 놀라진 말라" 하고 말했다고 키프는 2002년 AP 인터뷰에서 말했다. 키 172센티미터에 몸무게 45킬로그램에 불과하던 키프의 그림 속 변신에 당시 마을 주민들은 짓궂은 농담으로 그를 놀렸지만 그들도 키프 자신도 그림을 별로 대수롭지 않게 여겼다고 한다. 2002년 경매에서 록웰의 〈리벳공 로시〉는 한 개인 수집가에게 490만 달러에 팔렸고, 현재 아칸소의 크리스탈브리지미술관에 상설 전시되고 있다.

록웰은 미켈란젤로의 시스티나대성당 천장화 속 '이사야'의 포즈를 모방해 가공의 로시를 창조했다고 했지만, 〈리벳공 로시〉의 모티브는 한 해 전인 1942년 하워드 밀러J. Howard Miller, 1918~2004의 〈할 수 있다!We Can Do It!〉에서 찾아야 할지 모른다. 당시 웨스팅하우스에 고용돼 기업 홍보물을 그리던 밀러는 사원들의 사기 진작용으로 팔뚝을 세운 여성 노동자 그림을 그렸지만 큰 반향을 일으키진 못했다. 17세 한 여성 단조공이 모델이었다는 〈할 수 있다!〉는 1980년대 초 우연히 세상에 알려졌고, 록웰의 그림과 달리 저작권료를 지불할 필요가 없어 여성운동 진영에서 더 널리 활용했다.

또 '리벳공 로시'라는 이름의 저작권은 당시 인기 포커듀오 레드 에반스와 존 제이콥 로엡에게 있다고 해야 한다. 둘이 1943년 초 발표한 노래 제목이 〈리벳공 로시〉였다. "하루 종일 비가 오나 해가 드나 그녀는 조립라인에서 일하지, 그녀는 역사를 만들고 승리를 위해 일하네." 그들의 노래가 애국주의 정조 속에 꽤 널리 불렸던 만큼, 록웰이 자신의 그림 속 여성 노동자에게 '로시'라는 이름을 부여한 것은 우연이 아니었을 것이다.

록웰의 그림으로 인해 '리벳공 로시'는 전선의 '지아이 조G. I. Joe, 미군 남성 병사와 짝을 이루며 전시 여성 공장노동자 일반을 통칭하는 용어가 됐다. 공공장소에서 치마가 아닌 바지 차림의 여성을 보기도 드물던 것이 한두 해 사이 그림 속 로시가 입은 오버롤 작업복 차림 여성들도 드물지 않게 됐다. 로시는 운동화를 신었지만 1943년 7월부터는 발등 부위에 철판을 넣은 여성용 작업화가 공급되기 시작했다.

2014년 8월 〈워싱턴포스트〉는 실제 리벳공 로시들의 이야기를 소개하는 기사를 실었다. 매주 단 하루도 쉬는 날 없이 일하며 믿을 만한 베이비시터를 구하느라 애를 먹었다는 이야기, 가족을 부양하기 위해 돈을 빌려야 했고, 전선에 나간 남편(혹은 동생)의 목숨뿐 아니라 자신들의 팔과 발등의 안전을 걱정해야 했다는 이야기, 굵어진 팔을 드러내기 싫어 짧은 티셔츠는 입지 않았다는 이야기, 거칠고 열악한 근로 환경에 갑자기 노출되면서 청력을 손상당한 사연도 있었다.

제2차 세계대전 시기의 변화를 두고 여성운동 진영의 평가는 엇갈린다. '미국 여성사의 전환점'으로 평가하는 이들도 있고, 차별 장벽이 일시적으로 낮아진 것일 뿐 여성 지위와 노동 기회에 영속적인 영향을 끼치지 못했다고 평하는 이도 있다.¹ 1944년 말 연합국의 승리로 종전이 예측되면서 미국 정부는 여성 노동자 동원 캠페인을 중단한다. 종전 후 실제로 적지 않은 여성들이 가정으로 되돌아가거나 저임금의 전통적 여성 노동시장으로 밀려났다. 위키피디아는 'Rosie the Riveter' 항목에서 키니 제니퍼 등이 쓴 『미국의 전망 Visions of America』을 인용, 1947년 여성 노동자 비율은 전쟁 기간 최고 36퍼센트에서 28퍼센트로 줄었다고 썼다.

하지만 전통적으로 남성의 영역으로만 알던 여러 작업장에서 남성들과 대등하게 일하며 획득한 여성들의 자신감은 전쟁이 끝나고 전선의 남자들이 귀국한 뒤에도, 또 상당수 여성 노동자들이 자의 반 타의 반으로 가정에 복귀한 뒤로도 이어져 1960년대 여성운동의 에너지원이 됐다는 사실은 부정하기 힘들다. 전쟁 중 노포크의 조선소에서 전함 수리공으로 일했던 웨스트버지니아 작은 탄광마을 출신 매글리아노 허트는 "탄광촌에 머물렀다면 상상할 수도 없었을 넓은 세상에 대한 관점을 (전시 노동 경험을 통해) 얻을 수 있었고, 무엇보다 일에 대한 자신감을 가질 수 있었다. 나는 그 체험을 다양한 연령과 계층의 사람들과 나눴다"라고 말했다.[2] 미국 의회도서관 온라인 아카이브[3]의 참전용사 증언 항목에도 그들의 육성이 기록돼 있다. 미 의회도서관 디지털잡지 〈저니앤드크로싱Journeys and Crossings〉 2010년 7월 호에는 한 여성의 이런 증언도 실렸다. "내 엄마는 내가 일을 하게 되면 결코 평범한 주부로 되돌아올 수 없을 것이라고 경고했어요. 그녀가 옳았어요. 보잉사에서 일하면서 나는 자유를 발견했고, 그 전까지는 결코 알지 못했던 독립을 발견했죠. 전쟁이 끝난 뒤 나는 주부클럽에서 브리지 게임을 즐기는 주부로 되돌아갈 수 없었어요. 전쟁이 나를 완전히 바꿔놓았죠."

미국리벳공로시위원회는 1998년에 만들어졌다. 각자의 경험을 기록하고 그 가치를 후대에 전하기 위해 설립된 이 단체는 여성주의와 애국주의의 묘한 결속 위에서 강연과 저술 등 다양한 활동을 펼치고 있다.

9·11사태 직후 〈리벳공 로시〉를 비롯한 노먼 록웰의 주요 작품들은 미 전역을 돌며 순회 전시됐다. 2001년 11월 뉴욕 구겐하임미술관 전시 때에는 100만 명이 넘는 관객들이 그의 작품을 관람했다. 큐레이터 비비언 그린은 "록웰의 작품들이 지닌 애국주의와 미국적 삶에 대한 찬미가 관객들의 욕구에 부합한 것 같다"라고 한 잡지 인터뷰에서 말했다. 구겐하임의 홈페이지를 장식한 그림도 〈리벳공 로시〉였다.

그런 일이 있을 때마다, 또 제2차 세계대전의 숨은 공로자로 〈리벳공 로시〉의 사연이 언급될 때마다 키프의 이름은 곁두리처럼 소개되곤 했는데, 그는 조금은 쑥스럽고 또 조금은 뿌듯했던 듯하다. 기프가 AP통신과 인터뷰한 것도 그즈음이었다. 2002년 인터뷰에서 그는 "나는 그 일(모델)을 대수롭지 않게 생각했고, 나 자신을 현대 여성의 상징 같은 존재로 생각해본 적이 단 한 번도 없다"라고 말했다. 또 "나는 아무것도 한 일이 없다. 록웰의 그림이 잡지에 실리기 전까지 나는 그 그림을 보지도 못했고 어떤 일이 벌어질지도 몰랐다" 하고 덧붙였다. 전쟁이 끝난 뒤 그는 버몬트 주 템플대학교에 진학, 치위생사 학위를 받고 고향 베닝턴에서 치위생사로 일하다가 1949년에 결혼, 네 명의 자녀를 두고 평범한 삶을 살았다.

그림이 그려진 지 24년 뒤인 1967년 록웰은 키프에게 사과 편지를 썼다. 날씬한 몸매를 우람하게 그려 미안하다고 "그때는 '거인 같은' 여성상이 필요했다"라고 말이다. 그림 자체가 아니라 남성 지배 사회의 여성 대상화, 즉 필요에 따라 모범적 여성상을 상정하고 닮게 하려 한 관행을 반성하고 사과해야 한다는 걸 인류가 알기까지는 또 긴 시간이 필요했다. 물론 아직 뭐가 문젠지 모르는 이들도 있다.

1938 — 2012   1926 — 2016
로저 보이스졸리   로버트 이블링

잊 을 수 없 는 기 억

챌린저 참사의 비극을 밝히다

2016년은 미국 우주왕복선 '챌린저' 참사 30주년이다. 언론이 사고 당일1986년 1월 28일을 전후해 거의 매년 저 일을 고통스럽게 환기해온 까닭은, 우주탐사 역사상 최악의 저 참사가 인재였음을 되새기기 위해서다. 사고는 추진체 부품 결함, 엄밀히 말하면 결합부 고무 패킹의 저온 손상 때문에 빚어졌다. 하지만 근본적으로는 미국 항공우주국NASA의 그릇된 의사 결정 구조와 추진체 제작업체 모턴사이어콜사의 안일한 판단이 원인이었다. 그들은 기술진의 사전 경고와 발사 연기 주장을 묵살했다.

대통령직속사고조사위원회의 첫 조사 보고서가 나온 건 그해 6월이었지만, NASA의 우주왕복선 프로젝트는 사고 후 근 3년간 전면 중단됐다. 사이어콜은 존폐 위기에, 직원들은 실직 위기에 몰렸다. 유타 주 브리검 시 사이어콜 공장 주변은 "살인자들"이라는 낙서로 뒤덮여 있었다. 사고에 연루된 이들, 그릇된 결정의 책임을 져야 했던 이들은 죄인처럼 살아야 했다.

그들 중 로저 보이스졸리Roger Boisjoly와 로버트 이블링Robert Ebeling

이 있었다. 둘은 사이어콜의 챌린저 '고체(연료)로켓추진체고체로켓추진체' 제작 프로젝트 담당 기술자였다. 그들은 가장 먼저 참사를 예견했고 발사를 막으려 했지만 결정권자들을 설득하는 데 실패했다. 그리고 당일, 우주선 폭발 장면을 속절없이 지켜봐야 했다. 무사하리라 믿었던 이들과 달리, 그들은 뻔한 참사를 막지 못했다는 더 큰 죄책감과 분노에 함께 통곡했다고 한다.

참사 후 그들은 기술자적 양심과 (자신들과 동료들의) 직장을 지켜야 한다는 의무감 사이에서, 또 살인자가 아니라는 존재 증명 욕구의 틈바구니에서 고통받았다. 자신들이 면책받는 길은 직장과 최대 고객인 NASA를 배신하는 거였고, 무엇보다 동료들의 기대를 저버리는 거였다. 직장 동료를 포함해 브리검 시 주민 대다수는 모르몬교도였고, 주말에도 교회에서 얼굴을 마주쳐야 하는 이들이었다. 참사 3주 뒤 NPR이 특종 보도한 참사 속보("사전 경고가 있었다")에는 그들(둘 외에 부서 책임자 앨런 맥도널드와 동료 기술자 에이널드 톰슨, 브라이언 러셀)의 증언이 익명으로 실려 있었다. 직장에 계속 남은 이들과 달리 둘은 심리적 중압감으로 장기 병가를 냈다. 그건 사실상 자의 반 타의 반의 퇴사였다. 당시 보이스졸리는 48세, 이블링은 60세였다.

하지만 이후 둘의 행로는 대조적이었다. 실명으로 진실을 처음 공개하고 로저위원회에서 증언한 보이스졸리는 동료들과 지역 여론의 뭇매에 분노하며 한동안 스스로(와 가족)를 괴롭혔다. 1988년 마음을 추스른 그는 이후 숨을 거둘 때까지 300여 차례 국내외 대학과 연구소 강연으로 '기술자의 윤리와 책임'을 전도했다.

내내 자신을 감추며 살았던 이블링은 분노를 내면화해 자책으로 스스로를 고문했고, 1989년 무렵부터 지역 철새 보호 등 환경활동 가로 여생을 보냈다. 그가 자신을 드러내며 그간 겪은 갈등과 죄의식을 토로하고 NASA와 사이어콜의 사과를 요구한 건 숨지기 직전인 2016년 1월이었다.

보이스졸리는 1938년 4월 25일 매사추세츠 로웰에서 태어났다. 매사추세츠대학교에서 기계공학을 전공한 뒤 선택한 첫 직장은 록웰사 항공기설계팀이었다. 1974년 터키 국적 DC-10 여객기 추락 참사(346명 사망)의 트라우마가 그에겐 있었다. 사고 원인 중 하나가 동체 도어 디자인 결함이었고, 담당 부서의 일원이었던 그는 그 책임으로부터 스스로를 풀어놓지 못했다. 1980년 1월, 캘리포니아 남부의 집과 연봉 절반을 포기하고 사이어콜로 이직한 것은 더 깊이 신앙생활을 하며 가족과 조용히 살고 싶어서였다고 1987년 인터뷰에서 말했다.[2] 그는 챌린저 고체로켓추진체의 설계·제작팀 수석엔지니어로 배치됐다.

이블링은 1962년에 사이어콜에 합류했다. 1926년 9월 4일 시카고에서 자동차 정비사의 아들로 태어난 그는 캘리포니아 폴리테크주립대학교에서 기계공학을 전공했고, NASA 머큐리계획의 우주선 '아틀라스'를 제작한 샌디에이고 항공우주회사 컨베어에서 일을 시작했다. 사이어콜이 NASA 우주왕복선 고체로켓추진체 프로젝트를 맡은 건 1974년이었고, 그는 챌린저 고체로켓추진체의 점화 및 최종 조립 담당 매니저였다.

우주선에 이륙 추진력을 공급하는 고체로켓추진체는 연료 효율을 극대화하기 위해 주로 다단계로 제작돼 연소한 탱크들을 순차적으로 분리하며 상승한다. 고체 연료는 점화열로 기화해 연소하는데, 기화한 연료가 결합부에서 새지 않도록 막아주는 내열 합성 고무 패킹이 '오링O-Ring'이다. 사이어콜 기술진은 1985년 1월 24일 회수된 고체로켓추진체 오링이 손상된 사실을 발견, 섭씨 11.7도 이하에서는 탄성을 잃고 경화된다는 사실을 확인했다. 그들은 챌린저 고체로켓추진체 제작 일정을 진행하는 한편, 오링 소재 교체와 설계 변경 등 개선의 필요성을 여러 차례 경영진과 NASA에 건의했다.

하지만 '선샤인벨트'라고도 불리는 플로리다의 1월 평균 기온은 16~23도다. 오링 개선 프로젝트에는 적잖은 예산과 시간, 또 NASA와의 까다로운 협의와 서류 작업이 필요했다. "샌디에이고 창고에서 하룻밤이면 실어 올 수 있는 2500달러짜리 발전기 한 대를 구하느라(NASA와) 협의하는 데 4주가 걸렸"던 적도 있었다고 〈LA타임스〉는 전했다. 사이어콜 경영진으로서는 계약 기일 안에 고체로켓추진체를 납품하는 일이 더 중요했을 것이다. 기술진의 요구는 번번이 묵살됐다. 보이스졸리는 1985년 6월, 데이터에 근거한 우려와 건의를 개인적으로 문서화해 회사와 NASA에 전달했고, 사본을 따로 보관했다.

챌린저 발사 당일 플로리다의 예보 기온은 평년보다 16도 이상 낮은 영하 1.1도였다. 사이어콜 기술진은 플로리다 케네디발사기지에 파견된 부서장 앨런에게 (이블링이) 전화를 걸어 발사 연기를 요구했고, 하루 전인 25일 밤 NASA 책임자들과 긴급 전화 회의를 가졌다. 회의에 참석한 이는 보이스졸리와 톰슨이었다. 보이스졸리는 1985년의 파손된 오링 사진을 사이어콜 부회장단 테이블에 집어 던지다시피 하며 항변했고 '유순한' 톰슨조차 경영진 사이에 끼어들어 실험 데이터가 적힌 노트 패드를 펼쳐 보이며 설명했다고 한다. "끔찍히디"(NASA 고체로켓추진체 감독관 조지 하디) "세상에, 그럼 언제 발사하란 말이냐? 4월에?"(NASA 프로그램 매니저 로렌스 멀로이)[3]

발사 강행 결정은 그들이 퇴장한 뒤 NASA와 사이어콜 경영진에 의해 이뤄졌다. 이미 두 차례 발사가 연기된 터였고, 디데이는 당시 대통령이었던 로널드 레이건Ronald Reagan, 1911~2004의 의회 연두교서 발표일이었다. 레이건은 연설에서 챌린저 발사 성공을 언급한 뒤 NASA를 격려 방문할 예정이었다. 물론 소련을 비롯한 전 세계가 그들을 지켜보고 있었다. 챌린저는 이륙 73초 만에 폭발했고, 승무원 7명 전원이 숨졌다.

NASA 사고 조사에 참가한 앨런과 보이스졸리는 모든 정황과 진실을 밝혔지만, 자체 보고서에는 조립 하자 가능성 등이 장황하게 언급됐고, 오링 문제점은 몇 단락 삽입되는 데 그쳤다. 보이스졸리는 노골적인 원인 은폐에 맞서기 위해 자신의 1985년 문서를 여러 부 복사해 숙소와 승용차, 브리검의 집 등에 분산해서 간직했다. 그의 진실이 로저위원회 일원이던 공군 소장 도널드 쿠티나에게 알려졌고, 대놓고 NASA를 공격할 수 없었던 쿠티나가 조사에 가담한 물리학자 리처드 파인만에게 귀띔해 원인을 자체적으로 밝히게 했다는 건 훗날 알려진 일이었다.

그들은 '내부고발자'로 몰려 NASA와 경영진, 직장 동료들로부터 핍박을 받았다. 주요 보직에서 배제됐고, 정보를 차단당했고, 당연히 승진 명단에서 누락됐다. 보이스졸리는 특히 더했다. 그의 아내 로버타는 NPR 인터뷰에서 "회사가 잘못되면 내 아이를 당신 집 앞

나는 좀 더 노력할 수 있었고,

좀 더 노력했어야 했다.

신은 그 일을 내게 맡기지 않았어야 했다.

나중에 신을 만나면 따져 물을 거다.

'왜 나였냐? 당신은 패배자를 선택했다' 라고.

에 데려다 놓겠다고 말한 직장 동료도 있었다"라고 전했다. 사이어콜은 의회의 경고를 받은 뒤에야 앨런을 비롯하여 관계자 인사 불이익을 시정했지만, 보이스졸리는 예외였다.

다들 정신적 외상 장애에 시달렸지만, 보이스졸리의 상황은 더 열악했다. 사고 후 폭식으로 몇 달 새 몸무게가 18킬로그램이나 늘었고 "미쳤다"라는 소리를 들을지 모른다는 불안감에 회사가 제공하는 스트레스 장애 치료조차 거부했다. 아무에게나, 심지어 가족에게도 사소한 일로 분노를 터뜨리곤 했기에 "내가 알던 남편 같지 않았다"라고 로버타는 1987년 인터뷰에서 말했다. 그가 병원을 찾은 건 스트레스로 왼손 마비, 복시複視가 시작된 뒤였다.

그는 적어도 겉으로는 자책하지 않았다. 1988년 그는 로저위원회 증언 직전 샐리 라이드Sally Ride, 1951~2012가 자기를 포옹하며 격려해준 게 큰 힘이 됐다며 "(내 편은) 그녀 단 한 사람뿐이었다"라고 말했다.[*] 샐리 라이드는 NASA의 노골적인 여성 차별에 맞서며 1983년 챌린저의 두 번째 비행에 승선한 첫 미국인 여성 우주비행사로, 쿠티나에게 오링 결함 가능성을 맨 먼저 전한 이였다.

보이스졸리는 1988년 미국과학진흥협회AAAS의 과학자유와책임상Prize for Scientific Freedom and Responsibility을 탔고, 그 이후 대학과 시민단체 등에 초청돼 기업 윤리와 데이터에 근거한 의사 결정의 중요성 등에 대해 강연했다. 그는 결장과 신장, 간에 암이 퍼졌다는 진단을 받은 지 2주 뒤인 2012년 1월 6일에 별세했다. 향년 73세. 〈뉴욕타임스〉와 NPR 등이 그의 작고 사실을 안 건 약 한 달이 지난 뒤였다. 로버타는 보이스졸리가 "청년들의 삶에 영향을 줄 수 있는 삶"을 행복해했다고 NPR 인터뷰에서 전했다.

정년이 임박했던 이블링도 1986년 직장을 떠났다. "그들(회사)은 나를 더 이상 필요 없다는 식으로 대했다." "나도 누군가의 생명에 영향을 미칠 수 있는 어떤 책임도 지고 싶지 않았다"라고 그는 말했다. 자책과 우울증에 시달리던 그는 1989년 이후 숨을 거둘 때까지 유타 주 철새 보호 시민단체 '베어 강 철새들의 피난처'의 자원봉사자로 살았다. 1980년대 중반 솔트레이크 범람으로 무너진 제방을 복구하고 수로와 데크와 탐조 루트를 다시 손보고 수초를 가꾼 건 전적으로 그를 비롯한 자원봉사자들의 기부와 모금과 노동 덕이었다고 단체는 밝혔다. 공학기술자 이블링은 특히 관개시설, 수로 보강 등 기술적인 분야를 진두지휘했고, 1990년 '시어도어루스벨트환경보존상'과 2012년 국립야생보존위원회NWRA의 '올해의 자원봉사자상'을 탔다.[5]

이블링이 세상에 나선 건 2016년 1월이었다. 30년 전 익명으로 NPR과 인터뷰했던 그는 다시 NPR 기자를 브리검 집에서 만나 "이제 진실을 알릴 때"라며 "당시 NASA의 발사 결심은 확고했다"라고 말했다.[6] 그리고 자신이 지난 세월 혼자 감당해야 했던 자책과 죄의식을 울먹이며 토로했다. "나는 좀 더 노력할 수 있었고, 좀 더 노력했어야 했다. 신은 그 일을 내게 맡기지 않았어야 했다. 나중에 신을 만나면 따져 물을 거다. '왜 나였냐? 당신은 패배자loser를 선택했다' 라고."

그의 인터뷰가 1월 28일 미국 전역에 방영되자 시민들의 격려 편지가 쇄도했다. 앨런 맥도널드도 그에게 전화해서 "알면서 아무것도 안 하거나 어찌 되든 신경도 안 쓰는 게 루저"라면서 "당신은 위너winner"라고 말했다. "만일 당신이 내게 전화하지 않았다면, 우리는 멈추려는 시도조차 할 기회가 없었을 것이다." 하지만 그는 마음을 풀지 못했다. 그들은 사이어콜이 아니고 NASA가 아니라는 거였다. 사이어콜 부회장이던 로버트 룬트와 NASA의 조지 하디가 편지를 쓴 건 그 직후였다. 하디는 "당신과 동료들은 당신들이 할 수 있는 모든 것을 다 했다." NASA도 언론담당관 스테파니 쉬어홀츠 명의의 성명에서 "우주비행사들이 보다 안전하게 임무를 수행할 수 있도록 용기 있게 발언해준 이블링 같은 이들에게 경의를 표한다"라고 밝혔다.[7]

그제야 이블링은 마음이 좀 편해져서 "모든 건 끝을 맺어야 하는 법"이라 말했다고 NPR은 전했다. 말한 적 없지만 그에게는 보이스졸리에 대한 부채감도 있었을지 모른다. 모두를 대신해 그 빚을 다 갚고 그는 2016년 3월 21일에 별세했다. 향년 89세.

1922 — 2015
델 윌리엄스

자 위 해 방

여성 오르가슴으로 세계를 구하다

미국의 1960, 1970년대는 인권 운동이 큰 진전을 이룬 시기였다. 흑인민권법Civil Rights Act이 제정됐고, 전미여성기구NOW, National Organization for Women가 창설됐다. 스톤월폭동을 기폭제로 성 소수자 평등권 운동도 폭발적으로 발흥했다. 그 맥락의 전모를 입체적으로 살펴려면 냉전 체제의 여파 등에 대한 세밀한 논의가 필요하겠지만, 당시 미국이 베트남전쟁과 반전 평화운동의 거센 소용돌이에 휩싸여 있었다는 사실, 즉 먼 인도차이나반도로 쏠린 백인 국가권력과 남성 권력의 공백과 지배 질서의 혼란으로 오래 억눌렸던 이들의 입지가 넓어졌다는 점도 주효했다.

하지만 법과 제도의 진전이 시민 의식과 관습 속에 스미는 데는 상당한 시간과 진통이 따르기 마련이다. 그리고 일상의 보이지 않는 차별과 편견에 맞서 온전한 권리를 누리기 위해서는 법 제도와 별개로 천부의 권리를 시민들의 감각 속에 끊임없이 노출하는 게 중요하다. 인종 분리의 담장을 넘어 흑인이 진입하고, 동성애자 커플이 손을 맞잡고 거리와 광장을 활보하고, 남성이 전유한 노동과 유희의 경계를 허무는 일. 끊임없이 자극하고 부딪쳐 더디더라도 점차 자연스러운 풍경의 일부가 되는 일은 집단이 거대한 대오를 이뤄서 힘과 함성으로 법 제도에 맞서는 일 못지않게 중요한 투쟁의 일부다.

델 윌리엄스Dell Williams는 그 시기 바이브레이터와 딜도를 들고 고루한 성 윤리와 차별적 젠더 억압에 도전했다. 그는 1970년대 초 여성 최초로 뉴욕 중심부에 섹스토이숍을 열었다. 어두침침한 홍등가 귀퉁이에서 남자가 운영하고 남성 고객들이 전유하던 그 공간을, 여성은 법이 아니라 관습과 인식과 시선의 장벽에 막혀 접근할 수 없던 그 배타의 영역을, 뉴욕 카네기홀 인근의 버젓한 자리에 여성 전용공간으로 창업했다. 그리고 보란 듯이 성공했다. 그가 연 것은 작은 가게였지만 그곳은 여성의 성적 해방구였고, 그는 상품을 팔면서 주체적 성 의식을 함께 전파했다. "(여성의) 오르가슴이 세계를 구할 것"이라는 말을 남긴 '바이브레이터의 여전사' 델 윌리엄스가 2015년 3월 11일에 별세했다. 향년 93세.

1973년, 뉴욕의 51세 독신 여성 윌리엄스는 맨해튼의 메이시스백화점 안마용품 코너를 찾아간다. 그가 사려던 건 일본 히타치사의 '매직원드Magic Wand'라는 물건이었다. 뭉친 근육을 풀어주는 진동 안마기로 출시된 그 물건은 또 다른 요긴한 기능, 즉 여성 자위 기구로 그만이라는 소문이 그즈음 번져 있었다. 윌리엄스는 그 제품의 효능을 베티 도드슨Betty Dodson, 1929~의 '육체와 성' 강좌에서 들었던 터였다. 성을 소재로 조각과 그림을 그리던 도드슨은 1960년대 이후 활동 영역을 바꿔 강연과 저술, 방송 활동 등으로 여성의 성 해방과 성적 자기 발견을 옹호하던 선구적 인물이다.

하지만 윌리엄스는 그날 마법의 방망이를 사지 못했다. 세상에 알려진 윌리엄스의 당당하고 도전적인 이미지와는 달리, 그는 그날 견디기 힘든 수치심과 모욕감을 느꼈노라고 훗날 자서전에서 고백했다. 아들뻘인 여드름투성이 20대 남자 점원이 짓궂은 표정으로 "어디다 쓰실 거냐"라고 큰 소리로 물었고, 주변의 점원과 고객들이 모두 쳐다보는 상황에 몰렸다는 것이다. 그는 이렇게 썼다. "그날 나는 텅 빈 밤색 쇼핑백을 움켜쥐고 메이시스를 되돌아 나올 수밖에 없었다. 그러면서 나는 여성들이 자신이 원하는 그 같은 물건을 이상한 질문 받지 않고 마음 편히 구입할 수 있는 가게를 누군가는 열어야 한다고 생각했다."

얼마 뒤 그는 뉴욕 서부 57번가 자신의 아파트 12층 부엌에서 실제로 창업한다. 우편으로 카탈로그를 배포하고 주문받는 우편 판매. 히타치의 그 제품과 유사한 바이브레이터, 베티 도드슨이 여성의 자위를 옹호한 저서 『자위 해방Liberating Masturbation』이 그의 첫 상품이었다. "영업을 시작하자마자 주문이 폭주해 주문서가 부엌 스토브와 선반에 넘쳐났어요." 그는 이듬해 카네기홀 맞은편 블록에 '이브의 정원'이라는 간판을 건 매장을 연다. 개업 초기에는 남성의 출입을 금했다. 윌리엄스는 "여성들이 프라이버시를 훼손당하지 않으면서 자유롭게 상품을 살펴보고 설명을 듣고 각자의 성적 취향을 탐구할 수 있는 공간을 만들고 싶었다"라고 썼다.

윌리엄스는 미국 연방의회가 수정헌법 제19조(제1절, 미국 시민의 투표권은 성별을 이유로 미국 또는 어떠한 주도 거부 또는 제한해서는 안 된다)를 통과시킨 지 2년 뒤인 1922년 8월 5일에 뉴욕 맨해튼의 한 유대인 가정에서 태어났다.

참정권 획득이라는 커다란 승리에 이어 닥친 1929년 대공황으로 미국의 여성운동은 긴 잠복기에 들어간다. 여성운동의 이른바 '두 번째 물결'은 1960년대 반전운동과 함께 시작됐다. 베티 프리던Betty Friedan, 1921~2006의 『여성의 신비The Feminine Mystique』가 출간된 게 1963년이었고, 1972년 여성 잡지 〈미즈〉를 창간한 글로리아 스타이넘이 무명의 자유기고가로 페미니즘에 대한 글을 쓰기 시작한 것도 1960년대 이후였다. 댄 윌리엄스는 그 두 번째 파도를 탄 가장 도드라진 서퍼 가운데 한 명이었다.

2005년에 출간한 자서전 『정원의 혁명Revolution in the Garden』에서 윌리엄스는 10대 후반 데이트 강간을 당했고, 임신을 하는 바람에 "고통스럽고 끔찍히 두려웠던" 불법 낙태 수술을 받은 적이 있다고 썼다. 무명 배우로 몇 편의 이름 없는 영화에 단역으로 출연하던 시절이었다. 그 일을 겪은 직후인 1945년에 그는 여군WAC에 입대한다. 배우 경력 때문에 그는 앨라배마의 터스컬루사 군병원 위문홍보단에 배속된다. 그의 첫 임무는 피아노 등 공연 비품을 나르고 설치하는 거였다고 한다. 그가 보기에 홍보단 공연은 형편없었다. 일주일 뒤에 그는 상급자를 찾아가 이렇게 따진다. "내가 악기나 나르는 건 상관없다. 하지만 군인들을 즐겁게 하기엔 우리 가수들로는 역부족이다. 그들(부상병)은 이미 충분히 상처를 입은 사람들 아니냐." 그는 진짜 공연을 해본 경험이 있는 전문가들을 충원해야 한다고 주장했지만 묵살당하고 일반 행정 부대로 전출된다.

그는 군대를 나와 직접 라디오쇼 프로듀서로 변신해 공연을 만들었고, 한동안 국내외 장병 위문 방송을 송출하기도 했다. 그는 재고 따지며 오래 생각하기보다 원하는 물을 만나면 뛰어들고 보는 스타일이었다. 하지만 당시 그의 재능이나 수완이 그리 뛰어났던 것 같지는 않다. 그는 1960년대 초반까지 영화배우로 일했지만 내내 무명이었고, 아카데미상에 노미네이트된 1962년 영화 〈더 클리프 드웰러스The Cliff Dwellers〉에 출연한 게 가장 눈에 띄는 이력이었다. 당시 그는 할리우드 배우 노조에 가입, 공산당원으로도 잠깐 활동했고 매카시 광풍에 휩쓸려 FBI의 조사를 받은 적도 있었다고 한다.

 1960년대 중반 고향인 뉴욕으로 건너온 뒤 광고기획자로 변신, 비로소 기량을 발휘하기 시작했고, 꽤 안정적인 보수를 받는 커리어우먼으로 활동했다. 전미여성기구의 원년 멤버로서 그는 여성 인권, 특히 섹슈얼리티 영역의 도전적인 활동가이기도 했다. 1973년 6월 전미여성기구 뉴욕 지부가 주최한 여성인권학술대회인 '여성 성 컨퍼런스'의 스텝으로도 가담했다. 당시 토론 주제 역시 '성적 자기결정권' '노년 여성의 섹슈얼리티' '사도마조히즘' '종교와 성' '관능과 마사지' 등이었다.[1] 그런 그가 이듬해 메이시스에서 경험한 수치심은 스스로의 한계와 사회에 대한 도전 의식으로 그를 불타게 했을 것이다.

 미국 가수 브리트니 스피어스가 〈내 손길Touch of My Hand〉이란 신곡을 발표한 게 2003년이었고, 당시 외신들은 그 노랫말이 파격적이라고 소개했다. "나는 내가 꿈꾸는 것들을 부끄러워하지 않아(I'm not ashamed of the things that I dream) / 나는 음란한 막대기로 혼자 즐기고 있지(I find myself flirting with the verge of obscene) / 미지의 세계로, 당당하게(Into the unknown, I will be bold) / 난 내가 통제할 수 없는 곳까지 나아갈 거야(I'm going to the places I can be out of control)."

자기최면이라도 거는 것처럼 "나는 나 자신을 사랑하고, 이건 죄가 아냐(I love myself, It's not a sin)"라고 반복하는 스피어스의 노래는, 여전히 그러지 못하는 수많은 여성들과 결코 우호적이지 않은 사회 현실에 대한 역설적인 고발이었다. 스피어스의 저 노래가 구현하려던 세상이 그보다 30년 앞서 1974년 윌리엄스가 아파트 부엌, 또 '이브의 정원'을 거점으로 구현하려던 세상이었다.

2015년에 개봉한 한국영화 〈워킹걸〉이 담고 있는 이야기도 그것과 다르지 않은 듯하다. 광고회사 사원이자 워커홀릭인 기혼 여성(조여정 분)이 망하기 일보 직전의 섹스토이숍 주인(클라라 분)을 만나 동업을 하게 되면서 관능의 세계에 눈을 뜨게 되고, 섹스토이에 대한 주변 사람들의 인식을 바꾸고 사업가로도 성공한다는 내용.

실제로 여성이 운영하는 섹스토이숍이 한국에 있는지, 어떤 사정인지는 알지 못하지만 어쨌든 저 영화 속 이야기를 윌리엄스는 40여 년 전 미국 뉴욕에서 실현했다.(한국에서는 곽유라, 최정윤의 '플레져랩'이 2015년 8월에 창업했다.)

윌리엄스는 "지난 50여 년 사이 자위행위에 대한 병리적·윤리적 두려움fear은 많이 사라졌지만 아직 수치심stigma은 여전한 것 같다. 우리가 수치스러워shameful할 것은 바로 그 현실이다"라고 말했다.[2]

윌리엄스는 거의 평생 독신으로 지냈다. 1960년대 초 아주 짧은 기간 동안 결혼 생활을 했지만 자녀는 없었고, 훗날 알려지지 않은 사유로 그 결혼 역시 무효로 판결 났다. 그는 한때 여성과 열정적인 사랑을 나누기도 했다고 알려져 있지만, 자신의 성적 지향을 공개적으로 밝힌 적은 없었다. 골반뼈 골절과 감염 합병증으로 병원에 머물던 그는 숨지기 이틀 전 퇴원 서류에 직접 서명하고 뉴욕 자택에서 숨졌다.

그의 임종을 지켜본 비서 엘리자베스 그린 코언은 "윌리엄스는 자신이 이뤘거나 이루고자 했던 일에 대해 늘 '나는 단지 여성의 권리가 보다 신장되기를 바랐을 뿐'이라고 말하곤 했다"라고 〈뉴욕프레스〉 인터뷰에서 말했다. 그와 수십 년 동안 함께 일한 이브의 정원 매니저 킴 이브리스빅은 "윌리엄스는 섹스의 정신적인 면을 중시했다" "만일 모든 여성이 오르가슴을 경험한다면 세상은 훨씬 평화로운 곳이 될 것이라 말하곤 했다"라고 전했다. 이브의 정원 홈페이지는 그의 부고를 전하며 "윌리엄스는 우리 시대 이브의 역할은 창피스러움에 주눅 든 여성들을 각자의 성적 능력과 감각 그리고 관능을 자각한 강하고 활력 있는 여성으로 거듭나게 하는 것이라 말하곤 했다"라고 썼다. 전미여성기구 뉴욕 지부장 재키 세발로스 Jacqui Ceballos, 1925~는 "여성의 성적 무지에 대한 델 윌리엄스의 자각은 페미니즘 운동에서 완전히 새로운 지평을 열었고, 소중한 자극제가 됐다" 하고 기렸다.

윌리엄스 자신은 전문 필자 린 베누치와 함께 출간한 2005년 자서전 첫머리에 이렇게 썼다. "나는 오르가슴을 경험한 여성이 세상을 바꿀 수 있다는 신념을 지니고 살아왔다. 성적으로 억압당하지 않는다는 것은 정치적으로 사회적으로 경제적으로 억압당하지 않는다는 것을 의미한다. 억압당하지 않는 여성은 누구도 가로막을 수 없다."

1921 — 2014
존 마이클 도어

색 깔 없 는 인 권

1960년대 흑인 인권 투쟁 현장을 누비며

2012년 4월 〈USA투데이〉는 미국 백악관의 대통령자유메달 수상자 열세 명의 명단을 전하며 인권법률가 존 마이클 도어John Michael Doar의 이름 앞에 '다소 낯설지 모르는'이라는 수식을 달았다. 그와 나란히 놓인 이름들—미국의 첫 여성 국무장관 매들린 올브라이트, 가수 밥 딜런, 작가 토니 모리슨, 우주비행사 출신의 미 상원의원 존 글렌 등—에 비해 그는 누가 봐도 무명 인사였다. 버락 오바마 미 대통령은 "존은 미국의 모든 시대를 통틀어 가장 용감한 법률가 가운데 한 사람"이라고 말했다. 그는 1960년대 미국 법무부 인권 담당 검사로 차관보를 지내고 1974년에 워터게이트사건의 의회 특별검사로 활약했다.

미국의 1960년대는 200년 흑인 차별의 '전통'에 대해 흑인과 소수의 백인이 조직적 저항에 나서던 때였다. 그 시기 도어의 자리는 헌법이 보장한 권리와 자유·평등·정의 같은 보편적 가치를 둘러싼 거친 질문과 근원적 갈등들에 국가를 대표해서 답변하고 심판해야 하는, 모두가 마다하던 자리였다. 그는 권력과 법이 맞설 때 법의 편에 의연히 섰고, 힘센 관습과 소수의 요구가 부딪칠 때 그 요구의 법적 타당성을 먼저 따졌다. 공적 사명을 부여받은 연방공무원으로서, 또 민주주의를 신봉하는 시민으로서 어쩌면 당연해 보이는 그 일이 그때는 목숨을 걸어야 할 만큼 절박하고 첨예한 일이었고, 실제로 많은 이들이 희생됐다. 그는 마틴 루터 킹Martin Luther King, 1929~1968이나 맬컴 엑스Malcolm X, 1925~1965 혹은 당대의 몇몇 저명한 인권운동가에 버금가는 영예와 명성을 얻을 수 있었지만, 당시에도 세상이 많이 나아진 뒤로도 단 한 번 자신의 행적을 삶의 밑천으로 삼지 않았다. 그는 수많은 익명 대중의 피와 땀을 딛고 '역사에 남는 맨 꼭대기의 시시한 자들'이라는 놈 촘스키Noam Chomsky, 1928~ 식의 냉소도 모면한, 드문 영웅이었다.

1961년 5월 미시시피 주의 흑인 청년 제임스 메러디스James Meredith, 1933~가 아프리카계 미국인 최초로 미시시피대학교에 등록원서를 낸다. 그의 성적은 입학하고도 남을 만큼 우수했지만 대학은 두 차례나 등록을 거부한 터였다. 그가 흑인이라는 게 이유였다. 당시의 민주당 주정부 역시 메러디스가 유권자법 위반으로 실형을 산 이력을 빌미로 대학 측을 편들었다. 주정부와 대학은 인종주의적 편견 속에 있었지만, 설사 아니라고 하더라도 그들 뒤에는 성난 백인 유권자들이 있었다. 식당, 술집은 물론 버스 정류장에서도 흑인들은 백인과 공간을 공유할 엄두를 낼 수 없던 시절이었다. 미국 남부의 거의 대다수 주가 그러했다.

메러디스는 미국 최대의 흑인 인권단체인 '전미유색인종지위향상협회NAACP' 회원이었다. 당시 그는 "내가 하려는 일이 어떤 어려움에 직면할지 살 알고 있고, 또 감당할 준비가 돼 있다. (…) 누구도나를 억누를 수 없다"라고 말했다. 수차례의 청문회와 재판을 거쳐미국 연방대법원은 그의 입학이 정당한 권리임을 인정했고, 당시 법무장관이었던 로버트 케네디Robert Kennedy, 1925~1968도 수차례 전화를 걸어 주지사를 설득했다. 1962년 10월에 대학 측은 메러디스의등록을 승인했다. 하지만 백인 학생들이 격렬한 시위로 실력 저지에나섰고, 그 와중에 두 명의 흑인이 숨지는 사태까지 벌어졌다.

메러디스 역시 생명의 위협 속에 놓였다. 9월 첫 등교일, 존 도어인권국 수석검사는 연방보안관과 함께 메러디스와 나란히 등교를감행했다. 근 한 달간 그의 기숙사에서 함께 생활하며 그를 지켰다.당시 대학과 학교 인근에는 연방군인 500여 명이 배치돼 소요 사태에 대비했다. 메러디스는 훗날 미국의 저명한 인권운동가이자 정치인으로 활약했고, 미시시피대학교 교정에는 그의 동상이 세워졌다.

메러디스의 용기와 실천은 1909년에 출범한 이래 전미유색인종지위향상협회 활동가와 흑인들이 피 흘리며 개척한 자리에서 출발했고, 그의 입학 투쟁 역시 전미유색인종지위향상협회의 조언과 조직적 지원이 없었다면 불가능했을지 모른다. 당시 전미유색인종지위향상협회 미시시피 지역 위원장은 미드가 이버스Medgar Evers, 1925~1963였다. 메러디스와 존 도어의 친구였던 이버스는 1963년 6월자신의 집 앞에서 백인 극우단체 회원의 총격으로 목숨을 잃는다.그리고 이어진 미온적인 수사.

이버스의 장례식이 끝난 뒤 500여 명의 분노한 흑인들이 돌과 화염병으로 무장, 진압 경찰과 맞섰고 경찰은 그들에게 발포하겠다고 위협했다. 그때 폭이 50미터도 되지 않는 대치 전선의 한가운데로 흰 셔츠 차림의 존 도어가 걸어 들어갔다. 대학 농구팀에서 뛴 적도 있는 195센티미터의 건장한 체구를 지닌 그는 성난 군중들을 향해 이렇게 외쳤다. "내 이름은 존 도어입니다. D-O-A-R. 나는 미국 법무부에서 나왔고 정의를 위해 여기 섰습니다. 돌과 화염병으로는 그 무엇도 얻을 수 없습니다. 이버스 역시 이 방식을 원치 않을 것입니다." 흑인들은 그를 알고 있었다. 비록 백인이지만 그의 신념과 용기를 신뢰했다. 시위대는 해산했다. 현장에 있었던 언론인 칼 플레밍은 2005년에 자신의 자서전에 이렇게 썼다. "양측 어느 쪽으로부터도 그가 죽임을 당할 수 있는 상황이었다. 내 아드레날린이 펑펑 쏟아질 지경이었다. 하지만 도어의 말과 행동은 마치 법정의 판사처럼 침착했다. 지금껏 살면서 내가 경험한 가장 용감한 장면 가운데 하나였다." 당시 〈LA타임스〉는 그를 '격동의 남부를 지킨 보안관 딜런존 매스턴의 작품에 등장하는 정의의 보안관'이라고 묘사하기도 했다.

존 마이클 도어는 1921년 12월 3일 미니애폴리스에서 태어나 위스콘신의 뉴리치몬드에서 성장했다. 아버지는 변호사였고 어머니는 교사였다. 그는 프린스턴대학교를 거쳐 캘리포니아 버클리대학교에서 법학 학위를 받고 변호사가 됐다. 제2차 세계대전 중 공군에 입대해 폭격기 조종사로 복무했고, 1950년대 내내 뉴리치몬드에서 아버지와 함께 지역 변호사로 일했다. 아이젠하워 정부 말기인 1960년 그는 법무부로 자리를 옮긴다. 그의 첫 보직은 인권국 차장. 앞서 제안받은 세 사람이 사양했던 자리였다. 그는 1967년까지 만 7년간, 미국의 가장 뿌리 깊은 현안이 뜨겁게 분출되던 최전선을 누비며 인권 담당 차관보까지 지낸다.

1954년 미국 연방대법원은 흑백분리법을 위헌으로 판결^{브라운판결}한다. 제2차 세계대전 전후 군수산업 노동자의 유입으로 로스앤젤레스와 시카고, 디트로이트 등 대도시 흑인 인구가 급증했고, 참전한 흑인들의 활약으로 그들의 위상이, 적어도 서부와 북부 지역에서는 예전 같지 않던 때였다.

'디프사우스^{deep south}'라고 불리는 남부 인종차별 지역의 흑인 인권 운동도 그즈음부터 조금씩 달아오르기 시작했다. 1955년에 시작된 로자 파크스^{Rosa Parks, 1913~2005}의 앨라배마 주 몽고메리 시 버스 보이콧 운동, 1956년 마틴 루터 킹이 주도한 인권단체 '남부기독교지도자회의^{SCLC}'의 발족. 하지만 저 활동들은 남부 지역 전체를 들끓게 할 만한 거대한 불길로 커지진 못했고, 대신 백인 극우 세력을 자극해 KKK^{백인우월주의 비밀결사단}의 회원 수와 조직을 급격히 키우는 결과를 낳았다.

대중적 흑인 인권 운동의 분수령은 아무래도 1961년 5월에 시작된 '프리덤라이더스^{Freedom Riders}' 캠페인이라고 해야 할 것이다. 인종평등회의^{CORE}가 주도한 그 캠페인은 흑인과 백인 활동가들이 두 대의 버스에 나눠 타고 남부 지역 깊숙한 곳들을 누비며 백인 전용 대합실과 식당, 화장실 등을 함께 이용하는 거였다. 흑백분리법과 차별적 관행에 대한 평화적이면서도 선명한 도전인 셈이었다. 백인들의 폭행은 다반사였고, 버스에 불을 질러 다수가 화상을 입는 일도 빚어졌다. 하지만 경찰은 그 불법의 현장을 외면하거나 방관했고, 오히려 시위대를 투옥하는 일도 있었다. 존 도어도 참관인으로서 자주 그 버스에 함께 있었다. 앨라배마 주 몽고메리에서는 그의 법무국 동료 가운데 한 명이 폭행을 당해 의식을 잃기도 했다.

이버스가 피살된 1963년은 흑인 인권단체들을 주축으로 유권자 등록 캠페인이 막 시작된 때였다. 그해 6월, 단체들은 자원봉사자를 모집해 오하이오 주 웨스턴여자대학에서 '자유의 여름freedom of summer' 연수를 시작했다. 활동가들은 대중 설득과 조직화 훈련뿐 아니라 경찰이나 백인들의 폭력에 비폭력으로 대응하면서 위기를 모면할 수 있는 방법을 교육받았다. 1964년 유대계 백인 두 명과 흑인 한 명으로 구성된 선발대 세 명이 미시시피 주에서 피살된다. 존 도어는 수석검사로서 사건에 연루된 열일곱 명을 기소, 전원 백인으로 구성된 배심원단에게서 카운티보안관 대리와 지역 KKK 의장을 비롯한 일곱 명의 피고에 대해 유죄 평결을 받아낸다. 흑인에 대한 백인의 범죄에 백인을 기소하는 것조차 이례적이라고 평가받던 때였다. 그 사건은 1988년 앨런 파커 감독의 영화 〈미시시피 버닝〉으로 잘 알려져 있다.

1965년에는 흑인 유권자 등록 운동에 가담한 백인 자원봉사자 비올라 류조를 살해한 세 명의 백인을 기소, 역시 전원이 백인인 배심원단으로부터 10년형을 받아낸다. 그는 그해 유권자 등록 홍보를 위한 셀마 몽고메리 행진에 역시 참관인으로 참가했고, 백인 사회의 조직적인 공민권 박탈에 맞선 소송에도 적극 가담, 하루에 세 개 주의 법정을 돌며 흑인 선거권을 옹호하기도 했다고 〈워싱턴포스트〉는 전했다. 프리덤라이더스의 리더 가운데 한 명인 존 루이스 전 애틀랜타 주 하원의원은 〈LA타임스〉에서 "존 도어는 1960년대 흑인

내 이름은 존 도어입니다. D-O-A-R,
나는 미국 법무부에서 나왔고
정의를 위해 여기 섰습니다.
돌과 화염병으로는
그 무엇도 얻을 수 없습니다.

인권 투쟁의 거의 모든 현장에 있었고, 우리는 무슨 일이 생기면 언제나 그에게 전화를 걸곤 했다. (…) 그가 없었다면 당시 우리가 어떤 일을 겪게 됐을지 아무도 장담할 수 없다"라고 말했다. 물론 도어 역시 그 과정에 셀 수 없는 위험과 위협을 겪었지만, 그는 인권운동가가 아닌 법률가로서 그리고 인권 담당 연방공무원으로서 자신의 역할에 묵묵히 임했다.

미국 정부는 1964년에 시민권법을, 1965년에 선거권법을 제정했고, 오바마 대통령은 2012년에 자유메달을 수여하며 저 두 법령의 초석을 다진 주역으로 그의 공을 기렸다. 1967년 법무부를 떠난 뒤 그는 린든 존슨Lyndon Johnson, 1908~1973 정부에 의해 뉴욕 브루클린 흑인 거주 지역 개발 업무를 맡아 빈곤 퇴치 사업을 벌였고, 존 린제이John Lindsay, 1921~2000 뉴욕시장을 도와 뉴욕교육위원회 의장으로 일하기도 했다.

존 도어는 전통적인 남부 공화당 집안 출신이었고 스스로를 '링컨 공화주의자'라고 부르곤 했다. 워터게이트사건이 터졌을 때 그는 다시 워싱턴으로 불려와 미 하원 특별검사로 활약했다.(당시 그의 팀원 중 한 명이 힐러리 클린턴이었다.) 1974년 7월 리처드 닉슨Richard Nixon, 1913~1994 탄핵안 초안에 존 도어는 이렇게 썼다. "사적으로 나는 닉슨 대통령에 대해 아무 편견이 없고, 그에게 피해를 주고 싶지 않다. 하지만 나는 대통령의 권력 남용 문제에 결코 무심할 수 없다." 3주 뒤 닉슨은 사임했다. 워터게이트사건 조사가 진행되는 동안 숱한 인터뷰 요청에도 불구하고 도어는 단 한 번도 방송에 모습을 드러내지 않았다. 그는 스스로를 돋보이게 할 만한 수많은 사연의 주인공이었지만 자신의 경력과 경험을 소개하는 단 한 권의 책도 쓰지 않았다. 1960년대 법무부 시절 그와 함께 일했던 새크라멘토 법대의 도로시 랜즈버그 부학장은 〈LA타임스〉 인터뷰에서 "도어는 늘 겸손했고, 자신이 해야 할 일을 묵묵히 해낼 뿐이었다. 우리가 그를 사랑했고, 그를 위해 열심히 일했던 것도 그때문이었다"라고 말했다. 그는 1980년대 고향 미니애폴리스로 돌아가 아들이 운영하는 로펌에서 주로 인권 사건을 맡아 일하며 여생을 보냈다.

1985년 PBS가 만든 1950, 1960년대 시민권 운동 특집시리즈에 인터뷰이로 등장한 도어는 이렇게 말했다. "당시 우리는 혁명이나 전쟁이 아니라 법적 절차를 통해 카스트제도를 바꾸기 위해 노력했다. 항상 느꼈던바, 당시 현장에는 언제나 강하고 진취적이고 적극적이고 건설적인 미국인들이 있었다. 그들이 법에 근거한 민주적이고 헌법적인 절차들을 완성해냈다."

2012년 메달 수여식 후 케이블방송 C-SPAN과의 인터뷰에서 그는 오바마의 대통령 당선을 "1960년대 이후 인종 평등을 위해 전진해온 모든 노력의 놀라운 결실"이라고 말했다. "당시 셀 수 없이 많은 남부의 흑인들이 투표를 할 수 없었다. 그들은 요람에서 무덤까지 2등 시민이었고, 차별은 잔혹하고 끔찍했다. 이제 끝났다."

그는 2014년 11월 11일에 별세했다. 향년 92세. 오바마 대통령은 백악관 공식 자료를 통해 "그의 용기와 인내가 없었다면 미셸과 내가 지금 여기 있을 수 없었을 것"이라며 애도했다.

하지만 "이제 끝났다"라는 그의 진단은 그의 희망이었다고 해야 한다. 그는 미주리 주 퍼거슨사건18세 흑인 청년이 경찰의 총에 맞아 죽은 사건에 대한 대배심의 불기소처분과 그 이후의 상황들을 보지 못했다.

1949 — 2015
글렌 포드

실수로 갇힌 인간

무고한 삶을 오판할 때 벌어지는 일들

1급 살인 혐의로 사형선고를 받은 죄수가 근 30년 만에 무죄가 밝혀져 풀려나지만, 출소 2개월 뒤 폐암 판정을 받고 1년여간 투병하다 숨졌다. 2015년 6월 29일에 작고한 미국 뉴올리언스의 흑인 남성 글렌 포드Glenn Ford의 삶이 그러했다. 더 어이없는 건 주정부가 그에게 단 한 푼의 손해배상도 하지 않았다는 사실. 숨을 거둘 때까지 그는 생계와 투병 비용을 시민들의 기부에 의지해야 했다.

글렌 포드와 같은 사연은 적어도 자국민에 관한 한 가장 훌륭한 법치와 민주주의 시스템을 갖췄다는 미국에서조차 아주 드문 일이 아니다. 〈뉴욕타임스〉 보도에 따르면 2002년부터 2015년 6월 말까지 사형수로 형 집행을 앞두고 있다가 무죄로 석방된 사례만 115건이나 됐다.

그리 드문 일이 아니라면서 굳이 글렌 포드의 사연을 들춰보려는 까닭은, 그의 무죄가 법원에 의해 확정된 뒤 1983년 그를 살인죄로 기소했던 당시 지방검사 마티 스트라우드가 신문에 기고한 긴 반성문을 함께 소개하고 싶어서다. 글렌 포드의 결백을 믿지 않았고 완고한 사형제 옹호론자이기도 했던 또 한 명의 검사 데일 콕스는 원심 판결 후 29년이 지난 시점에 검찰로서는 치욕이 될 만한 글렌 포드의 무죄 증거를 공개, 그에게 재심 기회를 부여했다.

1983년 11월 5일 루이지애나 주 슈리브포트라는 도시의 보석상 이사도르 로즈먼이 무장 강도가 쏜 총에 맞아 숨졌다. 경찰은 용의자 네 명을 체포했다. 그중 한 명이 로즈먼의 파트타임 정원사였던 34세 글렌 포드였다. 범행 무기도 발견되지 않았고 지문을 비롯한 아무런 물증도 없었지만 정황은 포드에게 불리했다. 그가 도난당한 보석 일부를 전당포에 맡겨 돈을 구한 사실이 드러난 거였다. 그에겐 마약 문제로 경찰서를 오간 이력이 있었다. 피해자의 사정을 잘 아는 정원사였고 또 흑인이었다. 감식 결과 범인은 왼손잡이로 추정됐고, 공교롭게 포드는 왼손잡이였다. 범행 시점 현장 주변에서 포드를 목격했다는 증언이 경찰 수사 파일에 포함된다. 다른 용의자의 여자 친구가 한 증언이었지만, 심증을 굳힌 경찰은 그 흠결을 대수롭지 않게 여겼다.

물론 포드는 결백을 주장했다. 전당포에 장물을 맡긴 것은 평소 친분이 있던 나머지 용의자들에게서 선의로 얻은 물건이라고 그는 주장했다. 검찰은 1984년 12월 5일, 포드와 나머지 용의자들을 1급 살인 혐의로 기소했다. 당시 주검찰청 수석검사가 스트라우드였다.

포드에게는 두 명의 국선변호인이 배정됐다. 형사사건을 맡은 적도 없고 배심원 재판에 참여해본 적도 없는 초임 변호사들이었다. 그들은 포드의 항변에도 불구하고 알리바이나 증언의 진위를 확인하는 별도 조사조차 하지 않았다. 주정부로부터 받는 일당 3달러로는 조사 경비를 댈 수 없다는 게 이유였는데, 훗날 밝혀진바 그들이 사립 탐정을 고용해 보충 조사를 벌일 경우 해당 경비를 법원에 별도로 청구할 수 있다는 사실조차 그들은 모르고 있었다. 재판은 포드에게 너무 불리해서, 배심원 열두 명 전원이 백인이라는 사실은 오히려 사소한 문제로 보일 정도였다. 법원은 2개월 뒤 포드에게 사형을 선고했다. 배심원단은 나머지 세 명의 피고에 대해서는 무죄를 평결했다.

글렌 포드는 1949년 10월 22일에 슈리브포트에서 태어났다. 어려서 가족과 함께 캘리포니아로 이사해 고등학교를 다녔고, 미용학교에서 기술을 공부한 적도 있다. 사건이 있기 몇 해 전 그는 고향으로 돌아왔고, 그때그때 일하며 생계를 이어갔다고 한다. 뒷골목 친구들이 선심 쓰듯 건네준 금붙이가 어디서 난 물건인지 따져 물을 만큼 그가 윤리적인 사람은 아니었던 듯하다.

포드는 루이지애나 주 중죄인 교도소 가운데 수형 여건이 최악이라고 알려진 앙골라교도소 0.8평 사형수 독방에 수감됐다. 그는 거의 매년 검찰과 주정부에 재조사를 청원했지만 거부당했다. 억울한 사형수 등 수감자를 구제해온 시민인권단체 '결백프로젝트IP. Innocent Project'가 2007년 포드 재판의 문제점들, 특히 유죄 입증의 결정적 근거였던 증언이 "근거도 없고 신뢰하기도 힘들다"라고 주장을 제기했지만 법원은 꿈쩍도 하지 않았다.

2012년 카도패리시 지방검사 데일 폭스가 다른 살인 사건을 조사하던 중 정보원으로부터 1983년 로즈먼 살인 사건의 주범이 재판으로 풀려난 셋 중 둘이고, 글렌 포드는 관련이 없다는 진술을 듣게 된다. 재수사 결과 그 진술은 사실로 확인됐다. 이례적으로 검사 폭스는 그해 6월 '무죄 증거'와 함께 연방법원에 그의 재심을 청구한다. 진범들은 다른 사건으로 형을 살고 있었다. 다시 말해 검찰이 엉뚱한 사람을 가두고 진범을 풀어줌으로써 결과적으로 다른 범행을 저지르게 한 거였고, 검찰 스스로 그 엄청난 과실을 자백한 셈이었다.

2014년 3월 11일 연방법원은 원심 판결을 무효화했고, 포드는 당일 석방됐다. 구속된 지 29년 3개월 5일 만이었다. 자유인이 된 64세의 포드에겐 교도소 측이 교통비 명목으로 지급한 20달러짜리 직불카드 한 장과 교도소노역통장에 든 4센트뿐이었다.

수많은 보도진으로부터 벗어나자마자 포드가 결백프로젝트 변호사에게 맨 처음 한 말은 "배가 고프다"라고 한다. 석방이 확실시되던 순간부터 사형수로서 먹던 그 "지긋지긋한" 감옥 음식을 일체 먹지 않았다고 포드는 말했다. 시민단체가 운영하는 뉴올리언스의 출소자 재활 시설로 이동하던 61번 고속도로에 단 하나 있던 레스토랑이 하필 그날 휴무였다는 이야기, 차를 돌려 주유소에서 프라이드치킨과 도넛을 주문하러 갈 때 포드가 스스로 차 문을 열지 못해 차 안에 머물렀다는 이야기(30년 동안 그는 단 한 번도 직접 문을 열고 나서본 적이 없었다), 그리고 두 달 뒤 폐암 말기 진단과 함께 시한부 선고를 받게 되는, 소설로도 쓰기 힘들 이야기.

불운은 그게 끝이 아니었다. 루이지애나 주법에 따르면 무고한 형기에 대한 정부 보상금은 연 1만 달러로 최고 한도액은 25만 달러다. 거기에 '잃어버린 삶loss of life'에 대한 별도의 위로금이 최고 8만 달러. 결백프로젝트의 포드 담당 변호사 게리 클레멘츠는 주정부에 그 돈을 청구한다. 하지만 카도패리시 검찰청은 포드의 장물 처분 사실을 들어 '무고한 피의자에 한해 배상금을 지급한다' 라는 배상 규정에 부합하지 않는다며 집행을 거부했다. 2015년 3월 법원 역시 "포드의 손에 피가 묻지는 않았지만, 그의 손이 깨끗한 것은 아니다" 하며 검찰 편을 들었다. 판결 직후 클레멘츠는 "법원의 결정은 범죄가 일어난 집 앞길을 무단 횡단했다고 보상을 거부한 것과 같다. 그가 장물을 전당포에 맡긴 혐의로 기소됐다면 사형선고를 받고 30년이나 옥살이를 하지 않았을 것이라는 게 진실"이라고 말했다. 결백프로젝트 뉴올리언스 지부는 성명에서 "이 판결은 지난 30여 년간 포드가 감당해야 했던 일련의 가혹한 불의들 중 가장 마지막 불의로 기록될 것"이라고 밝혔다.[1]

포드는 숨을 거둘 때까지 생활비와 치료비 일체를 봉사단체의 도움과 시민들의 성금으로 충당해야 했다. 주정부를 상대로 한 인권침해와 손해배상 소송 역시 그의 죽음으로 중단됐다.

그를 기소할 당시의 지방검찰청 수석검사 스트라우드는 법원의 배상 불가 판결 직후 지역신문 〈슈리브포트타임스〉에 장문의 글[2]을 기고했다. 법원 결정을 비판하는 신문의 사설에 동조하며 거기 얽힌 자신의 문제에 대한 입장을 밝힌 거였다. 글 첫머리에 스트라우드는 "제도의 허점이 그의 삶을 철저하게effectively 파괴한 만큼 그 어떤 가능한 방법을 동원해서라도 그에게 최대한의 보상을 해주어야 한다. 루이지애나의 정의의 이름으로, 그가 겪은 고통에 대한 배상을 회피하려는 주정부의 뻔뻔스러운 노력에 소름이 돋는다"라고 썼다. 그리고 자신이 저지른 돌이킬 수 없는 실수에 대한 처절한 반성과 사죄의 문장이 이어졌다. "이 사건은 사형의 자의성arbitrariness 을 보여주는 또 하나의 예일 뿐이다. 이제야 나는 서른셋의 젊은 검 사였던 내게 다른 한 인간을 죽음에 이르게 할 수 있는 판단을 내 릴 능력이 없었다는 사실을 뼈아프게 깨달았다."

스트라우드는 자신이 글렌 포드의 재판을 처음부터 끝까지 지켜 봤고 사형선고가 내려질 때 마침내 정의가 실현됐노라 믿었다고, 마 땅히 할 일을 해낸 자신이 자랑스러워 그날 밤 동료 검사들과 기쁨 에 겨워 몇 차례에 걸쳐 술을 마셨다고, 피해자 가족으로부터 감사 인사를 받기도 했다고 적었다. "나는 오만했고, 심판하는 일을 좋아 했고, 스스로에게 도취돼 있었고, 또 자신만만했다. 나는 정의 그 자체보다 내가 이기는 것에 더 몰두했다." "바로 내가 모든 걸 망쳤 다. 지금 나는 다른 누구도 아닌 나 자신을 위해 이 말을 한다. 내가 촉발한 글렌 포드의 모든 비참에 대해 그와 그의 가족에게 사죄한 다. 그릇된 판단으로 헛된 결말을 안겨준 로즈먼 씨의 유족에게도 사죄한다. 배심원들에게 마땅히 제공했어야 할 충분한 정보를 제공 하지 못한 점에 대해서도 사죄한다. 내 의무를 다하지 못함으로써 오점을 남긴 재판부에도 사죄한다." 그리고 덧붙였다. "우리는 실수 할 수 있는 인간이기 때문에 공정하고 공평하게 사형을 선고할 수 있는 완벽한 제도를 만들 수 없다."

스트라우드는 처절한 반성과 백 마디 사죄의 말보다, 그 어떤 금 전적 보상보다 그의 억울한 희생을 무의미한 것이 되지 않게 노력하 는 것이 그가 행할 수 있는 진정한 반성과 사죄의 길이라 여겼고, 그게 곧 사형제 폐지였다. 그가 자신의 사죄를 글렌 포드에게 말이 나 편지로 전한 게 아니라 지역신문을 통해, 다시 말해 마을 주민과 미국 시민에게 한 까닭도 그 때문이었을 것이다. 지방의 작은 신문에 실린 그의 사과문은 수 경계를 넘어 미국 전역에 큰 반향을 일으켰다.

그리고 지난 4월, 그는 병석의 글렌 포드를 찾아가 머리를 숙였다. ABC를 통해 방영된 그 방문에서 스트라우드는 "내가 결코 좋은 사람이 아니며 무덤에 갈 때까지 그 오점이 씻기지 않을 것임을 안다" 하고 포드에게 머리를 숙였다. 일어설 힘이 없어 앉아서 그와 악수를 나눈 포드는 "하지만 옥살이가 끝이 아니었다" "지금 내게는 6~8개월의 시한부 선고가 내려져 있다"라고 말한 뒤 진심을 털어놨다. "미안합니다. 나는 당신을 용서할 수 없어요. 정말 못하겠어요. 정말."

스트라우드가 포드의 용서를 기대했을 것 같지는 않다. 그는 자신의 반성문 끝을 이렇게 맺었다. "나는 내가 글렌 포드에게 보여준 것보다 많은 자비가 신의 뜻 안에 있기를 기대하며 이 글을 맺는다. 하지만 내게 그 자비를 받을 자격이 없다는 것도 너무나 분명히 알고 있다."

1961 — 2015

데니즈 마셜

생존자에서 조력자로

폭력 피해 여성 구제를 위하여

영국의 여성인권운동가 데니즈 마셜Denise Marshall은 1961년 12월 12일에 런던 북부 하이버리의 아일랜드계 어머니와 외판원 아버지 사이에서 태어났다. 두 살 때 아버지가 집을 나갔고 어머니는 재혼했다. 양부는 무능하고 폭력적인 사람이었다. 마셜은 집에서 부모에게 맞는 게 일이었고, 학급에서는 가장 가난한 학생으로 따돌림을 당했다. 아홉 살 때 부모가 너무 싫어 찻잔에 표백제를 부은 적이 있는데, 그걸 알아챈 부모가 그를 야단치기는커녕 오히려 재미있어 했다고 한다. 함께 살던 양아버지의 아버지, 그러니까 양할아버지의 강간이 시작된 것은 마셜이 일곱 살 되던 해부터였다. 어느 날 열네 살의 자신을 또 덮치려는 양할아버지에게 마셜은 다가오면 죽이겠다고 말했고, 비웃으며 덤벼든 그의 다리를 칼로 찔렀다. 강간은 그렇게 끝이 났다. 그 일이 있기 두 해 전 열두 살 때 경찰서에 찾아가 강간당해온 사실을 고소하기도 했다. "(하지만) 아무도 내 말을 믿지 않았어요. 오히려 쫓겨났죠. 1970년대가 그랬어요. 하지만 지금 '이브스Eaves'를 찾아오는 어린 성폭력 피해 여성들을 볼 때마다 나는 이 사회가 1970년대 이후 얼마나 진보했나, 진보하기는 했나 싶어 절망합니다."[1]

페미니즘 전사戰士가 실재한다면, 데니즈 마셜은 그 일원이라고 불릴 만했다. 영국 젠더폭력 피해 여성 구제단체 '이브스' 대표로서 그는 유… 청년기의 저… 격기로 불의와 부당함에 맞섰다. 사건 현장에 그가 나타나면 경찰들의 태도가 달라질 정도였다고 한다. 그는 성폭력·가정폭력·강제 성매매 피해 여성들의 구호시설을 열고 정신적·육체적 회복과 자립을 위한 창의적이고도 실질적인 여러 프로그램을 도입했다. 그에게 피해자는 동정하고 시혜를 베풀어야 할 대상이 아니라 불의에 희생된 동지였다. 그들의 위축된 자아를 북돋워 피해자가 아닌 생존자survivor로 다시 서게 하고, 나아가 다른 피해 여성을 부축하는 조력자supporter로 힘을 보태게 한 것은, 그의 삶이 그러했듯 바로 그들에게서 세상을 바꿀 힘을 찾고자 해서였다. 영국 왕실은 2007년 그에게 대영제국훈장을 수여했다. 마셜은 4년 뒤 데이비드 캐머런 총리의 '빅 소사이어티'의 위선을 향해 그 훈장을 집어 던졌다. 그런 데니즈 마셜이 2015년 8월 21일 별세했다. 향년 53세.

마셜은 반스버리여학교를 간신히 마친 뒤 집을 나와 독립했고 일을 시작했다. 자신이 레즈비언이라는 사실을 깨달은 게 그 무렵이었다. 런던의 한 서점에서 자기 처지와 다를 바 없는 여성들의 삶을 다룬 책을 읽으며 페미니즘에 매료되기 시작한 것도 20대 초반 그 무렵이었다. 그는 한 지방신문사에서 행정 직원으로 일하면서 레즈비언 페미니스트를 알게 됐고, 곧장 커밍아웃했다. 그 일을 그는 "내 생애를 통틀어 가장 잘한 일 중 하나"라고 말했다. 1985년에 그는 성 소수자 주거 인권단체인 스톤월주거협회Stonewall Housing Association 활동가가 된다. 아이를 갖고 싶었던 그는 거기서 만난 한 게이 친구의 도움으로 1989년 인공수정을 통해 아들 데클란을 출산한다. 파트너 리사와 더불어 데클란을 키우면서, 그는 태어나 단한 순간도 갖지 못한 가정을 이뤘다.

성 소수자로서 그는 운이 좋은 편이었다. 성 정체성을 깨달을 무렵 그의 곁에는 레즈비언 페미니스트 친구가 있었고, 함께할 조직이 있었다. 동성애자 인권 운동을 하면서도 한사코 성폭력 피해 여성들의 고통에 몸과 마음이 쏠린 것은 자신이 성 소수자이기 이전에 젠더폭력의 피해자였기 때문이다. 그가 이브스의 CEO가 된 것은 2000년 1월이었다. 이브스는 젠더폭력 실태를 고발하고 피해 여성들의 자활을 돕기 위해 1977년 설립된 단체다.

그는 2002년 인신매매 피해 여성들을 돕는 '파피 프로젝트The Poppy Project'를 시작한다. 이 프로젝트는 강제 성매매와 가정폭력 피해 여성들을 위한 영국 최초의 피난처 프로그램이었다. 그와 이브스 활동가들은 피해자들이 정신적·육체적 손상에서 회복되도록 돕고, 불법 이주 등 법적 문제를 풀어 영국에 정착해 살 수 있는 터전을 제공해왔다. 자존감 회복과 직업훈련, 취업 인터뷰 등을 교육하고 주거 여건을 마련해주는 '앨리스 프로젝트Alice Project', 한때 피해 여성이던 자원봉사자들이 전문가 상담과 병행해서 다른 피해 여성들의 고충을 듣고 자기 경험을 들려주며 힘과 의지를 북돋우는 '아미나 프로젝트Amina Project' 등이 그가 시작한 대표적인 젠더폭력 피해 여성 구제 프로그램이다. 영국 여성인권그룹 '여성을 위한 정의Justice for Women'의 공동 설립자 줄리 빈델Julie Bindel, 1962~은 2008년 〈가디언〉 기고문에서 피해 여성과 전문가들의 도움을 이어주는 매개 프로그램으로써 아미나 프로젝트를 런던뿐 아니라 영국 전역과 세계로 확산해야 한다고 썼다. "아미나 프로젝트를 통해 피해 여성뿐 아니라 자원봉사자들의 삶도 보상받고 또 변화한다. 그들은 폭력에 대한 이해를 키우고 극복의 기술을 익히며 자기 삶의 새로운 전망과 지평을 열게 된다. 한 참가자가 표현했듯이 '내 안에서 마치 페미니스트의 그것과 같은 뭔가 포효하듯 깨어나는' 경험을 하게 되는 것이다."

피해자가 생존자로, 나아가 조력자로 변화하는 그 과정은 마셜의 삶의 이력이기도 했다. 그는 내무부가 주최한 성폭력 컨퍼런스에서 한 강간 피해자가 사례를 발표하는 동안 여성 전문가들이 분노는커녕 넋 나간 얼굴로 동정하듯 바라보는 모습을 보고 화가 났다고 말했다. 2003년 이후 파피 프로젝트를 거쳐 간 여성은 약 3000명에 달하고 그중 1000여 명이 영국 시민으로 살아가고 있다.

영국 최대 여성·아동 자선단체인 '위민스에이드Women's Aid'에 따르면 잉글랜드와 웨일스의 일반 폭력 범죄는 1995년부터 2014년까지 약 3분의 1로 꾸준히 감소한 반면 가정폭력은 전혀 줄지 않았다. 2013년의 경우 매주 약 두 명의 여성이 파트너나 전 파트너에 의해 살해당했다. 전체 여성 피살자의 46퍼센트였다. 여성이 남성 파트너를 살해한 경우는 7퍼센트였다. 2012년 한 해, 가정폭력을 겪은 여성은 전체의 약 7.1퍼센트였고, 16세 이후 가정폭력을 경험한 적이 있는 여성은 30퍼센트에 달했다. 영국 경찰은 30초마다 한 통꼴의 가정폭력 피해 신고 전화를 받고 있다. 이브스가 인용한 조사 결과에 따르면 영국 가정폭력 피해의 사회적 비용은 연간 160억 파운드에 달하고, 부상을 치료(정신과 진료 비용은 제외)하는 데만 약 17억 파운드가 든다. 성폭력과 강제 매매춘 등을 뺀 가정폭력 피해만 그렇다.[2]

위민스에이드는 여성 한 명을 6개월간 구호시설에 수용하는 데드는 비용이 인건비와 시설운영비 등을 포함해 약 9600파운드라고 밝혔다. 영국 정부는 2010년 약 1억 파운드의 예산으로 젠더폭력 피해 여성 구제단체들을 지원했다. 그해 집권한 데이비드 캐머런 보수당 정권은 그 예산을 대폭 삭감하기 시작했다. 2015년 영국 정부의 젠더폭력 구제 예산은 2010년의 4분의 1 수준인 2800만 파운드였다. 이른바 '빅 소사이어티' 정책, 즉 "사회적으로 가치 있는 서비스를 정부에만 의존하지 않고 가족과 이웃, 사회 공동체가 합심하여 추진함으로써 서비스의 효율을 높이고 작은 정부를 실현한다"하는 구상의 일환이었다. 2010년 187곳에 달하던 젠더폭력 구제 시설은 2014년 155곳으로 줄었고, 그나마 대부분 극심한 운영난을 겪게 됐다. 위민스에이드는 "지난해 하루 평균 약 112명의 여성과 84명의 아동이 각종 구호시설을 떠나야 했다"라고 밝혔다.

마셜의 이브스와 파피 프로젝트도 직격탄을 맞았다. 젠더폭력은 사회 기부의 가장 변두리 분야 가운데 하나다. 게다가 인신매매 피해 여성에 대한 지역사회의 시선은 위선적인 온정조차 기대하기 힘들 때가 많다. 용케 범죄 집단의 마수를 벗어나도 그들은 국가와 공권력의 보호를 받을 자격을 스스로 입증해야 한다. 합법적으로 이주했다는 사실을 증명해야 하고, 강압에 의해 매춘했다는 사실을 소명해야 하고, 시민들의 세금을 우려내기 위해 거짓말을 하는 게 아님을 인정받아야 한다. 파피 프로젝트 활동가 이리나 도 카르모는 "(그들은) 불법 이주자일 뿐인데 인간으로 대접받지 못한다 우리 시민이 아니기 때문에, 다시 말해 우리의 문제가 아니기 때문에"라고 썼다.[3] 하물며 그들을 돕는 성금이라니. 2010년 이후 연간 지원금과 기부금 수입은 670만 파운드에서 200만 파운드로 격감했다. 마셜은 2011년 인터뷰에서 "가정폭력 피해자는 시청에 몰려가 도와달라고 시위하는 이들이 아니다. 강간 피해자는 신문사에 찾아가 지역사회의 매정함을 불평하는 이들이 아니다. 그들은 늘 소수이고, 캠페인이나 로비의 약자다"라고 말했다. 2013년 〈제3섹터The Third Sector〉라는 매체 인터뷰에서 마셜은 "더 이상 줄일 수 있는 비용이 없다" "직원 열네 명을 잃게 됐고, 폭력 피해 여성의 방문 상담·조언 센터를 폐쇄하게 됐고, 나머지 프로그램도 축소할 수밖에 없는 형편"이라고 말했다. 또한 그는 "젠더폭력 피해 여성은 누구나 그 지역사회가 제공할 수 있는 최선의 서비스를 받을 권리가 있고, 지역사회는 그들이 회복되는 데 필요한 모든 서비스를 제공해야 할 의무가 있다"라고 말했다.

2011년 7월 그는 캐머런 총리에게 편지를 썼다. 제국훈장 반납 사유서였다. "다들 긴축, 긴축 하는데 우리에겐 해당 사항 없는 얘기다. 왜냐하면 우리는 긴축해야 할 만큼 충분한 예산을 가져본 적이 없기 때문이다. (…) 강간 피해자에게 돈이 없으니 상담을 절반

만 받고 나가라고 말하란 말이냐."

그는 "피해 여성에게 필수적인 서비스를 배제한 '긴축' 청구서를 만들 수 없다. (…) 자격을 갖춘 전문가도 없이 시설을 운영하는 것은, 숫자를 채우려고 최대한 빨리 사람들을 이동시키는 공장 생산 라인을 가동하는 것과 다를 바 없다. 그것은 그들을 실제로 돕는 게 아니다. 그들이 누울 수 있는 침대는 얻겠지만, 위험한 처지를 벗어나 각자의 삶을 바꿀 수는 없을 것이다" "내가 한 일에 대한 보상으로 받은 훈장을, 더 이상 그 일을 할 수 없게 된 지금도 계속 지니는 것은 부도덕하고 불명예스러운 일이라 생각했다"라고 말했다.

마셜은 범죄소설 마니아였고 『영혼의 암살자Soul Assassin』와 『긴 그림자The Long Shadow』라는 두 권의 범죄소설을 자비 출판한 작가였다. "어둡고, 새롭고, 조금은 자전적인" 내용이라고 줄리 빈델은 그의 작품들을 평했다. 파트너 리사가 다발성경화증 진단을 받은 2003년 무렵부터 소설을 쓰기 시작했다는 마셜은 "나 같은 '생존자'는 상담을 받으라는 말을 늘 듣곤 한다. 하지만 내겐 글쓰기와 페미니즘이 최선의 치료법이었다" "픽션 안에서 당신은 당신의 세상을 통제할 수 있고, 당신이 원하는 세상을 구현할 수도 있다"라고 말했다.

하지만 그의 삶은 픽션이 아니었다. 그는 지난해 위암과 소장암 말기 판정을 받고 줄곧 투병했다. 빈델은 병석의 그가 "할 일이 아직 많다" "레즈비언들을 위한 안전한 거처를 마련하고 싶고, 무엇보다 먼저 이 비정한 정부를 쫓아내고 싶다"라고 했다고 전했다.

1916 — 2014

제럴드 라루

순 간 을 사 는 존 재

이단자라는 오명 속에서 존엄사 합법화에 나서다

기독교의 퇴행적 보수성과 몽매주의에 맞서 교회의 혁신과 종교 건강성을 회복하고자 헌신했던 '이단자Heretic 라루'가 2014년 9월 17일 작고했다. 목사이자 종교학자였던 그는 성서를 맹목적으로 수용하는 교회와 스스로도 믿지 않으면서 성서의 기록을 역사의 진실처럼 설교하는 목회자들을 비판했다. 또 노인학자로서 삶의 위엄 못지않게 죽음의 존엄을 중시했고, 죽음을 선택할 권리를 확보하기 위한 활동에 생애를 바쳤다. 기성 교단과 다수의 보수 기독교인들로부터 비난받으면서도 그는 개인의 자유를 억압하는 외적인 것들의 허구성을 전투적으로 고발했다. 향년 98세.

1993년 2월 미국 CBS는 터키 아라라트 산에서 '노아의 방주'가 발견됐다는 다큐멘터리를 방영한다. 조지 자말이라는 남자가 방주의 잔해라며 가져온 나뭇조각을 근거로 '선인터내셔널픽처스'라는 한 독립 제작사가 제작한 다큐멘터리에는, 당연하게도 교회와 창조과학회 관련자들의 들뜬 찬사와 확신에 찬 설명이 곁들여졌다. 얼마 뒤 캘리포니아대학교 라루 교수는 〈타임〉 인터뷰에서 그 거대한 사기극을 조롱을 섞어 폭로했다. 방송사는 뒤늦게 전문 기관에 의뢰해 탄소동위원소법으로 나뭇조각의 연대를 측정, 그것이 블루베리즙과 바비큐 소스 등으로 착색한 침목 조각임을 확인한다.

그 대형 방송 스캔들은 자말의 사기에서 비롯됐지만, 사실 라루의 '미필적고의'에 의한 것이기도 했다. 자말의 사기는 1980년대 중반부터 이미 시작됐다. 라루 역시 자말을 만나 황당무계한 말을 들었지만, 종교인들과 언론의 행태가 어디까지 가는지 두고 보자는 심정으로 방관했다고 한다. 거짓이 폭로된 직후 창조과학회 관계자는 자신들이 그렇게 오랫동안 어설픈 사기에 놀아났다는 사실이 믿기지 않는다고 해명했다. 하지만 라루의 입장에서 보면 그들은 사기 피해자가 아니라 방조자 혹은 암묵적 공범이었다. 그가 겨냥한 것은 한 사기꾼이나 무책임한 방송 관행이 아니라 믿고픈 것을 쉽게 믿는 인간의 허약한 이성, 성서 기록이라면 절대 진리라고 여기는 극단적인 종교인들이었다.

종교 고고학자로서 예루살렘 등지의 발굴 현장을 누볐던 라루는 예리코 성벽의 붕괴가 신神의 힘이 아니라 지진의 결과라는 가설을 제시했고, 죽음에서 부활했다는 나사로의 기적은 혼절coma 상태에서 깨어난 것일 뿐이라고 재해석했다. 성모마리아의 기적으로 은묵주가 금으로 변하는 기적을 체험했다며 매스컴을 떠들썩하게 한 여인에게는 대중이 보는 앞에서 묵주를 변색제거제에 담가보라고 요구한 적도 있다. 그의 불경스러운 제안은 물론 거절당했다.[1] 그는 미신적 몽매주의를 특히 못 견뎌했다.

제럴드 라루Gerald Larue는 1916년 6월 20일에 캐나다 캘거리에서

태어났다. 1943년 신학예술 전공으로 앨버타대학교를 졸업, 1945년
에는 캐나다연합교회로부터 목사 안수를 받았다. 이후 약 8년간 목
사로 재직했고, 미국 버클리대학교에서 1953년에 박사 학위를 땄다.
그해 그는 목사직을 내놓고 남캘리포니아대학교 종교학과 교수가
되는 1958년까지 미국기독교교회의회 성서연구회 회원으로 일했다.
그 무렵 이미 그는 회의론자였다. 훗날 인터뷰에서 목사를 사임할
때부터 신의 존재는 '알 수 없다an open question'는 게 자신의 생각이
었다고 밝혔다.

〈자유연구Free Inquiry〉라는 잡지에 기고한 「성직자가 침묵의 죄를
범할 때」라는 글에서 라루는 성직자가 세미나 등을 통해 알게 된
기독교의 역사나 성서의 진실을 신도들과 공유하지 않는 것을 '침
묵의 죄'라고 비판했다. 그는 성 평등이나 생태, 공립학교의 진화론
교육 등에 대해 자유주의적인 입장을 드러내면서도 교회 설교단에
서면 도그마에 갇히는 성직자들이 허다하다고 했다. 1993년 방주
스캔들 직후 라루는 여러 목사 친구들로부터 격려와 동조의 전화
를 받았지만 그가 "당신은 왜 CBS에 항의 편지를 쓰지 않느냐" "노
아의 이야기가 허구라는 사실을 왜 당신은 설교할 때 말하지 않느
냐"라고 물으면 그들은 겸연쩍게 웃으며 한결같이 "어쩔 수 없어"라
고 대답한다고도 했다.

라루는 실제로 그런 설교를 했다가 신도 집단의 배척을 당하고
교회에서 쫓겨난 목사들의 사례도 소개했다. 캐나다 교회 목사 빌
피프스도 그중 한 명이었다. 그는 1997년 12월에 예수가 신이 아니
라는 내용의 설교를 했다가 종교 잡지 등 매스컴의 집중포화에 시
달렸다. 피프스 목사는 "신은 예수보다 더 크고 신비로운 존재여서

그토록 열렬히 천국에 가려는 희망을
피력하는 사람들이 그렇게 신중하고 사려 깊게
이 세상에 머물고 싶어 애쓰는 모습은
사실 좀 우습다. 가정을 떠나 천국에 가려는
이들의 발길을 붙잡을 수 있는 권리가
도대체 누구에게 있단 말이냐.

우리의 인식과 이해 너머에 있다고 믿는다. 그러므로 예수는 인격화한 신도, 신의 내리일 수노 없다. (…) 예수가 십자가에 못 박혀 처형된 뒤 살아나 천국으로 올라갔다는 이야기를 나는 믿지 않는다. 하지만 그게 부활을 믿지 않는다는 말은 아니다. 부활의 힘은 우리로 하여금 죽음을 넘어서는 삶의 힘, 그 믿음의 힘을 의미한다"라고 설교했다. 피프스 목사는 지옥과 천국의 관념을 부정했지만, 사후 어떤 형태로든 지속되는 인간의 영혼은 긍정했다. "숨을 거둔, 내가 사랑했던 이들이 신과 함께 평온할 것이라고 나는 믿는다." 그는 신도들의 험한 수모와 교단의 분노에도 자신의 종교적 신념을 굽히지 않았다.

　라루는 피프스와 같은 성직자들이 더 많아져야 한다고, 『창세기』나 『출애굽기』가 그 어떤 역사적 근거도 없는 허구임을 신도들에게 말해야 한다고, 십계명을 포함한 토라의 계율 중에는 인본적 윤리와 배치되는 것들이 적지 않다는 사실을 말해야 한다고 주장했다. 여인을 탐욕스러운 시선으로 바라보는 게 마음으로 간음을 범하는 죄라고 규정한 『마태복음』 5장 27절을 예로 들며, 그는 성서의 어떤 내용들이 이 시대의 윤리 의식에 비춰 얼마나 우스꽝스러운지 말하곤 했다. 그의 아들 데이비드 라루는 "아버지는 수천 년 전에 만들어진 오류투성이인 불멸의 규율에 인간이 속박당하지 않고 각자의 삶을 살아가는 길을 모색하고자 노력했다"라고 말했다. 제럴드 라루는 인간의 선한 삶을 북돋우는 한에서 종교를 긍정했지만, 숭배나 찬양의 대상이 되는 것을 경계했다. 그는 위험하고 공공연한 내부고발자였다.

　신학대 재학 시절부터 그는 교수들에게 '이단자 라루'라고 불렸다. 훗날 목사가 되고 종교기관의 성서연구자로 활동한 것을 보면 당시의 저 별명은 그리 진지한 게 아니었을 것이다. 하지만 1980년 대 이후 존엄사 합법화 운동의 선봉에 서면서 그는 적어도 보수 교단의 입장에서는 진짜 '이단자 라루'였다.

죽음에 대한 그의 관심은 1970년대부터 이어져온 듯하다. 1976년에 그는 한 심리학자가 임종을 앞둔 이들을 대상으로 죽음과 죽음을 맞이하는 바람직한 태도 등을 설명하는 강연회에 참석했다고 한다. 그리고 4년 뒤 영국의 저널리스트 출신 데릭 험프리Derek Humphry, 1930~와 함께 미국의 선구적인 존엄사 옹호 단체 '헴록 소사이어티Hemlock Society'를 설립, 8년 동안 의장을 맡는다. 험프리는 불치병 아내의 자살 결심과 실행 과정을 기록한 『진의 길Jean's Way』과 『마지막 출구Final Exit』 등의 저자이자 존엄사 합법화 운동의 선구적인 활동가였다.

목사 자격을 지닌 종교학자가 존엄사를 지지하는 상설 조직을 만들어 리더가 되는 일은, 지금도 그렇겠지만 당시로서는 더 큰 충격이었을 것이다. 그는 서던캘리포니아대학교 종교학과 교수직을 사퇴하고 노인학과 겸임교수가 된다. 험프리는 "라루는 누구도 두려워 엄두를 내지 못하던 단계에 첫발을 내디뎠다. 생의 막바지에 이른 이들에게 죽음을 선택할 권리를 부여하자는 주장을 둘러싼 논란이 미국에서 막 시작되던 때였고, 당연히 뜨겁고도 예민한 주제였다. 그는 그 민감하고 논쟁적인 시기에 엄청난 조정력을 발휘하며 헴록을 이끌었다"라고 회고했다.

헴록은 의학·법률 전문가 등과 함께 불치 환자 상담과 존엄사 합법화 운동 등을 주도했고, 1994년 오리건 주가 미국 최초로 존엄사를 합법화하는 데 결정적으로 기여했다. 헴록은 2007년에 관련 단체 능과 연합하여 '공감과선택Compassion & Choices'이라는 이름의 시민단체로 거듭났다.

영국 시사주간지 〈이코노미스트〉는 2014년 10월 16일 자 「죽을 권리—힘을 얻다The right to die—Seizing some control」는 기사에서 뇌암에 걸린 뒤 오리건 주로 이주해 의사의 존엄사 처방을 받은 캘리포니아의 스물아홉 살 여성 브리트니 메이너드가 그해 11월 1일에 자신의 삶을 끝내기로 했고, 남은 삶을 존엄사 옹호 운동에 바치고 있다는 사연과 함께 미국 사회의 죽음에 대한 전향적인 변화상을 소개했다. 미국의 경우 오리건 주를 이어 버몬트·몬태나·워싱턴·뉴멕시코 주가 존엄사를 합법화했고, 존엄사 법안이 계류 중인 곳은 더 많다. 〈이코노미스트〉는 생사를 신의 선택으로 믿어온 강고한 기독교 전통과 "목숨만은 신의 것"이라고 했던 사유재산권의 아버지 존 로크의 정신에 균열이 가기 시작했다며, 교회에 규칙적으로 다니는 미국의 신도 가운데 최소 20퍼센트가 존엄사를 옹호한다는 공감과선택의 조사 결과를 인용하기도 했다. 저 거대한 변화의 물꼬를 튼 이가 라루였다. 공감과선택이 오리건 주의 싸움과 존엄사를 선택한 이들의 사연, 임종 과정 등을 기록한 다큐멘터리 영화 〈오리건에서는 어떻게 죽는가How to die in Oregon〉는 2011년 선댄스영화제에서 심사위원상을 탔다.

라루는 서던캘리포니아대학교 노인학과 겸임교수로 25년을 재직했다. 그의 강의는 죽음의 과정과 의미, 그리고 종교적 맥락에서 본 존엄사의 근거 등을 주로 다뤘다. 그의 1985년 저서 『존엄사와 종교』는 죽을 권리를 종교적으로 해석한 최초의 책이었다.

존엄사의 공론화가 유럽에서는 조금 앞섰다. 1980년 8월 영국에서는 조지 메어라는 스코틀랜드 외과 의사가 '어떻게 존엄하게 죽을 것인가'라는 36쪽짜리 팸플릿을 발간한다. 거기에는 다양한 자살 방법과 각 가정에서 손쉽게 구할 수 있는 치명적인 약물들이 소개됐다. 조지 메어의 입장은 단순하고 선명했다. 그는 "죽음은 누구도 피할 수 없다. 하지만 의학의 발달로 우리는 언제 어떻게 죽을지 모른 채 마지막 순간을 생물학적 고통 속에서 보내야 한다. 개인은 자신의 삶뿐만 아니라 죽음도 통제할 수 있어야 한다." 팸플릿은 존엄사 취지에 공감하는 모임 '엑시트Exit' 회원들에게 배부됐고, 말기 암 환자 등 희망자에게도 신청 후 90일 이후에 배부함으로써 '결심'에 앞서 충분히 재고할 기회를 부여했다. 1980년 9월 27일 자 런던판 〈뉴욕타임스〉는 옥스퍼드대학교에서 열린 관련 토론회 소식을 전하며 영국의 저명한 성직자인 소퍼 경의 말을 인용했다. "그토록 열렬히 천국에 가려는 희망을 피력하는 사람들이 그렇게 신중하고 사려 깊게 이 세상에 머물고 싶어 애쓰는 모습은 사실 좀 우습다. 가정을 떠나 천국에 가려는 이들의 발길을 붙잡을 수 있는 권리가 도대체 누구에게 있단 말이냐."

영화 〈스타트렉〉의 제작자 티모시 리어리 등의 화장한 유골이 타우루스 로켓에 실려 우주로 발사된 게 1998년이다. 이 우주장宇宙葬을 계기로 그해 2월 〈뉴욕타임스〉는 흥미로운 유골 처리 사례를 소개하는 기사를 실었다. 거기에는 재를 잉크에 섞어 책 인쇄에 쓰게 한 마블코믹스 편집자 마크 그루엔발트와 "내 집이 이웃에게 늘 열려 있기를 바란다"라며 자신의 뼈를 녹여 대문 버팀쇠로 만들게 한 전 콜로라도 민주당 하원의원 퍼트리샤 슈뢰더의 이야기가 포함됐다. 그리고 라루의 교재 이야기도 있다. 라루는 매 학기 첫 강의 때면 학생들에게 실제 사람의 골분을 보여주곤 했다. 자신의 친구였던 서던캘리포니아대학교 심리학과 허먼 하비 교수가 라루에게 강의 교재로 쓰라며 유언한 그의 뼛가루였다. 라루는 죽음의 실체를 이성적으로 가르쳤고 "하비는 지금도 가르치고 있다"라며 농담처럼 말하곤 했다.

또 그는 〈레지스터〉 인터뷰에서 "당신이 죽음을 받아들이지 않는 한 삶을 통해 추구하는 것들의 중요성을 결코 이해할 수 없다"라고 말했다. 그는 『성과 성서』『안락사와 종교』『신의 역할』등 다수의 논쟁적인 책을 썼다.

라루는 두 차례 결혼했고 이혼했다. 전 아내 에밀리 퍼킨스는 "라루는 우리가 하루하루 혹은 한 해 한 해 살아가는 게 아니라 항상 순간을 살아가는 존재라는 말을 하곤 했다"라고 말했다. 죽음과 순간으로 닿아 있기 때문에 그의 삶이 더 열정적일 수 있었다는 거였다. 퍼킨스의 말처럼 라루는 자신이 믿고 가르친 바대로 살았다. 유족은 그가 뇌졸중으로 쓰러졌을 때 산소호흡기 연명 치료를 거부, 그의 뜻을 존중했다.

1939 — 2015
로절린 벅샌덜

젠 더 혁 명

관습에 맞선 사회주의 페미니스트

　로절린 벅샌덜Rosalyn Baxandall은 1939년 6월 12일 코민테른 Comintern 활동가였던 한 공산주의자의 맏딸로 미국 뉴욕 맨해튼에서 태어났다. 그러니까 그는 10대의 대부분을, 미국 역사교과서가 제2차 적색공포1947~1957라 부르는 매카시즘의 광풍 속에서 '빨갱이의 딸'로 보냈다.(제1차 적색공포는 러시아 볼셰비키 혁명기인 1917~1920년이다.)

　벅샌덜 같은 이들을 미국서는 '레드 다이퍼Red Diapers, 붉은 기저귀'라고 부른다. 그러니 월러스타인이 세계혁명의 해라고 칭한 1968년 전후의 해방 공간에서, 레드 다이퍼들이 방방 뛴 것은 너무나 자연스럽고, 또 상상만으로도 신나는 일이다. 한편에서는 반反도덕·성 해방의 자유가, 다른 한편에서는 인권과 공동체적 정의의 함성이 봇물처럼 터져 나오던 때였다. 벅샌덜은 필립 로스가 『죽어가는 짐승』에서 쓴 표현을 빌자면 '쾌락의 세포'가 아니라 '정치의 세포'였다. 그는 사회주의 페미니스트 활동가였다.

　1996년 주디 캐플런 등이 펴낸 『레드 다이퍼』라는 책은 마흔여섯 명의 레드 다이퍼들이 각자의 유·청년기 체험을 적은 에세이다. 거기에 벅샌덜의 글은 "(유년의 기억에서) 아버지의 기벽과 거기서 비롯된 성장 환경을 공산당의 영향과 구분하기란 어렵다"라는 문장으로 시작된다.

소아과 의사였던 아버지 루이스 프라드는 1929년에 입당한 공산당원으로 1930년대 초 오스트리아 비엔나의 코민테른 본부에서 일했다. 그는 스탈린주의자였다. 자녀들이 자본주의에 물들까 봐 집에 TV와 라디오를 두지 못하게 했고, 만화책도 '소비에트식' 검열을 거친 뒤에야 허락했다고 한다. 햄버거 같은 정크푸드는 물론이고 콜라도 니켈캔디도 금지 식품이었다. 감시가 두려워 공산당이나 공산주의 같은 단어는 집에서도 금기어였지만, 어른들끼리 어울리는 자리에서 들려오는 '자본가 쓰레기들bourgeoisie crap' 같은 말들은 뜻도 모른 채 귀에 못이 박이도록 들었다고 했다. "부모님은 내가 고등학생이 돼서야 축음기를 사주셨는데 베토벤 이전 클래식 음악만 들어야 했고, 대중음악도 피트 시거나 폴 롭슨 같은 좌파 가수들의 노래만 허락을 받고 들을 수 있었다." 변호사였던 어머니 역시 공산당원이었다. 어머니는 벅샌덜이 태어나면서 일을 그만두어야 했다.

매카시즘 시대는 더 험했다. 여름방학 때마다 가족 단위로 움막을 함께 빌려 집단생활을 하던 당원 아저씨들이 자고 나면 연행돼 사라지던 시절. "당시 우리 집에서 가장 더러운 범죄는 '고자질'이었다. 막내가 이웃집 채소밭을 망친 사실을 이웃에게 일러바쳤다가 엄청나게 혼이 난 적이 있다. 부모님은 내게 '끄나풀stool pigeon'이라며 호통을 쳤다."

10대의 벅샌덜을 짓누른 것은 이중의 권력이었다. 그는 자본주의와 국가·사회 권력에는 맞서야 했지만 가부장 권력에는 철저히 순응하며 살아야 했다. 그의 우울한 글에서 그나마 유쾌한 대목은 아버지를 만나려고 집 앞에 진을 치고 있던 FBI 요원들에게 탐폰을 집어 던진 일, FBI가 도청하는 전화기에 일부러 저질스러운 말들을 내뱉곤 하던 일을 언급한 대목이다. "그 시절 '레드 다이퍼'는 용감했다"라고 그는 썼다.

그의 아버지는 1957년 탈당했다. 니키타 흐루쇼프Nikita Khrushchyov, 1894~1971가 스탈린 격하 비밀 연설을 한 이듬해였다. 물론 그의 탈당이 전향은 아니었다. 병원을 연 그는 가난한 노동자계급과 블랙리스트에 오른 동지의 자녀들을 무료로 진료했고, 왕진 가서는 생활비를 보태주었으며 쿠바 의료용품 지원 모금 운동에 앞장서기도 했다. "우리는 아버지가 추구한 가치나 정치관 등을 공유했다. (…) 그는 기성의 권위와 언론, 정부의 공식 발표는—설사 그것이 스탈린의 과오에 관한 것이어도—믿지 말라고 가르쳤다. 목사나 자본가는 범죄자였고, 자유주의자들의 선정善政도 의심의 대상이었다. 오직 중요한 것은 근면한 노동과 이웃과 공동체를 위한 헌신이었다. 우리는 '스타하노프Stakhanovite'였다." 슬럼가에서 페인트 칠하기, 거리 청소, 세입자 권리 찾기 동조 시위, 해군기지 앞 핵잠수함 반대 피켓 시위 등이 10대 여고생 '스타하노프'가 가담한 일의 일부였다.

1950년대 말 그는 위스콘신대학교 매디슨캠퍼스에 진학, 불문학을 전공한다. 그로선 부모로부터 물리적으로 정신적으로 비로소 독립의 발판을 마련한 셈이었다. 마르크스주의 미학자이자 극비평가였던 남편을 만난 것도 대학 시절. 둘은 1961년에 결혼해 유럽 등지

169

를 여행하며 막 태동하던 신좌파new left의 지적 양분을 마음껏 들이
켠다. 1963년 콜럼비아대학교에서 사회복지학으로 석사 학위를 딴
뒤 그는 '청소년을위한동원Mobilization for Youth'에 취직, 연구원 겸 활
동가로 일한다. 그 단체는 뉴욕 로이스트사이드Low East Side 빈민가
청소년들을 돕는 복지기관으로 1961년에 설립돼 가난 구제와 청소
년 비행 계도, 취업 교육 등을 주관하던 곳이다.

계급·인종 평등과 정의 같은 공동체적 가치는 혈통의 유산이었
지만 개인의 자유와 성 평등은 그로선 결핍감에서 비롯된 더 전투
적인 갈망이었을지 모른다. 1967년 그는 로빈 모건Robin Morgan, 1941~,
캐롤 해니시 등과 함께 페미니즘 2세대 운동의 주역 가운데 하나인
'뉴욕급진파여성NYRW, New York Radical Women'이란 단체의 창립 멤버
로서 본격적인 페미니즘 운동에 투신한다. 좌파 조직 내 고질적인
성차별에 대한 문제의식으로 페미니즘 운동과 여성학이 독립하던
시기였다.

뉴욕급진파여성은 1968년 주간공동육아센터 '보육해방Liberation
Nursery'을 설립, 큰 호응을 얻었다. 벅샌덜이 첫 아들을 낳은 직후였
다. 뉴욕급진파여성 회원들은 그해 애틀랜틱시티 컨벤션센터에서
열린 미스아메리카 선발대회 광장에서 피켓 시위를 벌이면서 송아
지와 양들에게 왕관을 씌우고 브래지어와 거들을 쓰레기통에 집어
던지는 퍼포먼스를 벌여 큰 반향을 일으켰다. 입장권을 사서 행사
장에 들어간 회원들은 행사 막판에 "미스아메리카는 그만!(No
More Miss America!)" 같은 구호를 외치며 '여성 해방'이란 문구를 적
은 플래카드를 발코니 난간에 내걸기도 했다. 언론은 그들을 '브라

버너스Bra-burners'라 불렀다.[1]

조직은 노선 갈등으로 1969년에 해체됐고, 벅샌덜은 모건 등과
함께 '위치WITCH'를 만든다. 위치는 성차별의 공적·구조적인 문제를
중시해 정치적 투쟁에 주안점을 둔 반면, 슐라미스 파이어스톤
Shulamis Firestone, 1945~ 등이 만든 '레드스타킹스Red Stockings'는 '새로
운 가정new home'을 표방하며 성차별의 일상적이고 구체적인 문제
개선을 중시했다. 두 조직은 사안에 따라 연대하기도 했다.

위치의 활동 중 가장 큰 반향을 일으킨 것은 1969년 매디슨스퀘
어가든에서 열린 결혼박람회 저지집회였다. 검은 베일을 뒤집어쓰
고 사슬을 몸에 감은 회원들은 행사장에 난입해 '매춘부 양산업자
에게 맞서자(Confront the Whoremakers)' 같은 제목의 팸플릿을 나
눠주며 결혼 제도를 조롱했다. 경찰이 들이닥치자 그들은 미리 준
비한 흰쥐를 풀어 행사를 '신나게' 망쳐놓았지만, 지나치게 과격한
주장과 방법으로 조직 내에서 이견과 반성이 일기도 했다.

1969년의 '낙태 발언Abortion Speakout'은 레드스타킹스가 주도한 행
사였다. 뉴욕 워싱턴스퀘어 저드슨메모리얼교회 앞 광장에 약 300
명의 여성들이 모였다. 참석자들은 시민들 앞에서 도시 뒷골목의
불결한 낙태시술소 침대에 누워야 했던 아찔한 경험과 임신, 출산
후 아이를 입양 보낸 체험담을 증언했다. 낙태는 당연히 불법이었
고, 가장 완강하게 반대하던 이들이 교회 성직자들이었다. 그들의
용기 있는 도발로 이후 미국 전역에서는 유사한 행사들이 들불처럼
이어졌고, 1973년 연방대법원의 낙태 허용 판결을 앞당기는 데 결
정적으로 기여했다. 그 행사의 첫 발언자가 벅샌덜이었다.[2]

1960년대 미국 페미니즘 운동의 불씨는 아무래도 존 F. 케네디 John F. Kennedy, 1917~1963가 암살된 1963년 베티 프리던의 책 『여성의 신비』가 지폈다고 해야 할 것이다. 케네디 집권 초기 전미여성기구의 성차별 폭로, 고용 평등 운동도 든든한 화약고였다. 다만 벅샌덜 같은 사회주의 페미니스트가 보기에 그들의 활동은 너무 개량적이고 온순했다.

초기 신좌파페미니즘운동가들은 성차별 문제를 자본주의의 역사와 노동 현실 속에서 바라볼 수 있는 계기를 열었고, 특히 1960년대 광범위하게 전개되던 인권·저항 운동 조직 내 성차별에 가장 뜨겁게 분노함으로써 독자적인 운동의 장을 여는 데 기여했다. 공산주의 이념을 모태신앙처럼 내장한 페미니스트 벅샌덜에게 반자본주의 투쟁과 결합하지 않는 여성해방운동은 넌센스였다. 유년 시절 이후 집에서 겪어온 경험에 비춰 좌파 운동 진영 내의 성 평등 의식이라는 게 어떤 지경인지 그는 누구보다 잘 알고 있었을 것이다. 1998년 출간된 『페미니스트 회고 기획The Feminist Memoir Project』에 실은 '불 지피기Catching the Fire'라는 제목의 에세이에서 그는 "페미니즘이란 말을 듣는 순간 나는 사랑에 빠지듯 여성운동에 매료됐고, 페미니즘은 내 생애의 퍼즐을 풀어주었다. 나는 민권운동, 반전운동 등등을 해왔지만 내게 그것들은 의무감과 분노의 소산이었지 내 자신의 싸움은 아니었다"라고 썼다. 유년의 아버지로 표상되는 것들에 대한 애증을 그는 그렇게 표현했다. "우리는 인종과 계급과 젠더의 구조를 교차시켜보고자 했다. 사회변혁은 급진적인 제도 개혁을 통해 교정돼가야 한다고 우리는 생각했다."[3]

하지만 그의 급진적 페미니즘은 여성학과 여성운동사에 미친 영

페미니즘이란 말을 듣는 순간
나는 사랑에 빠지듯 여성운동에 매료됐고,
페미니즘은 내 생애의 퍼즐을 풀어주었다.
나는 민권운동, 반전운동 등등을 해왔지만
내게 그것들은 의무감과 분노의 소산이었지
내 자신의 싸움은 아니었다.

향에 비해 운동 진영 내에서 큰 반향을 얻지는 못했다. 1971년 이후 그는 뉴욕주립대학교 교수가 돼 여성노동운동사를 가르치며 여성 운동 현장과 거리를 뒀다. 대신 급진 사회주의 페미니즘의 가치를 추구하며 독자적인 삶을 개척해나갔다. 그는 1976년 린다 고든, 수전 리버비 등과 함께 『미국 노동 여성America's Working Women』이라는 전 6권의 방대한 자료집을 공동 출간했다. 370여 년간 여성들이 남긴 일기, 구술 기록, 편지, 노래, 시, 사료집, 대중잡지, 기사까지 수집해 여성들이 노동으로 자신과 가족을 부양하고 어떤 조직을 만들어 어떻게 일했는지, 노예 여성들이 들판이나 집 안에서 했던 일과 사보타주 사례까지 집대성한 저 책은 여성학과 노동학에 중요한 1차 자료로 꼽힌다. 당시 랜덤하우스의 젊은 편집자가 토니 모리슨이었다.[1] 벅샌덜 등은 1995년 인종적·민족적 배경과 지역 변수를 포함시킨 개정판을 냈고, 앞서 1987년에는 세계산업노동자연맹IWW의 조직가 엘리자베스 걸리 플린Elizabeth Gurley Flynn, 1890~1964의 평전 『워즈 온 파이어Words on Fire』를 내기도 했다. 플린은 세계산업노동자연맹의 주요 활동가로 조직 내 성차별과 중앙집중적 구조 등에 대해 선구적으로 문제를 제기하며 싸운 공산주의자였지만, 벅샌덜의 평전이 나오기 전까지 거의 알려지지 않은 여성이었다.

2011년 은퇴 후에는 뉴욕시립대학교에서 노동학을 강의했고, 베이뷰 여성 마약경범죄 교정시설에서 수감자들을 교육했다. 2011년 말 한 인터뷰에서 그는 경범죄 교정시설이 수감자(대부분 18~34세 스패니시와 아프리칸아메리칸이라고 했다)들의 교정·재활을 돕기보다 그들을 사회의 낙오자로 만들고 있다고 성토하며 이렇게 말했다. "여기 학생들은 지식에 목말라 있다" "정치적인 문제에 아주 성실하다. 그들은 어서 나가서 '월가 점령' 시위에 참여하길 원하며, 뭔가 이 사회에 도움이 되기를 원하는 이들이다"라고 말했다.

그는 마지막까지 여성과 계급의 혁명적 건강성을 믿고 미래를 낙관한 힘찬 사회주의자였다. 올 초 병원에서 신장암 말기 판정을 받자마자 곧장 퇴원, 친구들을 초대해 성대한 고별 파티를 열기도 했다. 그가 2015년 10월 13일 별세했다. 향년 76세.

영국의 저명한 사회주의 페미니스트이자 왕립학회 회원인 실라 로보덤Sheila Rowbotham, 1943~은 〈가디언〉 부고에서 "벅샌덜은 어디를 가든 선동하고 조직했다. 또 어디서든 환영받고, 사랑받았다. (…) 그녀는 자신의 모든 열정과 에너지를 사람을 이해하고, 서로를 이어 주고 또 가르치고 돕고 아이디어를 나누는 데 쏟았다"라고 썼다. 시카고의 비영리 좌파 정치시사 전문 출판사 '헤이마켓북스Haymarket Books'는 추모의 관용구 'R.I.PRest In Peace' 대신 "Rest In Power"라는 멋진 표현으로 로절린 벅샌덜의 삶과 죽음을 함께 기렸다.

1927 — 2015

에버렛 라마 브리지스

벤치의 익살꾼

즐기는 사람이 이기는 사람보다 행복하다

시합에서 진 감독이 "난 잘했는데 애들이 형편없어서"라고 말했다고 치자. 사실이라면 그는 좋은 감독이 아닐 것이다. 선수들의 사기를 죽이고 팀워크를 해치고 팬들의 냉소와 비아냥을 사기 딱 좋은 말 아닌가. 하지만 저렇게 노골적으로 말하진 않더라도, 패전팀 감독의 심중에 저런 생각이 아주 없지는 않을 것이다. 그래서 자신의 속내가 은연중에라도 드러날까 봐 더 조심할 것이다.

1964년 미국 프로야구 마이너리그 산호세 비스Bees 감독 로키 브리지스는 데뷔전 패배 뒤 인터뷰에서 저렇게 말했다. 하지만 그에게 쏟아진 건 팬들의 비난이 아니라 유쾌한 웃음과 응원이었고, 선수들 중 누구도 그를 미워하지 않았다. 그가 정말 잘나서가 아니라 '못나서'였다. 그는 그렇게 실패의 책임을 부하들에게 전가하는 리더들의 오랜 관행을 기분 잡치지 않게 조롱했고, 저 상투어의 의미를 완벽하게 뒤집었다.

그가 얻고 또 선사한 웃음은 메이저리그 선수로서나 코치와 감독으로서, 야구를 통해 추구했던 궁극적인 가치였다. 〈스포츠일러스트레이티드〉가 인정한 '미국 야구 역사상 최고의 익살꾼' 로키 브리지스가 2015년 1월 28일, 아이다호 주 코들레인의 한 호스피스 병동에서 별세했다. 향년 87세.

에버렛 라마 브리지스Everette Lamar Bridges, 애칭 로키Rocky 브리지스. 그는 1951년에 미국 메이저리그 브루클린 다저스에 입단해 1961년에 LA에인절스에서 은퇴할 때까지 만 10년 동안 2272타석 2할 4푼 7리의 타율을 기록했고, 통산 열여섯 개의 홈런을 쳤다. 현역 시절 그는 1·2·3루 등의 다양한 포지션을 거쳤지만 그가 가장 오래 머문 자리는 벤치후보였다. 10년 사이 그는 무려 일곱 개 팀을 전전했고, 전반기와 후반기를 다른 팀에서 뛴 적도 있었다. 그러므로 미국 프로야구 역사의 저 숱한 스타들 명단 속에서 그의 이름을 찾기란 쉽지 않다. 하지만 야구를 정말 사랑하는 이들 중에는 그를 메이저리그의 가장 '즐겁고 행복한' 선수로 기억하는 이들이 적지 않았다.

1964년 〈스포츠일러스트레이티드〉 인터뷰에서 그는 "나는 야구 인생을 슬럼프로 시작해서 내내 슬럼프에 머문 유일한 선수"라고 말했다. 안쓰럽게도 그의 말은 기록으로만 보자면 부인하기 힘든 사실이었다. 하지만 그는 "나는 늘 프로야구 메이저리그 선수가 되고 싶었다. 이제 선수 생활은 끝났지만, 지금도 내가 선수였다는 생각만 하면 행복하다"라고 말했다.

그는 1927년 8월 7일 텍사스 러푸지오에서 태어나 캘리포니아 롱비치에서 고등학교를 다녔다. 스무 살이 되던 1947년에 마이너리그

샌타바버라에 입단했는데, 당시 그의 보수는 월 150달러였다. 로키는 그 계약을 "내 생애의 운명석 세약"이라고 표현했다.

그해 그는 서른아홉 경기에 출전해 1할 8푼 3리의 타율을 기록했다. 1951년 메이저리그 브루클린 다저스에 입단한 직후에는 씹는 담배를 애용하기 시작한다. 그걸 하지 않으면 진짜 메이저리거가 되지 못한다는, 팀 동료의 조언에 따른 거였다고 그는 말했다. 담배를 질겅질겅 씹어대는 그의 모습은 현역에서 은퇴한 뒤 메이저리그 코치와 마이너리그 감독 생활을 하는 내내 변하지 않았는데, 스포츠 칼럼니스트 해리 치들은 "오른쪽 볼이 불룩해지도록 담배를 씹으며 마치 나쁜 소식이라도 들은 듯한 표정을 짓곤 하던 그의 모습만큼은 가장 그럴싸한 메이저리거였다"라고 썼다. 각별한 애정이 담긴 치들의 글에는 이런 구절도 있다. "그의 얼굴은 콘크리트 블록 같은 머리에 앞니도 벌어져 여러 차례 공에 맞은 흔적이 역력했다."[1] 실제로 그는 어떤 불규칙 바운딩볼도 글러브로 안 되면 얼굴로라도 막아내려 했던 선수였다.

1953년 그는 신시내티 레즈로 이적돼 만 4년을 뛴다. 1958년에는 워싱턴 시네이터스, 1959년에는 디트로이트 타이거스, 1960년에는 클리블랜드 인디언스와 세인트루이스 카디널스, 1961년에는 LA에인절스. 저 많은 팀들을 거친 까닭은 물론 그가 팀 성적에 별 도움을 주지 못했기 때문이었다. 하지만 그는 넉넉한 웃음으로 팀 분위기를 고양시켰고, 어떤 포지션이든 맡기면 흔쾌히 응했다. 〈아메리칸스펙테이터〉는 그의 부고 기사에 이렇게 썼다. "그는 마지막 이닝에 수비수로 교체 투입되기도 했고, 대주자로 뛰기도 했고, 드물게 대타자로 기용되기도 했다. 한 이닝만 뛴 적도 있고, 3루수였다가 경기 도중 외야수로 옮긴 적도 있다. 하지만 그는 늘 즐겁게 그 역할들을 수행했는데, 비록 '대역understudy'일지라도 경기에 참여한다는 사실 자체를 대단한 특권으로 여겼다." 현역 시절 내내 그는 만능 내야수로 통했다. 물론 그게 뛰어난 선수라는 의미는 아니었다.

신시내티에 4년을 머문 이례적인 기록을 두고 그는 "팀 이름의 철자를 외우는 데 그렇게 오래 걸렸기 때문"이라고 말했다. 당연히 그의 등 넘버도 그의 표현에 따르면 '빙고 게임의 숫자판'보다 많았다. 그는 자신이 하도 옮겨 다녀서 "아내가 그에게 편지를 쓰려면 야구위원회에 내가 소속한 팀이 어딘지 문의해야 했을 정도였다"라고 농담하기도 했다.

1958년 워싱턴 시네이터스에서 그는 현역 시절을 통틀어 가장 높은 3할 7리의 타율을 기록, 생애 처음이자 마지막으로 올스타팀에 선발된다. 그가 선수로 누린 가장 화려한 이력이었지만, 경기 내내 그는 벤치에 머물렀다. 1952년 그의 팀 브루클린 다저스가 월드 시리즈에 진출했을 때에도 그는 묵묵히 벤치를 지켰다. 1985년 〈LA 타임스〉 인터뷰에서 그는 올스타전 당시를 이렇게 회고했다. "비록 경기에 나서지는 못했지만 나는 미키 맨틀, 테드 윌리엄스, 요기 베라와 함께 벤치에 앉아 있었다. 나는 그들에게 어떻게 앉으면 편한지 가르쳐주었다." "나는 그 멋진 경기를 돈을 받으면서 구경했고, 내 자리는 누구보다 좋은 자리였다"라고도 말했다.

1958년 후반기에 그는 타석에 섰다가 타이거스의 투수가 던진 볼에 얼굴을 맞아 턱뼈가 부러지는 부상을 입는다. 그는 "턱이 이상해지면서 더 이상 하품을 감추면서 말하기가 힘들어졌다"라고 너스레를 떨었다. 〈워싱턴포스트〉 칼럼니스트 매트 슈들은 워싱턴 시네이터스에 고작 1년 머문 그가 워싱턴 유니폼을 입었던 선수 가운데 사상 인기 있는 선수 중 하나였다고 소개하며 "로키는 야구의 활기hustle와 갈망desire 그리고 정신spirit의 표본이었다"라고 부고 기사에 썼다.

선수로서 그가 받은 최고 연봉은 1만 2500달러였다. 오프 시즌에는 난로 청소부나 공사장 인부 등으로 일하며 생활비를 보충해야 했다. 1958년에 한 인터뷰에서 그는 "겨울이면 롱비치의 배관 공사장에서 착암드릴로 굴착 작업을 하곤 했다. 시간당 2.81달러를 받으며 일하는 게 썩 자랑스러운 일은 아니고, 솔직히 그 일을 좋아했다고 말하지도 못하겠다. 하지만 어쩌겠나. 당시 내겐 그 일을 싫어할 만한 여유가 없었다"라고 말했다.

1961년 1월 LA에인절스는 그를 자유계약 선수로 방출한다. 사실상 은퇴 권유였다. 그해 〈스포츠일러스트레이티드〉 인터뷰에서 그는 이렇게 말했다. "내 기록이 아직 (야구왕) 베이브 루스에게는 미치지 못하지만, 사실 내가 좀 아팠다.(이 역시 상투적 평계를 뒤집은 유머였다.) 내 야구 인생이 썩 드라마틱하지 않은 것도 맞다. 병원에 입원해 있는 어떤 아이도 (베이브 루스에게 부탁했듯이) 내게 자신을 위해 홈런을 쳐달라고 부탁한 적 없고, 나도 내 아들의 생일을 축하하는 의미로 홈런을 치겠다고 약속한 적 없다. 내 아내가 충격 받을 얘기지만 (비록 생애 통산 열여섯 개에 불과하지만) 나는 나 자신을 위해 홈런을 쳤다."

1962년 로키는 LA에인절스 3루 베이스코치를 시작으로 LA에인절스 2군, 샌디에이고 파드리스, 피츠버그 파이어레이츠 등 마이너

비록 경기에 나서지는 못했지만
나는 미키 맨틀, 테드 윌리엄스, 요기 베라와
함께 벤치에 앉아 있었다.
나는 그들에게 어떻게 앉으면 편한지 가르쳐주었다.

리그 감독 생활을 시작했다. 1989년 은퇴할 때까지 그는 1300여 경기를 이기고 1358경기를 졌다.(승률 4할 8푼 9리.)

시즌이 시작될 때마다 그는 선수들에게 경기를 즐기라고 말했다. "심판들도 늘 시작할 때 말하잖아. '플레이볼'이라고. 그렇지?" 〈스포크스맨리뷰〉는 그의 부고 기사에서 피닉스 감독 시절 선수였던 케이시 파슨스라는 이의 말을 인용했다. "그는 선수에게 직접적으로 부담을 주는 법이 없었고, 진정시키는 데 탁월한 능력이 있었다. 나는 스스로 더 큰 압박감을 느끼곤 했다." 하지만 로키 휘하의 피닉스팀 투수였고, 훗날 메이저리그 피닉스와 샌프란시스코에서 활약한 그렉 민턴은 야구 저널 〈퓨틸러티인필더블로그Futility Infielder Blog〉의 제이 재피와의 인터뷰에서 조금 다른 일화를 소개했다. 민턴이 한 경기에 선발로 출전했다가 1회에 무려 일곱 개의 안타를 맞은 직후였다. "감독이 마운드로 오더니 내게 공을 줘보라고 하더군요. 그는 잠시 공을 살펴보더니 이렇게 말했어요. '젠장, 공이 아직도 동그랗네.(Damn, thing is still round.)' 그러곤 다시 더그아웃으로 나가버리더군요." 한번은 그의 경기가 영 안 풀리던 날이었는데, 로키가 마운드로 와서는 민턴을 쳐다보며 슬며시 팔짱을 끼더니 이렇게 말했다고 한다. "무니민턴의 애칭, 내 어깨 너머를 한번 봐봐." "락로키의 애칭, 아무것도 안 보이는데요." "맞아. 너 밖에 없어." 이어서 던질 투수가 몸을 풀고 있지 않다는 말을, 그러니 죽이 되든 밥이 되든 끝까지 마운드를 책임지라는 말을, 믿는다는 말을, 그는 그렇게 했던 거였다.

2014년 텍사스 레인저스 감독이 된 제프 배니스터Jeff Banister,

1965~의 초년 코치 시절 멘토가 로키였다. 배니스터는 텍사스 레인저스 블로그 〈뉴버그리포트The Newberg Report〉 인터뷰에서 자신의 생애를 통틀어 가장 큰 영향을 준 사람으로 로키를 꼽으며 그가 해준 말을 이렇게 옮겼다. "묵묵히 뒤에 앉아 선수들이 마음껏 경기하게 하고 지켜만 봐라. 네 열정과 신뢰를 그들에게 전해주기만 하면 된다. 디그아웃에 앉아 고함을 지르는 게 네 역할이 아니다."

은퇴 후 그는 가족이 있던 아이다호의 코들레인에 정착했다. 그는 "여기 사람들은 내가 누군지 잘 모르니까 내가 얼마나 대단한 메이저리거였는지 뻥을 좀 쳐도 된다"라고 말했다.

하지만 그는 실제로 대단한 야구인이었다. 아들 랜스는 "아버지는 '평범한 이들도 적어도 세 가지쯤은 다른 이들보다 잘하는 게 있다. 내 경우 그건 나무에 불 피우기와 모텔 방 떠돌기, 그리고 야구 팀 감독이었다'라고 말하곤 했다"라고 했다. 하지만 그가 가장 잘한 것은 야구를 즐기는 거였다. 그는 "나는 미국 국가國歌가 싫다. 그걸 들은 날은 언제나 늘 나쁜 날이었다"라고 말한 적도 있는데, 그 말은 물론 선수로서나 감독으로서나 경기장에 섰던 수많은 날들을 두고 한 농담일 테지만, 그를 아는 이라면 저 농담을 완전히 뒤집어 들을 수 있었을 것이다.

"난 잘했는데 애들이 형편없어서"라고 한 말도 당연히 그런 의미였다. 메이저리그 투수 출신으로 『포 볼Ball Four』이라는 야구사를 쓰기도 했던 짐 버턴Jim Bouton, 1939~은 자신이 듣고 겪은 메이저리그의 흥미로운 이야기들을 묶어 1974년 펴낸 책 제목으로 로키의 저 말—I managed good, but boys did they play bad—을 썼다. 그는 선수 시절 여러 팀을 떠도는 동안 로키의 숱한 일화를 들을 수 있었다고, 단 한 번도 그를 실제로 만난 적은 없지만 자신이 가장 좋아하는 감독이 바로 그라고 책에 썼다. 버턴은 〈LA타임스〉 인터뷰에서 이렇게 말했다. "로키가 위대한 감독인 이유는 야구가 즐거워야 한다는 사실을 누구보다 잘 이해하고 있었기 때문이다."

1944 ─ 2014

앤드루 딘 스태프

군 대 민 주 화 운 동

부당한 명령과 처우 개선, 반전운동에 힘써

만일 군대에 노조가 생긴다면? 임금과 근무시간, 복지 규정을 두고 매년 정부와 협상을 벌인다면? 부당한 명령에 거부권을 행사하고 부대원이 지휘관을 선출하자고 한다면 어떻게 될까?

군대를 없애자는 말만큼이나 급진적인, 그래서 꿈 같은 저 주장이 실제로 제기된 적이 있다. 베트남 인민군과 남베트남민족해방전선의 구정 대공세 직전인 1967년 12월 미국 뉴욕에서였다. 그해 베트남에는 미군 약 50만 명이 주둔해 있었고, 대통령 린든 존슨이 의회를 상대로 추가 파병의 불가피성을 설득하느라 진땀을 흘리던 때였다. '미국군인노조ASU'라는 이름의 그 조직은 반전 및 군대 민주화를 기치로 병영 안팎에서 꽤 뜨거운 반향을 일으켰고, 1960, 1970년대 좌파 운동과 결합하면서 베트남전쟁 종전에 크게 기여했다. 미국군인노조를 설립하고 이끈 앤드루 딘 스태프Andrew Dean Stapp가 2014년 9월 3일에 별세했다. 향년 70세.

1964년 통킹 만 사건을 빌미로 미국이 베트남 내전에 본격 개입하기 전부터 사실 전쟁의 인기는 높지 않았다. 1959년 국제노동자당WWP을 창당한 사회주의자 샘 마시Sam Marcy, 1911~1998 등이 대중 집회 등을 통해 인도차이나전쟁 개입의 제국주의적 의미와 계급적 성격을 끊임없이 폭로했고, 대학생 등 진보적인 젊은 세대의 호응도 컸다.

훗날 밝혀진바, 베트남전쟁에 징집된 전투병의 80퍼센트가 블루칼라 출신이었다. 대학생은 전체의 20퍼센트로 당시 대학 진학률약50퍼센트에 턱없이 못 미쳤고, 그들은 대부분 장교로 활동했다. 1970년대 하버드대학교 재학생 가운데 베트남에 파병된 사람은 단 두 명뿐이었다. 파병이 시작되고 전쟁이 확산되면서 시민들은 그 전쟁의 계급적·계층적 편향성을 분위기로 체감하게 됐고, 1년 단위로 교대하던 전선의 군인들과 제대병들의 증언을 통해 전쟁의 실상이 알려지기도 했다. 그 전쟁이 정부가 선전하듯 민주주의를 위한 전쟁이 아닐지 모른다는 의심, 베트남 주민들의 차가운 반응과 누가 적이고 누가 민간인인지 모른 채 총을 쏘아야 하는 현실, 전장의 병사들에게 전황을 정직하게 전달하지 않는다는 사실 등.

로빈 윌리엄스Robin Williams, 1951~2014가 주연한 배리 레빈슨 감독의 영화 〈굿모닝 베트남〉 후반부에는 군인 방송 DJ인 윌리엄스가 나트랑 전선에 투입되는 군인들에게 선사한다며 루이 암스트롱의 노래 〈What a Wonderful World〉를 들려주는 장면이 나온다. 네이팜탄에 불타는 마을과 엄마의 시신 곁에서 통곡하는 아이, 피에 젖은 슬리퍼 장면들 뒤로 흐르는 저 감미로운 노래의 극명한 대비는 전쟁 영화답지 않게 밝은 영화 분위기를 묵직하게 눌러주는 인상적인 장면 가운데 하나다. 저 영화의 배경이 1965년이었다. 스태프는 한 인터뷰에서 "정부는 언제나 미군이 베트남 국민을 돕기 위해 거기 있다고 선전했다. 하지만 1968년경에는 모든 게 거짓임이 명백해졌다." 미군 대위 하워드 레비가 양민 학살자라며 그린베레 병사들의 교육을 거부, 군사재판에 회부된 건 1967년이었다.(1964년에 미국 대법원의 흑인참정권 판결을 이끌어낸 앨라배마의 인권변호사 찰스 모건 주니어의 변호에도 불구하고 레비는 3년형을 선고받았다.) 앤드루 딘 스태프가 미 육군에 입대한 건 그해 봄이었다.

스태프는 1944년 3월 25일 필라델피아의 한 의무대 미혼 간호사에게서 태어나 곧장 고아원에 보내졌고, 한 살 때 평범한 엔지니어 가정에 입양됐다. 1963년 펜실베이니아주립대학교에 진학할 무렵까지도 도드라진 사연은 없다. 스태프는 역사, 특히 고고학에 관심이 많았고, 역사를 익히면서 현실에 대한 관심을 키웠을 것이라고 〈뉴욕타임스〉는 썼다. 그는 1970년에 발간한 자서전에 그 배경의 일부를 밝혔다. 고교 졸업 직후 한 고고학 발굴팀과 함께 이집트에 갔다가 식민주의의 끔찍한 유산, 즉 위대한 고대 문명을 이룩한 후손들이 영국의 식민 통치하에서 어떤 가난과 굴욕을 강요당하게 됐는지 보게 됐다는 거였다.[1]

하지만 누구라도 당시 대학가, 특히 북동부 펜실베이니아에서 진보의 세례를 입지 않기란 힘들었을 것이다. 캠퍼스의 반전 분위기는 뜨거웠다. 연일 집회와 시위가 벌어졌고, 숱한 청년들이 징집을 피해 캐나다와 유럽으로 도피했으며, 심지어 남베트남게릴라베트콩가 되겠다고 짐을 싸는 이들도 없지 않았다. 스태프 역시 1965년 10월에 자신의 영장을 태워 없앴다.

조너선 닐의 저서 『미국의 베트남전쟁』에 따르면 1965년 봄, 미국 100개 이상의 대학에서 반전토론회가 열렸고 좌파 대학생 조직인 민주학생연합SDS이 주도한 워싱턴 반전시위에는 2만 5000여 명의 학생이 참가했다. 1967년 4월 15일에 뉴욕 반전 행진 참가자는 30만 명이었다. 흑인 인권 운동도 반전운동과 결합했다. 군대 내 흑인 차별과 아시아인에 대한 차별도 주요 이슈 가운데 하나였다. 마틴 루터 킹 목사는 1967년 4월 뉴욕 리버사이드교회 연설에서 "(흑인들은) 전체 인구를 구성하는 다른 인종에 비해 예외적이라고 할 만큼 높은 비율로 죽어가고 있다. (…) 그들이 미국 남서부와 조지아주, 이스트할렘에서는 맛본 적이 없는 자유를 동남아시아에 가져다주기 위해서 말이다"라고 말했다. 프로복싱 헤비급 챔피언 무하마드 알리Muhammad Ali, 1942~2016가 "베트콩과 싸우느니 흑인을 억압하는 세상과 싸우겠다"라며 징집을 거부, 챔피언벨트와 프로 복서 자격을 박탈당한 것도 그해였다. 대표적 급진주의 학생운동 단체였던 학생비폭력조정위원회SNCC 회장으로 1968년 극좌단체 흑표당Black Panther Party을 이끈 스토클리 카마이클Stokely Carmichael, 1941~1998은 베트남전쟁을 "백인이 홍인종아메리카 원주민한테서 훔친 땅을 지키기 위해 흑인을 보내 황인종을 상대로 벌이는 전쟁"이라고 성토했다.[2]

하지만 스태프는 징집 거부만으로는 한계가 있다고 판단, 직접 병영에 들어가서 군대를 바꾸겠다는 야심을 품는다. 이미 영장을 불태운 터라 그는 징병사무소를 직접 찾아갔고, 1967년 오클라호마의 '포트실' 훈련소로 입대했다. 그는 배후도 곁도 없는 혼자였다.

스태프는 병영에서 베트남전쟁의 실체와 반전운동의 필요성, 군

정부는 언제나 미군이 베트남 국민을 돕기 위해
거기 있다고 선전했다. 하지만 1968년경에는
모든 게 거짓임이 명백해졌다.

대의 비인격·반인권 관행들을 이야기하며 혼자 사병들을 선동했다. 다음은 자서전의 한 대목이다. "곧 막사의 사병 거의 전원이 나의 관점을 공유하게 됐고, 적대감을 보인 이는 극소수였다. 소등한 뒤 우리는 전쟁을 조롱하곤 했다. (…) 린든 존슨을 기막히게 성대모사 하던 한 병사와 모의 기자회견을 한 게 기억난다. '미스터 프레지던트, 베트남에 추가 파병할 계획이십니까?' '나는 꼬리를 내리고 도망치지 않을 것이며, 평화를 달성할 때까지 너희의 마지막 피 한 방울까지 흘리며 싸울 것이다.' '포트실 장병들에 대해 어떻게 생각하십니까?' '……그 눈엣가시 같은 사회주의자 놈들.'"

스태프는 두 차례 군법정에 섰다. 한 번은 반전 팸플릿과 사회주의 서적들이 든 사물함 개방 명령을 거부해서였고, 또 한 번은 외출 금지 명령을 어기고 병영을 벗어난 게 적발돼서였다. 첫 재판에서는 45일 강제노역형을 받았지만, 두 번째 재판에서는 동료 장병들의 우호적인 증언과 사회주의 인권단체 활동가들의 법률적 도움으로 승리한다. 그에게 동지와 조직이 생긴 거였다. 〈뉴욕타임스〉는 1968년 〈에스콰이어〉에 실린 당시의 이야기를 소개했다. "놀라운 점은 스스로 공산주의자라고 밝힌 스태프에 대해 동료 병사 누구도 린치를 가하지 않았다는 사실이다. 군인들은 공산주의자를 죽이도록 교육받았다. 그러나 그들은 스태프를 좋아했다. 그가 두 번째 재판에서 승리했을 때 그들은 환호했다." 해당 잡지의 PX군부대 매점 판매는 당연히 금지됐다.

미 육군은 이듬해 봄, 스태프를 이등병Private E-1으로 불명예제대시켰고, 그는 소송을 걸어 전역 사유를 명예제대로 바꿨다.

그가 미국군인노조를 결성할 당시의 사회와 군대 분위기가 그러했다. 미국군인노조는 노조소식지 〈더 본드〉를 만들어 배포하며 조합원 모집에 나섰다. 미국군인노조의 강령은 군인 복지를 비롯해서 반전과 인종주의·성차별주의 청산, 베트남 참전과 같은 불법적 명령 거부, 지휘관 직접 선출 등이었다. 미국군인노조는 1968년 시카고에서 열린 민주당 대통령후보선출전당대회를 규탄하는 시위의 진압 명령에 불응한 장병들의 군사재판에 개입해 변호했고, 1969년 뉴저지에서 포트 딕스의 영창에 관한 재판에서도 군대의 부당한 처우를 적극적으로 폭로했다. 〈더 본드〉는 매달 수천 부씩 찍혀 전국 군부대 회원들에게 발송됐고, 각 군 막사와 참호에서 은밀히 읽혔다. 1980년 미국 대선에 국제노동자당 후보로 출마해 1만 3000여 표를 얻은 데이드레 그리스월드는 당시 어떤 부대 우편실 담당자가 전前 부대원의 이름으로 구독 신청을 했다고 회고했다. 스태프와 그리스월드는 1967년 10월에 결혼해 딸 캐서린을 낳은 뒤 얼마 후 이혼한다.

1970년대 초 미국군인노조 회원은 1만 명에 육박했다. 반대로 베트남 전황은 수렁 속으로 가라앉고 있었다. 위험한 수색 정찰 임무에 사병들을 내모는 호전적인 장교나 하사관들은 사병들의 프래깅Fragging, 즉 숙소에 수류탄 안전핀을 놓아두는 등의 위협·살상 행위에 시달려야 했다. 미 국방부가 공식 집계한 프래깅은 1967~1970년 사이에만 563건이었고, 그중 363건이 군법회의에 회부됐다.[5] 고발·적발되지 않은 사례는 훨씬 많았고, 실제로 사병들이 장교를 살해한 예도 적지 않았다고 한다. 1971년 로버트 하이널 대령은 군대 잡지인 〈군대저널Armed Forces Journal〉에 "사기와 규율, 전투태세 등의 면에서 미군은 몇몇 모범적인 예외를 제외한다면 지난 한 세기를 통틀어 가장 열악한 상태이며 어쩌면 미국 역사상 최악일 수도 있을 것"이라고 썼다.

하이널 대령의 지적은 전혀 엄살이 아니었다. 신병훈련소가 있던 타코마의 포트루이스기지 인근에는 군인들을 위한 '셸터 하프Shelter Half' 같은 커피숍이 개설돼 다양한 회합과 유인물 인쇄, 조직화 사업의 거점으로 활용됐다. 군인과 대학생, 시민사회주의자들이 연대한 군민평화연대의 〈카운트포인트〉 등 반전 신문만 전국적으로 약 300종에 달했다.

이들 신문에는 부대 소식과 전황, 반전 이데올로기 외에도 노동자·농민·흑인·여성 권익, 미국 외교정책 비판, 주둔지 주변 지주와 사업자들 가운데 폭리를 취하는 이들을 고발하는 기사 등이 실렸다. 〈더 본드〉는 매달 한가운데 지면을 사병들이 선정한 부대 내 가장 악질적인 장교나 하사관을 소개하는 「이달의 돼지Pig of the Month」로 장식, 큰 인기를 끌었다. 〈워커스월드〉는 "〈더 본드〉의 전성기 구독자는 7만 5000명에 달했고, 미군이 주둔한 곳 어디에나 통신원이 있었다"라고 밝혔다. 훗날 스태프는 "군대 노조가 합법화되지는 않았지만 우리의 노력이 전쟁을 종식시키는 데 일조한 것은 틀림없다"라고 말했다.

조너선 닐에 따르면 미국의 부자와 권력자들은 1960년대 말부터 서서히 베트남 철군을 원하기 시작했다. "저항운동이 그들의 국내 지배권을 위협하기 시작했던 것이다. 베트남 권력보다 국내 권력이 훨씬 중요한 문제로 떠올랐다." 미국 정부는 소련에 대한 자존심과 서방의 외교적 영향력을 잃지 않으면서 전쟁에서 발을 빼기 위한 출구 선택을 고민했고, 1970년 이후 전쟁 양태도 점차 공군과 해군 중심으로 전환했다. 1973년에 파리평화협정으로 전쟁은 끝이 났고, 동시에 군대 민주화 운동 역시 급격히 동력을 잃었다.

탁월한 웅변가에 재담꾼이던 스태프는 〈워커스월드〉의 기자로 활동하면서 국제노동자당에 입당해 강연하기도 했다. 그는 1980년 대 중반 이후 모든 대외 활동을 접고 뉴저지의 한 학교에서 역사 교사로 일했고, 인기가 많아 졸업식 연설자로 학생들의 추천을 받곤 했다고 그리스월드는 회고했다. 그리스월드는 〈워커스월드〉에 올린 스태프의 부고에 "나는 아직도 앤디의 미국군인노조 회원증을 가지고 있다. 거기엔 노조의 강령과 함께 이런 슬로건—남녀 사병의 권리장전을 획득하기 위하여—이 적혀 있다"라고 썼다.

1937 — 2014

도리스 필킹턴 가리마라

도둑맞은 행복

수용소에서 1600킬로미터를 걸어 가족 품으로

매년 5월 26일은 호주 의회가 정한 '국가 사과의 날National Sorry Day'이다. 호주 정부가 과거 원주민에게 범한 야만적인 일들을 사과하고 잊지 않겠다는 취지로, 비슷한 잘못을 다 함께 경계하자는 취지로 1998년에 지정했다. 제국주의 국가들이 식민지나 점령국에 가한 약탈과 학살 등의 악행은 보편적인 역사지만 호주의 과거는 좀 특별하다. 당시 호주의 백인 정부는 백인과 원주민 사이에 태어난 아이들을 부모와 혈족의 품에서 강탈해 집단시설에 수용한 뒤 결혼과 교육과 노동으로 원주민으로서의 정체성을 탈색하고 백인화했다.

그 만행은 합법적으로 장장 두 세대를 넘겨1905~1970 자행됐고, 사실상의 '국가 유괴'로 최소 10만 명의 아이들이 수용소로 끌려갔다.[1] 자신의 언어와 종교와 관습과 핏줄을 도둑맞은 그들이 이른바 호주의 '도둑맞은 세대Stolen Generation'다. 호주 정부의 첫 공식 사과는 2008년 2월 13일에 이루어졌다. 당시 수상이었던 케빈 러드Kevin

Rudd, 1957~는 의회 연설에서 "We are sorry(우리가 잘못했습니다)"를 연발했다.

도둑맞은 세대의 한 사람으로서 자신의 상처를 극적으로 증언하고 호주의 국가적 양심과 인류 보편 윤리의 의미 있는 한 걸음을 내딛게 한 원주민 작가 도리스 필킹턴 가리마라Doris Pilkington Garimara가 2014년 4월 10일에 영면했다. 향년 76세. 그는 한국에도 번역 출간된 책『토끼 울타리』의 저자이자 백인수용시설을 탈출해 장장 1000마일약 1600킬로미터을 걸어 가족 품으로 돌아온『토끼 울타리』의 실제 주인공 몰리 켈리의 장녀다.

1931년 7월, 호주 북서부 깁슨 사막 인근 원주민 마을 지갈롱의 열네 살 몰리는 동생 데이지, 사촌 동생 그레이시와 함께 백인 경찰에게 끌려갔다. 부모는 저항도 못한 채 통곡만 했고 할머니와 친척들은 타인의 고통을 공감하려는 부족 전래의 방식대로 제 머리를 돌로 찧으며 함께 아파했다. 그들 형제는 원주민 어머니 모드가 '토끼 울타리' 감독관이던 백인 아버지와 낳은, 마을 최초의 혼혈아였다. 토끼 울타리는 동부 지역의 야생 토끼들이 서호주 목장의 목초에 접근하지 못하도록 호주 정부가 1907년에 세 갈래로 나누어 설치한 연장 2023마일3256킬로미터의 철조망으로, 그 철조망의 한 기점이 몰리의 고향 지갈롱이었다.

자동차와 기차, 전차와 배로 근 보름을 달려 아이들이 끌려간 곳은 호주 남서부 퍼스의 북부 '무어 강 원주민 거주시설'이었다. 창문마다 창살이 달린 집단수용소. 낯설고 두려운 첫 밤, 얇은 담요 한

장으로 겨울 우기의 한기를 막기에는 역부족이었을 것이다. 책에는 "그날 밤 세 아이는 한 침대에서 꼭 부둥켜안고 잠이 들었다"라고 적혀 있다. 아이들은 부족 언어를 쓰면 혼이 났고, 영어로 성경을 읽고 주기도문을 암송해야 했다. 하지만 몰리를 가장 분노하게 한 것은 수녀의 말 한마디였다. "우리에겐 엄마가 없다고 했다. 우리 말은 말이 아니라고 했다."

며칠 뒤 아침, 수용소 아이들이 예배를 보러 교회로 이동한 사이 몰리는 "엄마에게 가자"라며 두 동생을 이끌고 숲으로 도망쳤다. 어릴 적부터 고향에서 익힌 사냥 기술과 감각, 그리고 토끼 울타리만 찾아 따라가면 아무리 멀어도 집에 닿는다는 확신이 그에게 있었다. 그들은 헬기까지 동원한 추적을 피해가며, 지도도 나침반도 없이 난생처음 맞닥뜨리는 사막과 벌판과 숲을 헤쳐가며, 사냥과 구걸로 허기를 달래고 추위와 공포를 견뎌가며, 상처로 곪은 발의 통증을 참으며, 칭얼대는 동생들을 번갈아 업어주면서, 장장 9주 동안 거의 맨발로 호주 대륙을 종단했다. 그리고 성공했다. 수용소 탈출에 성공한 예는 몰리 일행이 처음이었다. 아이들을 추적하느라 큰돈을 쓰고 체면까지 깎인 원주민보호국은 몰리와 데이지를 내버려둘 수밖에 없었다.

하지만 시련은 끝이 아니었다. 백인 목장의 하녀로 살며 목부牧夫토비 켈리와 결혼, 도리스와 애너벨을 낳은 몰리는 1940년 11월에 맹장염으로 수술을 받은 직후 두 아이와 함께 다시 무어 강 원주민 수용소로 끌려갔다. 그리고 9개월 뒤 네 살이었던 도리스는 남겨둔 채 18개월 된 애너벨만 안고 다시 탈출, 지갈롱으로 돌아오지만 3년 뒤 애너벨을 또 빼앗겼다.

우리는 우리 역사의 원주민성을
감추려 하기보다 더 확장된 국가적 정체성의
하나로 끌어안아야 한다.
우리는 원주민과 비원주민 삶의 간극으로 하여
미래 세대로부터 비난받지 않아야 한다.

몰리는 숨질 때까지 애너벨을 다시 만나지 못했다. 탈출 도중 이 탈했다가 붙들려 수용소로 끌려간 그레이시는 농장과 목장의 하녀로 살다가 1983년에 사망했다. 그레이시 역시 숨질 때까지 가족과 친척을 만나지 못했다.

수용소 교육을 마친 16세의 도리스는 백인 가정의 가정부가 되기를 거부하고 간호보조사 교육을 받았다. 결혼해서 네 아이를 낳았지만 그의 결혼 생활도 불행했던 듯하다. 작가로 유명해진 뒤 호주의 페미니스트 저널 〈마녀Hecate〉와의 인터뷰에서 그는 "남편은 아주 완고한 사람이었다. 가끔은 다감했지만 자신이 원할 때만 드물게 다감했다"라고 말했다.

퍼스에 살던 도리스가 엄마 몰리를 찾아가 만난 것은 헤어진 지 21년 만인 1962년 크리스마스이브였다. 결혼 후 퍼스의 커틴대학교에서 언론학을 전공하고 서호주 영화텔레비전협회에 취직, 글을 썼던 도리스는 그의 가족사와 호주 원주민 여성의 삶을 소재로 한 중편소설 『변화 : 한 목부의 딸Caprice, A Stockman's Daughter』을 발표, 원주민 작가 데이비드 우나이폰David Unaipon, 1872~1967의 이름을 딴 '데이비드우나이폰상'을 탔다. 엄마 몰리의 '대장정' 스토리를 취재하기 위해 해마다 6~8주씩 고향을 찾아가 이모 데이지와 대화했고, 그 과정에서 잃어버린 원주민 언어도 익혔다. 그의 『토끼 울타리』는 1996년 출간돼 11개국 언어로 번역됐고, 도리스는 호주예술위원회가 주는 레드오커Red Ochre상을 탔다. 몰리의 이야기, 도둑맞은 세대의 이야기는 그의 작품을 원작으로 2002년 개봉한, 호주 출신 세계적 감독 필립 노이스Phillip Noyce, 1950~의 영화 〈토끼 울타리〉를 통해 폭발적인 반향을 일으켰다.

영화 〈토끼 울타리〉에 대한 호주 정부와 백인 보수 사회의 훼방과 트집은 집요했고, 그것이 오히려 흥행에 도움이 됐다. 배급사인 미국 미라맥스사는 당초 저예산 영화 〈토끼 울타리〉를 중소도시 몇 곳에서 처음 상영한 뒤 반응을 살필 계획이었다고 했다.[2] 그런데 그해 5월 당시 국무장관이던 에릭 아베츠Eric Abetz, 1958~가 영화의 진실성 등을 문제 삼으며 거액의 연방 기금375만 호주달러을 들여 논박할 것이라고 선전포고했다. 보수 언론과 비평가들의 공세도 집요했다. 한 원주민 노인의 흐린 기억에 의존한 허구일 뿐이다, 몇 명 되지도 않는 불행한 아이들이 '세대'를 대표할 수는 없다, 책도 부실하지만 영화는 더 악의적이다 등등.

원주민 과거사 문제의 폭발력을 의식한 탓인지 감독의 미학적 판단의 결과인지는 알 수 없으나 노이스의 영화에 격정적인 장면은 거의 없다. 오히려 호주 남서부의 황홀한 영상미로, 흥미진진한 로드무비 같은 인상을 주기도 한다. 영화는 몰리를 영웅적인 여전사로 그리지도 않았고, 심지어 인종주의자였던 서호주 원주민보호국장 A. O. 네빌을 혼혈 아동들의 문명적 삶을 도우려 한 선의의 온정주의자로 그렸다. 1940년 퇴임할 때까지 25년간 원주민보호국장을 지내며 호주 서부 모든 원주민의 법적 후견인으로서 무소불위의 권력을 휘두른 네빌은 1937년 한 컨퍼런스에서 "(후손들이) 수백만 명의 흑인과 한 공동체에서 계속 살게 할 것인가, 아니면 그들을 백인화함으로써 호주에 원주민이 있었다는 사실 자체를 잊고 살게 할

것인가" 반문하며 자신의 정책을 옹호한 인물이었다.[3]

2002년 2월 개봉과 동시에 영화는 대도시 멀티플렉스로 곧장 진출했고, 해외로도 팔려나갔다. 미국판 영화 포스터에는 "만일 정부가 당신의 딸을 납치한다면?"이라는 문구가 적혀 호주 정부가 사과와 시정을 요구하기도 했다. 당시 〈뉴욕타임스〉는 「인종주의 프로그램으로부터 탈주한 원주민 소녀들」이란 리뷰 기사를 통해 "다른 문화를 짓밟으면서 스스로 옳다는 확신과 품위를 과시하는 자들이 이 영화를 본다면 매서운 따귀를 맞게 될 것이다"라고 썼다.[4] 영화는 노르웨이로도 수출돼 그들의 집시 박해를 떠올리게 했고, 이스라엘인들에게는 팔레스타인 문제를, 유럽과 미국에서는 아프리카 노예 착취를 환기시켰다.

도리스는 영화 시나리오 작업에도 참여했다. 그는 프리미어 행사에서 영화는 못 보고 질의응답 시간에만 참여했다고 한다. "영화에서 그레이시를 볼 때마다 너무 고통스러웠다. 그녀는 다시 붙잡혀 간 뒤 백인 가정의 하녀로 백인처럼 살면서 친지들과 모든 접촉을 거부했다"라고 말했다.[5] 영화는 그해 호주영화위원회의 최우수영화상을 탔다.

제국주의 시절, 마오리족이라는 막강한 단일 전사戰士 부족이 존재하던 뉴질랜드와 달리 호주에는 혈족 중심의 수백 개 군소 부족이 있었고 백인들의 정착(사실상의 침략) 과정에서 대규모 충돌도 드물었다. 소부족 중심의 호주 원주민에게는 너른 땅이 필요 없었고, 자신들이 머무는 땅이 세상의 중심이었으므로 익숙하지 않은 지역으로의 이동도 드물었다. 인류학자 펠턴 G. 클라크^{Felton. G. Clark,} 1975~는 『호주의 역사^{History of Australia}』에서 "다른 부족 영토는 근접한 지역의 원주민에게는 아무런 의미를 갖는 것이 아니었으므로 호주 원주민의 문화는 팽창주의적인 것이 아니었다. 다른 부족을 희생시켜 점령지 영토를 확장하는 것을 포함하는 전쟁에 대해서는 알려진 비가 없다"라고 썼다. 백인이 기록한 호주의 공식 역사는 피를 뿌리지 않고 정착해서 원주민과 조화한 점을 자랑스럽게 여긴다. 클라크의 책에도 세대의 기억과 정체성을 도둑질한 사실은 기록돼 있지 않다.

호주 정부가 사과하기까지 기나긴 줄다리기가 있었고, 땅과 함께 정체성을 잃어버린 다수의 원주민들은 2등 시민으로, 술과 마약으로 황폐해져갔다. 호주 비원주민으로서 조국의 어두운 역사를 고발한 첫 지식인 세대의 주역 가운데 한 사람이 인류학자 윌리엄 E. H. 스태너다. 그는 150여 년에 걸쳐 원주민 사회에 자행된 파괴와 약탈의 역사에 대한 정부의 외면을 '거대한 호주의 침묵^{Great Australian Silence}'이라 불렀다. 진보 학계와 원주민단체의 요구에 1992년 폴 키팅^{Paul John Keating, 1944~} 정부는 약탈과 살인, 문화와 생활양식의 파괴를 제한적으로 인정했지만 사과는 거부했다. 1997년 의회 인권위원회 보고서가 나온 뒤에도 마찬가지였다. 자유당 존 하워드^{John Howard, 1939~} 정부는 '사과^{sorry}'가 아니라 역사적 흠집^{blemish}에 대해 '유감^{regret}'이라고 말했다. 당시 수상인 하워드는 선조들의 행위에 대해 현 수상이 사죄할 수는 없다고 했고, 그들의 행위가 그릇된 것이긴 하나 선한 의도였던 만큼 사죄할 일이 아니라고도 했다.[6]

2014년 2월 케빈 러드 전 수상은 '국가사죄기금National Apology Fund'을 빌폭하고 소내 의상을 낱았다. 그는 "우리는 우리 역사의 원주민성을 감추려 하기보다 더 확장된 국가적 정체성의 하나로 끌어안아야 한다. 우리는 원주민과 비원주민 삶의 간극으로 하여 미래 세대로부터 비난받지 않아야 한다"라고 연설, '토끼 울타리'로 깎아먹은 호주의 이미지를 조금이나마 만회했다.

도리스는 화해위원회의 창립 멤버이자 '국가 사과의 날' 제정의 발의자 가운데 한 명이었다.

〈시드니모닝헤럴드〉는 도리스가 숨지기 3주 전 고향에 가 몰리가 그를 낳았던 부족의 성목聖木 윈타마라 나무 아래에 앉아 긴 영적인 시간을 보냈고, 퍼스로 돌아와 혈족들의 기도 속에서 엄마 곁으로 영원히 떠났다고 전했다.

1940 — 2015

로버트 루시

등 불 을 켜 는 자

경찰 내부고발자로 산다는 것

로빈 무어Robin Moore, 1925~2008의 논픽션 『프렌치커넥션』이 출간
된 게 1969년이다. 프렌치커넥션은 중동 지역에서 재배된 아편이 프
랑스에서 헤로인으로 가공돼 미국 동부로 반입되는, 1960년대 최대
의 마약 밀매 루트와 시스템을 일컫는 말. 책은 뉴욕경찰청NYPD 마
약단속국의 영웅적 형사들이 그 유통 조직을 추적·소탕하는 과정
을 그린 작품이다. 1971년 진 해크먼이 주연을 맡은 윌리엄 프리드
킨의 동명 영화는 큰 인기를 끌며 아카데미작품상 등 5개 부문 상
을 탔다.

책 출간과 영화 개봉 사이, 1970년 4월 25일 자 〈뉴욕타임스〉에
는 로빈 무어의 책이 그렸던 경찰상과는 정반대인, 뉴욕경찰청의 만
연한 부패·비리 실태를 폭로하는 기사가 1면에 실렸다. 브루클린과
브롱크스 지역 순찰대 소속 이탈리아계 경찰관 프랭크 서피코Frank
Serpico, 1936~의 제보에 근거한 기사였다. 정기 상납과 뇌물, 단속 정
보 누설……. 그는 언론 제보 전에 그 사실들을 감찰 당국에 보고
했지만 전혀 시정될 기미가 보이지 않았다는 말도 했다. 보도 직후

당시 뉴욕시장이던 존 린제이는 지방검사 휘트먼 냅Whitman Knapp, 1909~2004을 의장으로 한 경찰부패조사위원회를 구성했고, '냅위원회'는 그해 6월부터 조사 활동을 시작해 1972년 8월 첫 보고서를 발표했다.

서피코의 폭로는 맛보기일 뿐이었다. 영화의 감동에 취해 있던 이들의 예상과 달리 부패 경찰이 있다 해도 얼마 안 될 테고 비리라 해도 자계自戒의 선은 있으리라 여기던 시민들의 기대와도 달리, 그들은 압수한 마약을 빼돌려 유통했고 수익금을 나눴으며 그것을 단속 현장에 없던 요원들에게까지 일정 비율로 분배하고 있었다. 심지어 프렌치커넥션의 카르텔 조직원이나 다름없이 협조한 이도 있었다.

그냥 경찰관도 아니라 자타 공인 엘리트 중의 엘리트라 자부하던 뉴욕경찰청 마약특별조사팀SIU의 실상이 그러했다. 마약특별조사팀은 거리의 조무래기 소매상은 거들떠보지도 않고 카르텔 유통 거점과 거물들을 추적·단속하는 임무를 전담한 팀이었다. 1972년 마약특별조사팀 전체 요원 70명 가운데 52명이 기소됐다. 판사는 그렇게 벌어들인 검은 돈으로 최고급 양복에 비싼 차를 몰고 다니며 돈을 물 쓰듯 하면서도 경찰 신분증까지 지니고 있던 그들을 '도시의 왕자들'이라고 불렀다.

냅위원회의 거의 모든 조사 성과는 30세 신참 마약특별조사팀 요원 로버트 루시Robert Leuci의 목숨 건 활약 덕이었다. 냅위원회의 설득으로 비밀요원Undercover이 된 그는 16개월 조사 기간 동안 무선 마이크를 숨긴 채 동료들과 생활했고, 도청기가 발각돼 두 차례나 살해당할 위기까지 겪으며 비리 현장의 대화를 위원회에 생중계했다.

서피코노, 그보다 네 살 아래인 루시도, 브루클린 출신의 이탈리아계 이민 2세였다. 루시는 파이프 공장에서 일하던 아버지와 봉제 공장 직공이던 어머니 사이에서 1940년 2월 28일에 태어났다. 그의 아버지는 어린 루시에게 성을 이탈리아어식 발음^{레우치}이 아닌 영어식^{루시}으로 발음하게 했다. "아버지는 미국인이 되는 게 얼마나 중요한지 끊임없이 주입하곤 했다"라고 그는 말했다. 퀸스의 존애덤스 고교를 졸업하고 캔자스베이커대학교에 입학한 열아홉 살에 그는 '미국인이 되기 위해' 뉴욕경찰아카데미에 입교했고, 2년 뒤 자신과 가족의 염원이던 뉴욕경찰청 배지와 휘장을 단다. 퀸스와 맨해튼, 브롱크스 등지의 순찰대원으로 일하던 그가 마약단속국 사복형사로 승진한 것은 스물네 살이던 1964년이었고, 또 몇 년 뒤 선망하던 마약특별조사팀에 발탁됐다. 그는 발군의 검거 실적을 쌓은 뛰어난 경찰관이었다. 그리고 그도 이내 부패 경찰이 됐다. 훗날 자서전『올더 센추리언스^{All the Centurions}』에서 고백했듯, 당시의 그에겐 소속감이 절실했다. 부패는 가장 강력한 유대의 끈이었다.

냅위원회가 그를 선택한 배경은 확실하지 않다. 위원회 출범 초기, 검사였던 니콜라스 스코페타라는 이가 그를 설득했다고 한다. 스코페타는 "루시는 나쁜 경찰이었지만 그에겐 좋은 편이 되려는 의지가 있었고, 그 일에 목숨을 걸었다"라고 말했다. 상대적으로 젊어(그 무렵 30세) 물이 덜 들었다는 판단도 작용했을 것이고, 1972년 〈라이프〉 보도처럼 "흑발에 구레나룻, 잘생긴 얼굴에 젊음의 기대감이 가득 담긴 온화한 갈색 눈동자의 그가 누구에게든 어떤 일에서든 확신을 줄 만"했기 때문일 수도 있다. 물론 '끄나풀'이 되지 않으면 '미국인'으로 남을 수 없을 만한 결정적인 약점을 잡혔을지도 모른다.

루시도 위원회의 제안에 선뜻 응한 건 아니었다. 오래 망설였고 두려워했다고 한다. 그는 조건을 달았다. 냅위원회가 경찰 비리에만 초점을 맞춘다면 협조하지 않겠다, 뉴욕의 범죄 정의 시스템 전체가 부패했고 경찰은 50여 년 동안 굳어진 그 시스템의 일부일 뿐이기 때문이다, 라는 거였다. 그가 요구한 '대의'는 정의와 직업윤리 이전에 배반에 따를 인간적 고뇌를 견디기 위한 버팀목이기도 했을 것이다.

스코페타가 그의 조건에 어떻게 답변했는지 역시 알려진 바 없다. 어쨌건 그는 협력했다. 한 인터뷰에서 그는 "동기를 말하라면, 그건 (처벌의) 두려움이 아니라 죄의식이었다"라고 말했다. 그 죄의식은 가족과 공동체에 대한 것일 수도 있고, 서피코에 대한 것일 수도 있다. 서로 알고 지냈다는 기록은 없지만, 아마 그는 한 동네에서 자란 서피코를 알았을 것이다. 1970년 언론 폭로 이후 서피코가 경찰 조직 내에서 겪은 멸시와 따돌림도 그는 모르지 않았을 것이다.

1971년 2월 서피코는 동료 셋과 함께 브루클린의 한 아파트 마약 소굴을 덮치다 총에 얼굴을 맞는 중상을 입는다. 그는 대문을 두드리라는 상급자의 지시를 따랐고, 열린 문틈으로 쏜 범인의 총을 맞았다. 엄호해야 할 동료는 현장을 떠난 뒤였고, 911에 신고해 피투성이의 그를 병원으로 옮긴 것은 아파트 주민이었다. 정황상 야비한 음모가 개입된 게 거의 확실했지만 경찰은 조사하지 않았다. 그 부상으로 서피코는 한쪽 청력을 잃었고, 뇌에 박힌 파편 때문에 만성 두통에 시달려야 했다. 1971년 12월 냅위원회 진술에서 서피코는

"비리 폭로 이후 지난 5년간 경찰 조직 안에서 내가 감당해야 했던 절망과 불안을 다른 누구도 겪지 않게 하고자 이 자리에 섰다" 라고 말했다. 서피코는 이듬해인 1972년 6월 경찰 제복을 벗었다. 그에겐 명예메달Medal of Honor이 주어졌지만 수여식도 은퇴식도 없었다. 그와 그의 가족은 "목숨을 부지하기 위해" 곧장 유럽으로 이주했다. 그의 사연은 1973년 12월 알 파치노 주연의 영화 〈형사 서피코〉로 만들어졌다.

로버트 루시는 1981년까지, 그러니까 냅위원회가 해체된 뒤로도 근 20년 동안 뉴욕경찰청 경찰로 근무했다. 그는 서피코처럼 총을 맞지는 않았지만 고문 수준의 냉대와 멸시를 견뎌야 했다. 한동안 경호요원이 그를 보호해야 했고, 이후로도 24시간 총을 휴대한 채 등 뒤를 흘끔거리며 살아야 했다. 그의 승용차 타이어 네 개가 모두 찢겨 있던 적도 있었고, 폭스바겐 유리창이 깨져 있던 적도 있었다.

하지만 견디기 힘들었던 건 동료들의 차가운 시선이 아니라 죄의식이었을지 모른다. 재판이 진행되던 4년여 사이 기소된 동료 두 명이 리볼버로 자살했고 다른 둘은 심장마비로 숨졌으며 한 명은 정신병원에 입원했다. 기소된 이들 중에는 함께 돈을 나눈 루시의 현장 파트너도 포함돼 있었다. 물론 루시는 기소되지 않았다.

비밀요원이 되면서 그가 내건 '조건'도 제대로 이행되지 않았다. 1981년 〈뉴욕타임스〉는 당시 기소된 마약특별조사팀 요원 중 헤로인 5킬로그램을 판매하는 등 가장 죄질이 나빴던 이들이 집행유예로 풀려난 반면, 그 거래로 번 돈을 나눠 가진 루시의 두 동료가 각각 징역 10년형을 받은 사실을 보도하며 "어떤 합리적 기준으로 보더라도 판결은 불공정했다. (…) 검찰은 불공정했고, 판사는 편견을 갖고 있었다"라고 했다. 그것은 루시로서 최악의 결말이었을 것이다. 정의의 뉴욕 시로선 희생양이 필요했고, 그게 범죄자가 된 경찰이었다. 그나마도 그들 중 일부는 터무니없이 가벼운 죗값을 치렀고 또 일부는 과도한 처벌을 받았다.

마약특별조사팀은 당연히 해체됐다. 루시를 반기는 부서도 없었다. 그는 뉴욕경찰청의 애물단지가 됐다. 이후 약 20년 동안 루시는 시민 민원 처리 부서 등 내근 부서와 경찰아카데미 강사 등으로 일했다. 그는 더 이상 그가 바라던 경찰이 아니었지만 그렇다고 서피코처럼 떠날 수도 없었다. 그는 도망자로 보이고 싶지 않았을 것이다. 그 갈등을 그는 이렇게 말했다. "내가 한 일을 (동료들에게) 어떻게 설명할 수 있겠는가? (…) 스코페타와 처음 대화한 뒤 내가 느낀 죄의식을 납득시키자면 내가 먼저 미칠 지경이 된다. 정말 견디기 힘들었다."

뉴욕경찰청 부국장으로 냅위원회에서 활동하다 은퇴한 로버트 데일리가 1978년 루시와 냅위원회 활동기를 『도시의 왕자Prince of the City』라는 책으로 출판했다. 〈형사 서피코〉를 감독한 시드니 루멧이 다시 동명의 영화를 만든 건 1981년 8월이었다. 루시는 영화 개봉한 달 전인 그해 7월 은퇴했다. 그 무렵 〈뉴욕타임스〉 인터뷰에서 루시는 "나는 변절자도 괴물도 아니다. 다만 다른 형사들의 반영일 뿐이다. 바르고 정직한 경찰이라고 스스로 생각하는 모든 이들이 스스로가 한 일 때문에 괴로워할 일 없이 살아가는데, 왜 나만 이렇게 괴로워해야 하나?"라고 반문했다. "물론 내가 행한 일 때문에 나

극도의 죄의식을 느끼곤 했다.
그런데 세월이 가니까 조금씩 누그러지더라.
이제는 죄의식이 들지 않는다는 사실 때문에
죄의식을 느끼곤 한다.

는 죄책감을 느낀다. 끔찍한 생각이 들 때도 있다. 하지만 부끄럽지는 않다. (…) 나는 옳은 일을 했다고 확신한다. 하지만 그것과는 전혀 다른 감정적인 측면이 있다. 나의 그 감정은 뭔가 달랐기를 원한다." 1999년 인터뷰에서는 오랫동안 자살 충동을 느꼈다고 고백하기도 했다. "극도의 죄의식을 느끼곤 했다. 그런데 세월이 가니까 조금씩 누그러지더라. 이제는 죄의식이 들지 않는다는 사실 때문에 죄의식을 느끼곤 한다."[2]

그를 연기한 배우 트리트 윌리엄스Treat Williams, 1951~는 촬영을 시작하기 전 루시를 만나 며칠간 함께 지냈다. 윌리엄스는 "나는 루시를 좋아하지만 그를 안다고 말하지는 못하겠다. 그는 영웅이 되고 싶어 했고, 스타가 되길 원했고, 무엇보다 이해받고 싶어 했다. 하지만 그가 내게 주문한 단 한 가지는 '나를 겁쟁이wimp처럼 보이게 하지 말아달라' 하는 거였다. 그는 시민들이 자신을 울보로 여기는 걸 원치 않았다"라고 말했다.[3] 은퇴 후 루시와 가족 역시 증인 보호 프로그램의 혜택을 받으며 한동안 뉴욕 주 바깥에서 살아야 했다.

1999년 5월 에릭 투레츠키라는 뉴욕경찰청 형사가 동료 경찰관의 피의자 학대 사실을 법정에서 증언했다. 그는 상급자가 아이티 이민자 여성을 수갑 채워 화장실로 끌고 간 뒤 나무 막대기로 성고문 했다고 폭로하면서, 자기도 그 과정에서 날뛰는 임산부의 배를 걷어찼다고 자백했다. 그 무렵 루시는 〈뉴욕포스트〉 인터뷰에서 "경찰관들의 문제는 대개 다른 경찰관들에 둘러싸여 산다는 것이다. 그건 단순한 일job의 문제가 아니라 한 세계world 문제다"라고 말했다. 그는 투레츠키의 미래를 염려했다. 서피코는 "엄청난 개인적 위험을 감수하면서 진실과 정의를 추구하는 이들은 일반적으로 내부고발자whistle blowers라고 불리지만 나는 '등불을 켜는 자lamp lighters'라는 말을 더 좋아한다" 하고 말했다.

냅위원회 위원장 휘트먼 냅은 그 무렵 영웅이었다. 그는 자신이 한 일은 몇몇을 기소해서 어떤 처벌을 받게 한 것이 아니라 부패에 대한 경찰의 인식과 경찰 문화를 바꿨다는 데 의의가 있다고 말했다. 그는 위원회 활동 공로로 닉슨 대통령의 지명을 받아 연방지방법원 판사로 영전했다. 스코페타 검사도 이후 여러 분야의 뉴욕 시 특별위원회에서 일했고, 뉴욕소방국장을 지냈다. 루시는 2004년에 자서전을 내고 작가로 데뷔했다. 그는 그 뒤로 여섯 권의 누아르소설과 단편소설, 드라마 대본 등을 썼고 로드아일랜드대학교 외래교수로 창작을 가르쳤다. 그가 2015년 10월 12일에 별세했다. 향년 75세.

스코페타와 루시는 말년까지 서로 연락하며 지냈다. 그는 루시가 숨지기 몇 주 전 나눈 대화를 소개하며 "루시는 끄나풀informant이 아니라 비밀요원으로 기억되기를 원했다"라고 말했다. 하지만 그가 정말 원한 것은 그냥 뉴욕 경찰이었을 것이다.

1915 —— 2016
델머 버그

미 국 의 감 시 자

스페인내전 참전 병사가 본 세계 정치

선택과 판단은 늘 곤혹스럽지만 특히 어려운 선택도 있다. 입바른 말 한마디로 앞길이 어긋나기도 하고, 투자나 빚보증에 자식들의 팔자가 출렁일 수도 있다. 좀 거창하지만 시대나 역사가 개인에게 요구하는 선택도 있다. 시대가 가파를수록, 예컨대 전쟁이나 혁명의 시대라면 그 선택은 더 어려워진다. 100년 전 대한제국의 적지 않은 이들은 선택의 자리 위에 제 목숨까지 얹고 고민했을 것이다. 그래서 부모 잘 만나고 나라 잘 만나는 것 못지않게 시대를 잘 만나는 것도 중요하다. 목숨 걸 일도 없고, 비겁함을 드러내지 않아도 되고, 비교적 안전하게 용감할 수도 있기 때문이다.

스페인내전이 터진 1936년, 지구에는 약 20억 명이 살았다. 그들 가운데 3만여 명이 파시스트 반란군에 맞서 스페인공화국 합법 정부를 지키기 위해 조직된 '국제여단'에 가담했다. 그들 대부분은 국가나 조직의 명령에 등 떠밀려 나선 게 아니었다. 조국과 민족, 가족을 보호하기 위해서도 아니었고 돈이나 명예를 좇은 것도 아니었다. 이름 없는 그들은 자유와 민주주의라는 이상을 위해 유럽과 아메리카, 더 멀리 중국에서 목숨을 걸고 달려간, 말 그대로 의용군이었다.(스탈린 체제의 코민테른이 그 안에서 어떻게 무정부주의자와 대립하고 억압했는지는 나중 일이니 덮어두자.)

올해는 스페인내전 발발 80주년이다. 국제여단의 가장 어린 세대였을 10대 후반, 20대 초반 청년들 중 용케 전쟁에서 살아남은 이들도 이제 대부분 세상을 떴다. 델머 버그Delmer Berg는 국제여단 미국인 의용군 부대 '에이브러햄링컨여단'의 평범한 병사였지만, 가장 오래 살아남아 특별한 병사가 됐다. "뭔가 대단한 일을 하고 싶어서가 아니라 그냥 스페인 사람들을 돕고 싶었다"라고 말했던 그 마지막 병사가 두 달 넘긴 100년을 살고 2016년 2월 28일 별세했다.

델머 버그는 1915년 12월 20일, 지금은 디즈니랜드가 들어선 미국 캘리포니아 남부 애너하임의 한 농가에서 태어났다. 우크라이나에서 이민 온 부모는 농장과 과수원에서 품을 팔던 농업 노동자였다. 여섯 살이던 1921년, 그의 가족은 나은 일거리를 찾아 오리건주로 이주했고, 그는 학비가 없어 중학교를 중퇴했다. 대공황이 시작된 게 1929년이니 열네 살 무렵이었을 것이다. "농장에서 소젖을 짜는 일부터 온갖 일을 다했다. 당시 받은 주급은 7달러였다."

일자리도 귀했고, 말 그대로 굶주리던 시기였다. 존 스타인벡John Steinbeck, 1902~1968의 『분노의 포도』 속 톰 조드 일가의 삶이나 에릭 호퍼Eric Hoffer, 1902~1983의 에세이들이 묘사한 떠돌이 품팔이들의 고단한 일상이 버그 일가의 그것과 다르지 않았을 것이다. 2014년 〈프렌즈앤네이버스〉라는 잡지 인터뷰에서 그는 "가난한 농부로서 우리 형편이 바로 경기 침체대공황의 물증이었다. 어떤 일이 일어나고 있는지 학교에서 배울 필요가 없었고, 농장 바깥에 주저앉아 주변을 둘러보기만 해도 알 수 있던 때였다"라고 말했다. 성년이 된 그가 혼자 집을 떠나 캘리포니아로 간 것, 이런저런 일거리를 찾던 끝에 몬터레이에 주둔한 주방위군 제76야전포대에 입대한 것은 제 밥이라도 벌자는 계산 때문이었을 것이다.

학교는 중퇴했지만 공부를 중단한 건 아니었다. 중학교에서 그는 라틴어를 익혔고 스페인어도 곧잘 해서 세르반테스의 『돈키호테』를 원서로 읽을 정도는 됐다고 한다. 스페인내전 발발 소식이 그 무렵 전해졌다. 나치 제3제국과 이탈리아, 포르투갈이 프랑코 반군을 지원하면서 유럽과 국제사회는 또 다른 세계전쟁의 위기감에 휩싸였다. 국제연맹의 원칙은 윌슨이 주창한 '민족자결주의'였고, 서방 국가들 역시 개입에 주저했다. 그들은 파시즘 못지않게 스페인 제2공화국 인민전선 정부를 못마땅해했다. 총선으로 탄생한 합법 정부였지만, 공화주의 좌파와 공산당 아나키스트 등이 연대한 정권이어서였다. 내전은 대서양 건너 미국에서도 큰 뉴스였고, 파병 가능성을 두고 병영도 술렁였다. 물론 루스벨트 정부는 불간섭 원칙을 표방했다.

그 소식은 버그에게 돈키호테 나라의 일이라 더 특별했을지 모른다. 가난한 농업 노동자로서, 신문에서 읽은 스페인 공화 정부의 농업 개혁을 막연히 부러워하던 터이기도 했다. 그는 한 인터뷰에서 "대주주들의 땅을 영세농민들에게 나눠준다는 발상이 참 인간적으로 보였다. 그들을 돕고 싶었다"라고 말했다.

그는 모은 돈 120달러를 내고 군대를 제대했다. 독립전쟁 이래로 부유한 병사들이 돈을 내고 합법적으로 병역을 면제받던 전통이 남아 있었다. LA로 돌아간 그는 할리우드 루스벨트호텔 접시닦이로 일하며 스페인을 도울 방법을 알아보고 다녔고, 어느 날 '에이브러햄링컨여단의 친구들'이라는 간판을 보자마자 사무실에 들어가 "그 전쟁과 프랑코에 대한 모든 걸 읽어서 알고 있다. 그 더러운 XXX들. 그들이 이기게 두고 싶지 않다"라고 말했다. 그들의 주선으로 '미국청년공산주의자연맹AYCL'을 알게 됐고, 연맹의 도움으로 다른 지원자 세 명과 함께 1938년 1월 프랑스행 여객선에 올랐다. 그의 여권에는 '스페인 여행 불가'라는 외무부 경고문이 찍혀 있었다. 스페인은 전 세계가 주목하는 뜨거운 전장이었다.

공화파로 불리던 인민정부 진영에는 정부군 외에 독립운동을 벌이던 바스크와 카탈루냐 민족주의 진영, 그리고 국제여단이 있었다. 국제여단에는 소련이 비공식적으로 파병한 군대를 중심으로 사회주의자, 공산주의자, 자유주의자, 무정부주의자 등이 망라돼 있었다. 그들 중 제1차 세계대전 베테랑을 제외한 대다수는 전투 경험이 없었고, 무기를 처음 잡아본 이들도 적지 않았다. 히틀러와의 불가침조약을 추진 중이던 스탈린의 지원 역시 제한적일 수밖에 없었다. 공화국군은 전쟁 초기부터 무기와 식량 부족, 지휘 혼선 등으로 어려움을 겪었다.

반면 프랑코 반군은 왕당파 등 전통적 보수 국가주의 세력과 가톨릭교회의 지원을 받았다. 그리고 히틀러와 무솔리니가 있었다. 독일 콘도르 사단은 내전 초기부터 1만 9000여 명을 투입했고, 이탈리아 역시 약 5만 명의 군대를 파병했다. 두 나라, 특히 독일은 신예 무기의 화력과 전격전 등 전술의 시험 무대로 스페인내전을 활용했다. 전세는 처음부터 공화파에게 불리했다.

버스로 스페인 국경까지 이동한 버그 일행이 전문 밀수꾼의 안내로 피레네 산맥을 넘어 스페인 국제여단 사령부에 닿은 건 1938년 2월이었다. 그 무렵 파시스트 군대는 프랑스 국경 바르셀로나 주변 지역 일부와 발렌시아 등 남동부 지역을 제외한 스페인 영토 약 70 퍼센트를 장악한 상태였다. 버그는 '에이브러햄링컨여단'의 야전포대, 대공포대를 거쳐 통신 부대에서 활약했다. 바르셀로나 공성전과 에브로 강 다리 폭파 작전이 그가 기억하는 주요 전투다. 에브로 강 다리는 스페인 남동부의 관문이자 파시스트 군대의 주요 보급로였다. 그는 "교량 폭파 작전에서 우리는 지휘 본부와 폭파 부대가 교신할 수 있도록 통신선을 깔았다"라며 자랑스러워했고 『누구를 위하여 종은 울리나』에 묘사된 교량 폭파 장면을 언급하며 "헤밍웨이가 뭘 모르고 쓴 것 같더라"라고 농담하기도 했다.

당시 국제여단 병사들은 "폭격으로 목숨을 잃지 않으려면 파시스트들의 목표 지점에 가 있으면 된다" 하고 농담을 즐겨 했다고 한다. 그만큼 명중률이 떨어졌다는 의미인데, 1938년 8월 그 농담이 적중했다. 당시 발렌시아에 주둔하며 한 수녀원을 임시 숙소로 사용하던 버그의 부대는 기차역을 노린 이탈리아 공군의 오폭으로 중상을 입는다. 숨질 때까지 그의 간에는 당시의 파편 조각이 박혀 있었다. 병원으로 후송돼 2개월 남짓 치료를 받은 그는 그해 10월 대다수 국제여단 의용군들과 함께 귀국했다.

스페인내전으로 국제여단 1만여 명이 숨졌고, 2800여 명이었던 링컨여단의 3분의 1도 목숨을 잃었다. 그는 여러 인터뷰에서 "이기지 못한 게 안타깝다" "더 활약하지 못한 게 아쉽다"라고 했고 "그래도 할 수 있는 데까진 했다"라고도 했다. 파시스트 군대는 1939년 3월 수도 마드리드를 함락했고, 공화국 정부는 항복했다. 프랑코는

1975년 숨질 때까지 현대 유럽 최장기 독재 권력자로 군림했다.

살아남은 국제여단 의용군들의 수난은 내전 이후에도 계속됐다. 유럽에 남은 의용군들은 곧이어 터진 제2차 세계대전 동안 주로 레지스탕스로 활약하며 다수가 전투에서 또 강제수용소에서 숨졌다. 링컨여단 의용군들은 냉전 체제의 잠재적 '빨갱이'로 낙인찍혀 지속적으로 사찰당하고 취업 등에도 불이익을 받았다. 예술가나 유럽의 좌파 정치인으로서, 이후의 업적들과 더불어 저 이력에 따라야 할 합당한 존경과 명예를 누린 이들도 물론 있었다.

버그는 제2차 세계대전 발발 직후, 대다수 링컨여단 출신들과 달리 영장을 받고 동남아 전선에 투입돼 대공포병과 통신병으로 복무했고, 스페인내전 부상 후유증으로 1943년 전역했다. 전역 후 그가 가장 먼저 한 일이 미국 공산당에 가입한 거였다.

이후 20여 년간 그는 여름에는 과일을 따고 가을, 겨울에는 가지치는 농업 노동자로 살았다. 떠돌이 농업 노동자여서 한참 동안 사회보장 혜택을 받지도 못했다. 그는 농장노동자조합UFW에 가입해 동료들을 조직하며 임금과 노동조건 개선에 앞장섰고, 의회 청문회에 농장노동자조합 대표로 나가 농장 노동자들의 열악한 근무 여건을 증언하기도 했다. 매카시 시대에는 FBI의 사찰과 소환 조사를 받기도 했다.

그는 전미유색인종지위향상협회NAACP 캘리포니아 머데스토 시 지부의 유일한 백인 회원이었다. 지부 부회장에 선출되기도 했는데, 그건 그가 지녔던 가장 근사한 직함이자 가장 자랑스러워한 이력이기도 했다. 멕시칸아메리칸정치협회, 센트럴밸리민주주의자클럽, 장년층 지역사회운동 단체인 캘리포니아시니어스회의 등…… 여러 진보 NGO의 '이름 없는' 활동가로서 그는 반전·반핵 운동, 미 CIA 외 중앙아메리카 개입 반내, 아쁘리카 나미비아 민주 선거 참관 등 헤아릴 수 없는 활동에 참여했다.

나디아 윌리엄스라는 프리랜서 언론인은 델머 버그를 '20세기 미국의 감시자'라고 평가했다.[2] 냉전기 미 의회와 정부의 시민 자유 탄압, 제3세계 독재자 지원, 이란과 중남미 쿠데타와 독재 정권 지원, 콩고내전, 1970년대 아르헨티나의 '더러운 전쟁'과 레이건 정부의 니카라과 콘트라 반군 지원, 중동과 북아프리카 정치 개입……. 윌리엄스는 "놈 촘스키가 '새로운 옷을 입은 식민주의'라고 부른 저 모든 행태들은 (국제여단 노병의 눈에는) 스페인내전의 패배에서 비롯된 부끄러운 역사의 일부이자 시민의 패배였을 것"이라고 썼다. 하지만 그는 '감시자'를 넘어 열정적인 참여자였다. 제대로 알려지지도 않았고 당연히 주목받지도 못했지만, 버그는 저 20세기의 미국의 범죄들을 고발하고 비판하는 시위대들과 함께했다.

그리고 그는 숨을 거둘 때까지 공산주의자였다. 2014년 인터뷰에서 그는 "내게 공산당은 노동계급 운동의 지도자로서 언제 어떤 일을 해야 하는지 적절히 알려주는 주체였다"라고 말했다. 물론 그의 저 선택들은 자신처럼 가난한 이들에 대한 연민과 연대 의식의 결과였다. 그것은 공산주의자가 되기 이전, 이름 없이 스러진 저 수많은 국제여단의 전우들이 각자의 이념을 넘어 공유한 것이기도 했다.

그를 끝으로 링컨여단의 병사들은 모두 묻혔다. 국제여단 생존자가 아직 있는지 몇 명인지는 불확실하지만, 위키피디아에 따르면 체코와 프랑스, 멕시코 등지에 일곱 명이 남아 있다.

1963 — 2014
데비 퍼디

죽을 권리

궁극의 자유를 찾아서

　죽음은 모든 생명의 두렵고 슬픈 숙명이지만 슬픔의 부피나 두려움의 양상까지 온전히 숙명은 아니다. 존엄사의 명분은 그 단순하고도 엄연한 사실 위에 있다. 숙명에 닿기까지 겁에 질려 끌려가지 않겠다는 이들, 아무 희망 없이 몇 달, 몇 년 혹은 몇십 년을 고통 속에서 무기력하게 연명하다가 어느 날 숙명에 목 졸리기 싫다고 판단한 이름 없는 많은 이들이 오래전부터 그 장엄한 물길을 열어왔다. 그들은 종교와 윤리와 법과 관습에 맞서 자신이 믿는바 개인의 가장 궁극적인 자유와 권리를 찾아 실천했다. 마침내, 아직은 소수지만 그들의 판단과 선택을 존중하는 국가들이 생겨났고, 그 주장에 귀 기울이는 공동체가 늘어나고 있다.

　지금 그 허물어지는 벽 앞에 영국이 있다. 영국 상원은 2014년 11월 패닉 상원의원이 발의한 조력자살assisted suicide 법안을 표결 끝에 만장일치로 채택했다. 팔코너 전 상원의장의 조력자살 법안을 수정·보완한 이 법안은 두 명 이상의 의사가 6개월 이상 살 수 없다고 진단한 시한부 환자가 '자발적으로 명백하게' 조력자살 의사를 밝힌 경우 고등법원이 허용할 수 있도록 하자는 게 골자다.

한 달 뒤 12월 28일에 〈텔레그라프〉는 조지 케리 전 캔터베리 대주교와 소설가 이언 매큐언Ian McEwan, 1948~, 줄리언 반스Julian Barnes, 1946~, 영화배우 휴 그랜트, 철학자 크리스 우드헤드 등 저명인사 80여 명이 서명한 조력자살 합법화 촉구 서한을 보도했다. 이들은 "시민 대다수가 조력자살 법안을 지지하고 있고 (…) 우리는 시한부 환자가 스스로 죽을 방법을 안전하게 선택할 수 있도록 하는 데 그 어느 때보다 가까이 와 있다"라고 주장했다. 앞서 〈가디언〉도 "이제 변화가 불가피하며 늦어도 2년 안에는 의미 있는 결과가 있을 것"이라는 영국의학협회 부회장 케일라쉬 챈트의 말을 인용 보도했다.

저 변화의 중심에 데비 퍼디Debbie Purdy의 삶과 죽음이 있었다. 그는 여행과 모험과 사랑을 즐기던 서른한 살의 어느 날 불치병 진단을 받았고, 신경과 근육이 마비돼가는 몸을 이끌고 조력자살 합법화 캠페인의 선두에 섰다. 그는 몸을 움직일 수조차 없게 되자 호스피스에 들어가 "단식으로 내 운명을 스스로 맞이하겠다"라고 선언했다. 그가 2014년 12월 23일에 숨졌다. 향년 51세.

데비 퍼디는 버밍엄대학교 재학 시절 자신을 "가끔 마거릿 대처 정부 반대 시위나 이런저런 캠페인에 참여하는 정도"의 평범한 학생이었다고 소개했다. 다만 '아드레날린 중독자'라고 할 정도로 활동적이어서 틈만 나면 스카이다이빙과 등산, 정글 트레킹, 스쿠버다이빙 여행을 다니곤 했다. 모험과 새로운 경험에 대한 동경으로 그는 스무 살 무렵 학교를 자퇴하고 여행에 나선다. 유럽, 미국, 아시아 등을 떠돌며 현지에서 일해 돈을 모아 새로운 곳을 찾아 떠나는 일상.

1994년 싱가포르에서 음악 갈럼니스트로 일하던 무렵, 그는 몸의 이상을 처음 경험한다. 쉬이 피로해지고 손발이 뜻대로 움직여지지 않는 느낌. 처음에는 정신적 충격 탓이라고 생각했다. 그 직전 부모와 아주 가까이 지내던 친척을 잇달아 병으로 잃은 터였다. 그러나 1995년에 받은 정밀 검진 결과 그는 '다발성경화증'이었다. 원인이 알려지지 않은 중추신경계 이상으로 감각과 운동신경이 서서히 마비되고 기억과 인지 기능 장애까지 겹치기도 하는 병이었다. 그의 경우 원발성진행형primary progressive으로, 느리지만 집요하게 악화되는 케이스였다.

그에게는 연인이 있었다. 싱가포르에서 만난, 쿠바 출신의 재즈 바이올리니스트 오마르 푸엔테. 둘은 퍼디의 병에도 불구하고, 아니 그 병을 계기로 서로에게 더 간절해졌다. 영국으로 돌아온 그들은 1998년에 결혼, 퍼디가 숨질 때까지 서로의 곁을 지켰다.

언제 어떤 증상이 나타나 어떻게 돌변할지 모르는 위태로운 일상. 임신 등 미래를 설계하고 대비하는 모든 문제를 두고 둘은 여느 커플에게 요구되는 진솔함 이상의 진솔함으로 서로를 대했다고 한다. "아이를 낳은 뒤 내 증상이 악화됐을 때 어떤 상황이 빚어질지 우리는 아주 정직하게 이야기해야 했다. 오마르는 아이와 나를 돌보기 위해 자신의 음악을 포기할 수도 있다고 했다. 우리는 모든 것, 우리의 감정과 삶의 실재를 두고 대화했다."

조력자살 합법화를 위한 법정 투쟁과 캠페인을 시작한 뒤 퍼디와 오마르는 자신들의 이야기를 다양한 신문과 방송 인터뷰를 통해 세상에 드러냈다. 그들이 얼마나 아이를 원했고 또 노력했는지, 서로를

지금이라도 누가
다발성경화증 치료법을 발견한다면
나는 환자 대열의 맨 앞에 서겠다.
나는 이렇게 살고 싶지 않다.
문제는 내가 내 삶을 끝내고 싶어 한다는 게 아니라
지금과 같은 삶을 원하지 않는다는 것이다.

얼마나 사랑하고 오래 사랑하고 싶은지, 얼마나 삶을 사랑하는지.

퍼디가 자신의 숙명을 회피하지 않을 수 있었던 데는 오마르의 사랑이 힘이 됐을 것이다. 2001년 무렵부터 퍼디는 누가 휠체어를 밀어주지 않으면 움직일 수 없게 됐다. 그 무렵 다이앤 프리티^{Diane Pretty, 1958~2002}의 고등법원 소송이 있었다. 불치병인 운동뉴런증 환자였던 프리티는 스위스 조력자살 여행에 남편이 동행할 수 있도록 허락해달라고 청했고, 법원은 그 청을 거부했다.

영국 법원은 1961년 제정된 자살방지법에 따라 자살을 부추기거나 도운 사람에게 최고 14년 형을 선고할 수 있다. 반면 안락사와 조력자살이 합법인 스위스에는 2014년까지 여섯 개의 조력자살 클리닉이 세워졌고, 이중 '디그니타스^{Dignitas}'를 비롯한 클리닉 네 곳은 외국인에게도 서비스를 제공한다. 네덜란드는 조력자살이 합법이지만, 최종 처방을 받기까지 최소 2년간 회원으로 등록해 진료를 받아야 한다는 법적 조건이 있다.

프리티는 2002년 5월에 영국의 한 병원에서 숨졌다. "프리티의 죽음은 내게 최악의 악몽이었다." 퍼디는 오마르와의 사랑으로만 채워도 부족할 남은 삶을 '죽을 권리'를 위한 싸움에 바치기로 결심한다. 더 이상 버틸 힘이 없어질 때, 그래서 스위스까지 혼자 갈 수 없어 남편의 도움을 받아야 할 때, 그를 자살 방조 혐의로 기소될 가능성 속에 남겨두고 떠나지 않겠다는 게 그의 결심이었다.

2008년에 그는 프리티의 전철을 밟아 자살 여행에 오마르의 동반을 허용하라며 소송을 제기했고, 역시 패소했다. 하지만 그는 1961년에 제정된 법의 자살 방조 규정이 모호하고 포괄적이라며 법개정 투쟁을 전개한다. 그를 지원한 영국 존엄사옹호단체 '디그니티인 다잉Dignity in Dying'의 세라 우튼 사무총장은 "데비는 수많은 영국인들이 조력자살을 하기 위해 외국으로 나가는 현실을 모른 척한 채 사랑하는 누군가를 투옥하겠다는 위협으로 죽을 권리를 가로막아온 법의 위선에 맞섰다"라고 표현했다. 2014년 8월 스위스 취리히 대학교의 조사에 따르면 2008년부터 2012년까지 스위스에서 조력자살한 외국인은 31개국이 611명이었고, 그 가운데 영국인은 126명으로 독일 다음으로 많았다. 2주에 한 명꼴.

2009년 영국 상원은 마침내 정부가 조력자살 가이드라인을 제정해야 한다고 의결했고, 당시 검찰총장이었던 키어 스타머Keir Starmer, 1962~는 이듬해 2월 16개항의 조력자살 기소 항목을 확정, 발표한다. 스타머 총장은 "조력자살의 정황을 따지되 자살을 돕는 사람의 동기와 자살자의 표현 능력, 그리고 명백한 의사표시를 중시하겠다"라고 밝혔다. 이후 검찰은 조력자살 방조 혐의로 약 90여 건을 조사했으나 단 한 건도 기소하지 않았다. 마침내 퍼디는 오마르의 손을 잡고 스위스까지 갈 수 있게 됐다.

하지만 법이 바뀐 것은 아니었다. 디그니타스에서 조력자살 서비스를 받으려면 클리닉 비용만 1만 600스위스프랑약 1200만 원이 든다. 영국 내셔널트러스트의 사이먼 젱킨스Simon Jenkins, 1943~ 의장은 〈가디언〉 칼럼에서 "(스위스 자살 여행자보다) 열 배쯤 많은 수의 가난한 이들이 현대의 영국 사회에서 은밀히 스스로 목숨을 끊고 있다"라고 썼다.[1] 챈트 부회장도 "지금 우리에겐 두 갈래 시스템이 있다. 하나는 스위스 디그니타스를 이용할 만한 돈과 조력을 동원할 수 있는 이들을 위한 시스템, 다른 하나는 그렇지 못한 다수의 사람들을 위한 시스템이다"라고 말했다.[2]

퍼디가 스위스로 떠나지 않고 영국에 남기로 한 것, 고통을 견디며 죽을 때까지 싸움을 지속하기로 한 것도 저 법과 싸우기 위해서였다. 그는 2013년 말 호스피스 병동에 입원하면서 "너무 고통스러워 더 이상 목숨을 부지할 수 없을 것 같다" "두렵지만 음식을 거부하기로 했다"라고 BBC 인터뷰에서 말했다. 2014년 7월 BBC와의 마지막 인터뷰에서 그는 "내가 생각했던 것보다 더 고통스럽다. (호스피스 시설인) 마리퀴리조차 내 통증을 덜어줄 준비가 안 돼 있다"라고 말했다.

그는 친구의 여섯 달 된 아이가 걷고 말하는 모습을 볼 수 있을 때까지 살고 싶어 했고, 남편의 첫 솔로 음반이 만들어지는 걸 보고 또 듣고 싶다고 했다. 누구나처럼, 아니 누구보다 오래 살고 싶었지만 어쩔 수 없이 고통 속에 죽음을 기다려야 했던 그는 자신의 죽음보다 못한 삶을 세상 앞에 의도적으로 전시했다. 시한부 환자의 마지막 순간들, 그 죽음의 과정을 모든 영국 시민들이 보고 간접적으로라도 체험하기를 바랐고, 영국 의회를 비롯하여 조력자살에 반대하는 모든 정치인과 종교단체, 장애인단체 관계자들이 뭔가 느끼기를 바랐다. 그럼으로써 국가와 사회와 법이 바뀌기를 바랐다. "지금이라도 누가 다발성경화증 치료법을 발견한다면 나는 환자 대열의 맨 앞에 서겠다. (…) 나는 이렇게 살고 싶지 않다. 문제는 내가 내 삶을 끝내고 싶어 한다는 게 아니라 지금과 같은 삶을 원하지 않는다는 것이다."

조력자살에 반대하는 이들은 생명의 신성을 이야기한다. 의사에게 환자의 삶에 대한 결정권을 주게 되면 환자의 자율성이 거꾸로 침해될 수 있다고도 한다. 환자의 뜻에 반하는 죽음(사실상 살인)이 있을 수 있고, 장애인이나 치료비 부담을 감당하기 힘든 환자들이 그 피해자가 될 개연성이 높다고도 한다. 영국 총리 데이비드 캐머런이 조력자살 합법화에 반대해온 이유는 고령의 환자들이 부당한 심리적 압박에 시달릴 수 있다는 거였다. 네덜란드 의사 캐럴 구닝은 "죽음을 하나의 해결책으로 생각하게 될 수천 가지의 문제들이 생겨날 수도 있다"라고 말했다.

'죽을 권리'를 획득하기 위한 모든 싸움의 주체들은 저 모든 종교적·윤리적 당위와 부작용의 우려에 맞서야 했다. 프리티 전에는 토니 니클린슨Tony Nicklinson, 1955~2012이 있었다. 락트인신드롬으로 전신이 마비된 그는 2005년 소송을 시작해 2012년 대법원에서 패소했고, 단식 끝에 폐렴으로 숨을 거뒀다. 자동차 사고로 인한 전신마비로 고통받던 폴 램이 있었고, 역시 락트인신드롬을 앓던 마틴이 있었다. 암 투병하던 아내 도린 케어와 함께 2007년에 동반 자살한 프랑스의 지성 앙드레 고르André Gorz, 1923~2007가 있었고, 2013년 11월에는 86세 동갑내기 학자였던 조제트와 베르나르 카제 부부가 존엄사의 권리를 요구하는 유서를 남긴 채 함께 목숨을 끊었다. 그들은 당위와 우려가 아니라 실제 삶(과 죽음)으로써 그들에게 맞섰다. 여러 차례 여론조사 결과 영국 시민의 60~70퍼센트가 조력자살 합법화에 찬성하고 있다. 조력자살 법안을 처음 발의했던 팔코너 의원은 "데비 퍼디의 용기로 영국 시민들은 조력자살 문제를 전혀 다른 각도에서 바라볼 수 있게 됐다" 하고 말했다. 사이먼 젠킨스는 〈가디언〉 칼럼에서 "의회는 조력자살 합법화로 데비 퍼디의 삶과 죽음을 추도해야 한다"라고 썼다. 젠킨스는 "무고한 사람이 죽을 수도 있다"라며, 조력자살에 반대해온 테레사 메이 내무부장관의 말을 헛소리drivel라며 격앙된 어조로 비판한 뒤 "퍼디의 남편은 의회에 의해 단식을 강요당한 채 고통 속에 숨진 아내를 도운 마리 퀴리호스피스 측에 감사했다. 만일 그가 자신의 아내와 같은 운명에 처한 다른 이들을 도울 수 있게 해준 의회에 감사할 수 있었다면 얼마나 좋을 것인가"라고 글을 맺었다.

1924 — 2016
윌리엄 그린

진실 없는 사실

특종에 취한 언론을 낱낱이 까발리다

재닛 쿡Janet Cooke, 1954~ 은 언론 '흑역사'에 어김없이 등장하는 이름이다. 〈워싱턴포스트〉 1년 차 기자였던 그는 1980년 9월 28일 자 1면에 「지미의 세계Jimmy's World」라는 기사를 썼다. 헤로인에 중독된 8세 소년 지미의 사연이었다. 그의 기사로 미국 전역이 발칵 뒤집혔고, 쿡은 이듬해 퓰리처상 수상자로 뽑혔다.

하지만 〈워싱턴포스트〉는 그의 수상 발표 사흘 뒤인 1981년 4월 16일 자에 그 기사가 날조됐다는 사실을 쿡의 사과문과 함께 보도했다. 그리고 19일 자 1면과 4개 면을 털어 스캔들의 전모를 낱낱이 공개했다. '연루자들'이라는 제목의 1만 8000자에 달하는 보고서. 〈워싱턴포스트〉를 굴지의 언론사로 키워낸 편집인 벤저민 브래들리 Benjamin Bradlee, 1921~2014 와 편집국장 하워드 사이먼스, 워터게이트 사건의 특종 기자로 쿡의 데스크 중 한 명이었던 로버트 우드워드 등 〈워싱턴포스트〉 스타 기자들의 거듭된 헛발질이 정황과 증언, 고백들과 함께 거기 담겨 있었다.

기자와 관련자 등 40여 명을 인터뷰하고 직접 조사해서 그 보고서를 썼던, 〈워싱턴포스트〉의 옴부즈맨 윌리엄 그린William Green이 2016년 3월 28일 노스캐롤라이나 주 더럼 시 자택에서 별세했다. 향년 91세.

윌리엄 그린은 기자 출신 홍보전문가였다. 1924년 11월 11일 노스캐롤라이나 애슈빌에서 태어난 그는 1949년 노스캐롤라이나대학교를 졸업한 뒤 지역신문 〈더럼선〉 기자가 됐고 다른 여러 곳에서도 에디터로 일했다. 1957년 미국해외공보처USIA로 직장을 옮긴 뒤 1986년 은퇴할 때까지 방글라데시 등 해외 공관과 미국항공우주국, 듀크대학교 홍보처장 및 대외 담당 부총장을 지냈고, 듀크대학교 총장을 지낸 테리 샌퍼드Terry Sanford, 1917~1998 상원의원의 수석비서관으로도 일했다. 1980년 9월 대학에서 안식년을 받은 그에게 〈워싱턴포스트〉가 옴부즈맨이 되어주길 청한 건 그가 언론 안팎의 생리에 밝아서였다. "독자들의 대표로서, 활동에 아무런 제한이 없다고 하더라"라고 그는 2003년 한 인터뷰에서 말했다. 재닛 쿡의 '소설'이 보도된 건 그가 〈워싱턴포스트〉로 출근한 지 꼭 일주일 뒤였다.

쿡은 오하이오 주 지역신문 〈톨레도블레이드〉를 거쳐 1980년 1월 〈워싱턴포스트〉 기자가 됐다. 쿡은 뉴욕 명문 바서대학교를 우등 졸업하고, 톨레도대학교에서 석사 학위를 받았으며, 여섯 차례 지역언론상을 수상했다고 이력서에 적었다. 채용 인터뷰에서도 자신감과 적극성 등 면에서 경쟁자들을 압도했다. 더욱이 그는 워싱턴 지역 문제, 즉 흑인 슬럼가 취재에 즉각 투입할 수 있는 흑인 여성이었다. 〈워싱턴포스트〉는 쿡의 이력서와 전 직장에서의 평판 등을 확인하지 않은 첫 실수를 저질렀다.

그의 첫 부서는 인근 주 소식을 주로 전하는 지역수간팀이었고, 그는 유능했다고 한다. 그의 한 기사에 대한 위클리팀 에디터 비비언 애플린 브라운리의 평—미끈하게masterfully 쓰인 걸작fine piece이었다—도 그린은 보고서에 인용했다. 그해 8월 비비언은 피부 궤양을 유발하는 신종 헤로인이 시중에 나돈다는 제보를 받고 쿡에게 취재를 맡겼다. 쿡은 약 보름간 사회복지사와 재활치료사, 거리의 마약중독자 등을 100명 넘게 인터뷰했고, 2시간여 분량의 녹음 파일과 145쪽에 달하는 취재 노트를 제출했다. 그는 부지런한 기자이기도 했다.

그의 기사는 메트로팀사회부으로 넘겨졌지만 마약 관련 기사를 질리게 봐온 시티 담당 에디터 밀턴 콜먼으로선 새로울 게 없었다. 신종 마약 내용도 없었다. 하지만 콜먼은 쿡과 대화 도중 놀라운 말을 듣게 된다. 헤로인에 중독된 여덟 살짜리 꼬마가 있다는 것. 그는 아이를 집중 취재하라고 지시했다. 훗날 밀턴은 "당연히 아이가 마약중독치료기관RAP Inc.에 있으리라 여겼다. 국장에게 보고한 뒤 그 기관을 통해 아이와 부모의 인터뷰가 가능한지 알아보게 했다"라고 말했다. 하지만 3주 뒤 쿡은 다른 아이를 찾았다고, 놀이터에 뿌린 명함을 보고 한 아이 어머니가 연락해왔다고 보고했다. 그렇게 '지미'가 만들어졌다.

사후 수집된 쿡에 대한 주변의 평판이나 증언이 객관적이고 중립적이라 보기 힘들지만, 그린은 보고서 곳곳에 그런 내용도 수록했다. 쿡이 명품 옷을 즐겨 입었고 옷값 대느라 아파트 월세를 못 낸 적이 있다는 이야기, 위클리팀 탈출에 몸 달아 있었다는 이야기, 과

거는 없고 현재조차 미래를 위한 디딤돌로만 의미를 두더라는 이야기. "그녀는 오직 미래만 봤어요. 거쳐온 사람들에 대해서는 전혀 신경 쓰지 않았죠." 한때 룸메이트였던 위클리팀 동료의 증언이었다.

'지미'는 충격적이었다. 마약 소매상과 함께 사는 마약중독자 엄마. 약에 취한 남자가 칭얼대는 다섯 살짜리 꼬마에게 헤로인을 주사했고, 그 뒤로 매일 주사를 맞아왔다는 아이. 마약상이 되는 게 유일한 꿈인 그 아이가 사는 워싱턴 남동부 마약 소굴 '지미의 세계'.

당시 마약은 이미 심각한 사회문제였다. 쿡도 기사에 썼듯 1978년 일곱 명이던 워싱턴 시 헤로인 사망자는 1980년 무렵 43명에 달했다. 하지만 '지미의 세계'는 짐작도 못하던 참경이었다. 그의 기사는 국내외 300여 개 특약사로 전파됐고, 신문사로는 전화와 편지가 빗발쳤다. 대통령 선거운동을 벌이던 로널드 레이건의 부인 낸시 레이건Nancy Reagan, 1921~2016도 그중 한 명이었다. 그는 편지에서 "그와 같은 아이들이 얼마나 많을지 알게 돼 끔찍하고 슬프다. 그들을 위해 할 수 있는 일을 하게 되기를 진심으로 바란다"라고 했다. 낸시 레이건은 남편 임기 내내 마약 퇴치 캠페인 'Just Say No'를 벌였다. 워싱턴 시 당국과 경찰에도 당연히 비상이 걸렸다. 관내 학교와 시설 탐문 수사에 경찰 인력과 정보망을 총동원했다. 제보자에게 1만 달러 포상금도 내걸었다. 시민들의 분노에 궁지에 몰린 당시 흑인 시장 매리언 배리Marion Barry, 1936~2014는 며칠 뒤 지미의 신병을 확보해 재활시설에서 치료 중이라고 허위 발표를 하기도 했다. 시와 경찰의 압박에도 불구하고 〈워싱턴포스트〉는 '수정헌법 제1조언론표현·집회결사의 자유'를 방패 삼아 쿡을 보호했고 지미의 본명과 주소 등 '취재원' 공개를 거부했다.

기자는 진실을 말해야 한다.
거짓도 과장도 안 된다.
물론 세상은 반대 방향으로 가고 있는 듯하다.
더 놀라울수록 더 잘 팔리기 마련이다.
하지만 우리는 맥락을 통해,
삶을 조형하는 복잡한 힘들을 드러내려
최선을 다해야 한다.

그 파장은 물론 쿡이 예상한 바였다. 있지도 않은 '지미'를 경찰이 찾아낼 리 없고, 만일 다른 아이를 찾는다면 그로선 금상첨화였다. 쿡은 아이의 양부가 칼까지 들이대며 철저히 신분을 감춰줄 것을 요구했다고 수차례 편집국에 보고했고, 〈워싱턴포스트〉 편집진은 보도 전 변호사 자문을 받아 기사에서 남자의 출신지를 '애틀랜타'에서 '남부'로 바꾸고 '공영주택'이란 단어도 삭제했다. 편집국장 사이먼스도 "나도 아이의 본명과 주소를 알고 싶지 않다" 하고 말할 정도였다. 편집인도, 편집국장도, 메트로 데스크도, 시티 담당 데스크도 지미를, 쿡을 의심하지 않았다. 특종에 취한 그들 눈에 기사는 완벽했다. 2256개 단어의 최종 기사로 다듬어지기 전 쿡의 초고는 A4용지 13.5매에 달했고, 거기에는 취재원들의 표정 변화와 집 가구, 조명 밝기까지 비디오로 촬영한 듯 정밀한 내용이 담겨 있었다. 밀턴은 특별취재팀을 구성, 후속 보도와 제2의 지미를 찾는 일을 맡겼다. 발행인의 격려 편지까지 받은 쿡은 당연히 메트로팀 기자가 되었고 팀의 주역이었다.

훗날 밝혀진바, 의혹은 보도 직후부터 제기됐다. 쿡이 워싱턴 남동부 마약 슬럼가 '컨던테라스'의 지리조차 잘 모르더라, 아무리 약에 취했다고 낯선 기자 앞에서 여덟 살 꼬마에게 헤로인을 주사할 사람이 있겠느냐, 상금까지 걸린 일에 마약중독자들이 제보를 안 하는 게 이상하지 않나……. 덩달아 제기된 쿡의 인격과 자질에 대한 미심쩍은 이야기들. 특종의 공로자인 담당 데스크들은 그 의혹들을 '직업적 질투'로 여겨 밀쳐두기 바빴다. 쿡이 워낙 당당하기도 했거니와 그들에겐 기자들을 신뢰하고 보호해야 할 의무가 있었고, 권력기관의 온갖 음해와 협박을 견뎌 세기의 특종을 지켜낸 1972

년 '워터게이트'의 교훈이 있었다. 분위기를 띄우는 전문가들도 있었다. 저명한 한 가정의학자는 "워싱턴뿐 아니라 미국 전역에는 '지미' 가 널려 있고, 나도 그들을 치료한 적이 있다"라고 기고하기도 했다.

시간이 흐르자 여론은 경찰과 시 당국의 무능뿐 아니라 〈워싱턴포스트〉의 무책임함도 성토했다. 사이먼스가 콜먼과 쿡에게 아이를 찾아보라고 지시한 건 그 때문이었다. 하지만 며칠 뒤 쿡은 아이 가족이 이사를 가버렸더라고, 집이 비어 있더라고 보고했다. 사이먼스는 그 보고를 신뢰했다. 브래들리와 사이먼스는 그 무렵까지도 쿡(의 기사)에 대한 의혹을 단 한 건도 보고받지 못했다고 훗날 말했다.

퓰리처상은 쿡의 계산에 없던 단 한 가지였다. 1981년 4월 13일, 그의 이름이 포함된 수상자 명단과 이력이 보도 자료로 배포됐다. 전 직장 〈톨레도블레이드〉가 보도 자료의 오류—톨레도대학교 학부만 나왔다, 바서대학교를 졸업한 적 없다, 그가 받은 상은 단 한 개—를 가장 앞서 지적했다. 비로소 〈워싱턴포스트〉 편집국에 비상이 걸렸다. 각 대학교 학적 부서에 확인해 허위 이력이 드러나기까지 쿡은 자기가 옳다고 우겼다. 스페인어 등 4개 언어에 능통하다는 것도, 프랑스 소르본에서 1년간 공부했다는 것도 거짓이었다. 기사를 의심하게 된 편집인 브래들리는 담당 데스크도 못 믿어 타 부서 데스크까지 쿡과 함께 나가 정말 지미가 그 집에 산 적이 있는지 확인하라고 지시했다. 물론 헛일이었다. 그제야 우드워드 등이 쿡의 취재 노트를 뜯어본바, 어디에도 '여덟 살 헤로인중독 소년'에 대한 내용은 없었다.

하지만 쿡은 "너무 잔인하다"라고, "(그래도) 내겐 내 기사가 남아 있다"라고 버텼다. 그린은 보고서에서 "14일 밤 쿡은 지미가 실재한다는 말을 15~20차례가량 반복했다"라고 적었다. 쿡은 모두 지쳐 회의실을 나간 뒤 비로소 메트로팀 부에디터 데이비드 매러니스에게 실토했다.

2010년 10월 아프리칸아메리칸 전문 온라인 매체 〈뿌리The Root〉는 쿡 후유증이 30년이 지나도록 가시지 않았다는 내용의 특집 기사를 실었다. 흑인 기자에게 더 집요하게 'cooke-ing기사 내용 조작, 쿡의 이름에서 따온 조어' 여부를 따져 묻는 사례와 증언이 소개됐다.(2003년 5월, 〈뉴욕타임스〉의 흑인 기자 제이슨 블레어의 1면 기사 표절 스캔들도 있었다.) 그들은 같은 질문을 받더라도 백인 기자들은 덜 느꼈을 수치심을 느껴야 했고, 특히 〈워싱턴포스트〉의 흑인 기자들은 쿡의 이름을 듣는 것조차 스트레스라고 전했다. 〈워싱턴포스트〉 경제 담당 기자 마이클 플레처는 "기자는 진실을 말해야 한다. 거짓도 과장도 안 된다. 물론 세상은 반대 방향으로 가고 있는 듯하다. 더 놀라울수록 더 잘 팔리기 마련이다. 하지만 우리는 맥락을 통해, 삶을 조형하는 복잡한 힘들을 드러내려 최선을 다해야 한다"라고 말했다. 〈워싱턴포스트〉 정치·종교 담당 해밀 해리스는 "저널리즘은 고된 일이다. 페이스북과 트위터의 시대에도 저널리즘엔 지름길이 없다" 하고 말했다. 그들은 모두 〈워싱턴포스트〉의 치열한 경쟁에서 살아남은 흑인 기자였다.

재닛 쿡은 1982년 〈필 도너휴 쇼〉와 1996년 남성 잡지 〈GQ〉 인터뷰를 통해 두 차례 공개 사과했다. 1982년 그는 〈워싱턴포스트〉에서 받은 압박감이 그릇된 판단을 하게 된 주요 원인이었다고 말했다. 영화사 트라이스타는 그의 이야기 판권을 160만 달러에 사들였지만 영화로 제작하지는 않았다.

윌리엄 그린의 보고서와 재닛 쿡의 기사는 저널리즘스쿨의 교재처럼 지금도 읽힌다. 특히 보고서 끄트머리의 15개항 진단과 제언은 〈워싱턴포스트〉를 떠나 모든 언론사와 언론인이 자계의 금언으로 삼을 만하다. 1항 "〈워싱턴포스트〉 시스템의 실패는 시스템 결함 탓이 아니라 시스템을 작동시키지 않은 사람 탓이었다", 2항 "기자 신뢰가 책임 회피의 명분이 될 수 없다", 13항 "기자가 에디터에게 취재원을 밝혀 기사의 신뢰성을 입증하지 못한다면 그 기사는 보도돼서는 안 된다. 그 때문에 새로운 소식을 전달하지 못하더라도 어쩔 수 없다" 등이다. 8항에서 그린은 상에 대한 과도한 집착은 언론에겐 독이라고 "〈워싱턴포스트〉는 그 경쟁에 불참할 것을 고려해봐야 한다"라고 권했다. 〈워싱턴포스트〉는 그 뒤로도 퓰리처상 심사에 후보를 냈다.

1937 — 2016
마이클 존 케네디

자유의 풀잎

마리화나 합법화를 위한 잡지를 발행하다

1960, 1970년대 미국 히피 전설의 주역들 가운데 토머스 K. 포케이드Thomas King Forcade, 1945~1978라는 이가 있다. 그는 1967년 유타대학교를 졸업하고 공군에 입대해 비행 기술을 익히자마자 1년도 안 돼 불명예제대, 혼자 경비행기를 몰고 멕시코, 콜롬비아, 자메이카 등지를 다니며 값싸고 질 좋은 마리화나를 구해 플로리다, 조지아, 앨라배마 등지로 공급한, 요즘 식으로 말하자면 해외직구·직배송 채널을 개척한 인물이다. 그가 숨지기 직전까지 마약 조직의 견제와 마약국의 단속을 피해가며 그 일을 한 까닭은 돈이 아니라 '히피 코뮌'의 복지를 위해서였다.

물론 돈도 벌었다. 그 돈으로 그는 지금도 건재한 마리화나 전문 월간지 〈하이타임스〉를 1974년 창간했다. 잡지는 "숙모의 반짇고리에서부터 대학기숙사 서랍에 이르기까지 상상할 수 있는 모든 환경에서" 마리화나를 재배하는 방법서부터—종이 타월과 약간의 물만 있으면 나머지는 자연이 알아서 해준다는 게 잡지의 주장이었다—잎의 건조·가공·사용법, 산지별 품질과 가격 동향, 효능 등 학술 정보, 법률 상식, 에세이까지 그야말로 실을 수 있는 거의 모든 정보를 수록했다. 물론 필진은 대부분 가명이었지만 훗날 알려진바 찰스 부코스키, 윌리엄 버로스, 트루먼 커포티, 앤디 워홀 등도 열혈 독자이자 필자였다고 한다.

마리화나 소지만으로도 운 나쁘면 10년 넘게 징역을 살던 시절이었다. 포케이드와 〈하이타임스〉 편집진의 방패는 오직 하나 '수정헌법 제1조'였다. 하지만 진짜 믿은 건 그들의 변호사이자 또 한 명의 히피 영웅 마이클 존 케네디Michael John Kennedy였다. 미국 23개 주가 의료용 마리화나를 합법화하고 4개 주가 오락용 마리화나를 허용한 2016년 초까지 그 긴 세월 동안 케네디는 합법과 불법의 보이지 않는 경계를 외줄 타듯 걸어온 잡지의 든든한 방패였고, 포케이드 사후 〈하이타임스〉의 발행인 겸 경영인이었다. 그가 2016년 1월 25일에 별세했다. 향년 78세.

〈하이타임스〉는 창간 첫해부터 파란을 일으켰다. 〈플레이보이〉를 패러디해 센터폴드잡지 중간에 그림·사진을 넣는 면에 수영복 차림의 여성 모델 대신 그들이 꼽은 최고의 마리화나 사진을 편집한 잡지는 50만 부 넘게 팔렸고, 광고 의뢰도 줄을 이었다. 〈하이타임스〉는 제작·소비 자체가 마리화나 합법화를 위한 '운동movement'이었다. 그들은 마리화나에 대한 오해와 곡해에 맞서 체험적·과학적 진실을 공격적으로 홍보했다. 정치, 성, 음악, 영화 등 취지에 부합하는 내용이면 가리지 않고 소개했다. 하지만 잡지의 보다 실질적인 목적이자 설립자 포케이드의 의도는 마리화나 재배법을 전 세계에 알려 공권력의 규제를 아예 무력화하자는 거였다. 그는 친구이자 고문변호사 케네디에게 저 얘기를 하며 "당신도 내가 왜 〈하이타임스〉를 창간했는지 알지 않느냐? (…) 정부는 아마 생산 자체를 통제할 수 없게 될 거다. 그러면 그 수요를 공권력이 어떻게 통제하겠는가"라고 말했다.

1978년 11월, 32세의 포케이드는 잡지에 대한 지분 일체를 잡지 구성원과 '마리화나법 개정을 위한 전국기구NORML'에 넘기고 돌연 자살했다. 마약단속국DEA의 압수 수색을 피하기 위해 대량의 마리화나를 폐기한 뒤 빚에 쫓겨 자살했다는 설이 있으나 확인된 바는 없다.

〈하이타임스〉 편집진과 그의 친구들은, 지금은 사라진 세계무역센터 꼭대기 층—그들은 가능한 가장 '하이high한' 공간에서 포케이드와 작별하고자 했다—을 임대해 장례식과는 별도로 그들만의 추모 의식을 가졌고, 거기서 포케이드의 골분骨粉을 마리화나에 섞어 함께 피웠다고 한다. 설립자의 정신을 뼈와 영혼에 간직하겠다는 골수 히피들의 결속 의식이었을 것이다. 행사 직후 포케이드 재단이 설립됐고, 케네디는 재단이사장 겸 잡지발행인이 됐다.

케네디에게 〈하이타임스〉는 전략적 베이스캠프였다. 그가 궁극적으로 추구한 것은 개인의 자유와 법적 정의였고, 마리화나는 부당한 권력에 짓밟힌 인권과 정의의 풀잎이었다.

그는 1937년 3월 23일 워싱턴 주 스포캔 시에서 태어났다. 캘리포니아 버클리대학교를 거쳐 헤이스팅스로스쿨을 졸업했고 육군에 입대했다. 제대하자마자 그는 전미긴급시민자유위원회NECLC 소속

변호사가 된다. 전미긴급시민자유위원회는 미국시민자유연맹ACLU
의 활동이 미온적이고 제한적이라며 못마땅해하던 이들이 1951년
설립한 인권단체로 미국시민자유연맹이 법률 조언에 그친 사안에
대해서도 기소 단계에서부터 법률대리인으로 개입하곤 했다. 케네
디는 1960년대 캘리포니아 지주들의 과도한 토지 임대료에 맞서 농
장 이민노동자들의 권익을 대변한 멕시코 이민자 출신 운동가 세자
르 차베스Cesar Chavez, 1927~1993와 그의 전국농민노동자협회NFWA의
소송을 대리했고, 1966년 LA 선셋대로에서 히피 폭동 진압 과정 중
몸수색을 빙자해 여성 참가자들을 성추행한 경찰에 몸으로 맞서다
연행되기도 했다. 1968년 4월 마틴 루터 킹의 암살로 촉발된 시카고
폭동 직후, 선동자로 몰린 레니 데이비스 등 이른바 '시카고 세븐'에
대한 하원 비미非美활동위원회HUAC 재판정에서 "미국 헌법이 지금
의회의 무장 집단armed camp, 극우 진영에 의해 강간당하고 있다"라고
발언, 모독죄로 구금되기도 했다.

그의 고객 중에는 'LSD의 성자'라 불리는 티머시 리어리Timothy
Leary, 1920~1996와 그의 히피 공동체 '영원한사랑형제회' 간부들도 있
었다. 1973년 마약단속국이 케네디의 라구나비치 집을 급습, 함께
있던 형제회 간부 마이클 랜덜과 함께 그를 연행했다. 케네디의 혐
의는 여성과 아이들 앞에서 외설적인 말(혹은 행위)을 했다는 거였
다. 물론 그는 금세 풀려났다. 1977년 한 인터뷰에서 그는 "거기 있
었던 여성은 내 아내와 랜덜의 부인뿐이었고, 내가 아는 한 애들이
라면 마약단속반원들뿐이었다"라고 말했다.[2]

포케이드와 케네디가 처음 만난 게 그 무렵인 1973년이었다. 케네
디는 포케이드가 커다란 돈 가방을 던져주며 이렇게 말했다고 전했

다. "변호 좀 해줘요. 대배심이 초대장을 보냈어요. 마약 밀수 모의 혐의라니. 모의라니 젠장. '모의'할 시간이 어디 있어? 밀수하기 바쁜데! 돈에는 관심 없어요. 그건(돈 가방) 당신 겁니다."[3] 둘은 금세 친구가 됐다.

포케이드가 숨진 뒤 짐을 떠안은 케네디는 〈하이타임스〉의 살림까지 챙겨야 했다. 레이건 행정부의 1980년대는 낸시 레이건의 마약과의 전쟁 'Just Say No' 캠페인이 본격화하던 시기였다. 마약 단속은 격해졌고, 반문화 운동의 열기는 하루가 다르게 쇠잔해져갔다. 〈하이타임스〉의 제1생존원칙은 역설적이게도 '준법'이었다. "우리 고객과 사업 파트너들, 광고주들이 법을 어기더라도 우리는 법을 어기지 말자는 거였어요. 허다하게 조사를 받고 세무 당국의 공격을 받고 법정에 섰지만 우리는 살아남았죠." 하지만 법적으론 그렇다 쳐도 재정은 다른 문제였다. "1989년 마약단속국의 '채소 상인 작전Operation Green Merchant', 즉 마리화나 수경재배업자 집중 단속이 시작됐어요. 사실 잡지의 핵심 광고주들이 그들이었고, 우린 치명적인 타격을 입었어요. 구독자 명단을 내놓으라는 마약단속국의 요구야 끝내 불응할 수 있었지만, 우린 재정적으로 절체절명의 상황이었어요." 케네디는 "그 시절 우리를 먹여 살린 건 경찰과 마약단속국, FBI였다고 농담처럼 말하곤 합니다. (수사 목적이었겠지만) 그들 중 적지 않은 이들이 우리 잡지 구독자였거든요."

1987년 네덜란드 암스테르담에서 시작한 '카나비스컵Cannabis Cup'은, 당시 잡지 편집장 스티븐 해거가 주도한 콘텐츠기획 겸 재정난 타개책이었다. 마리화나 합법 시장인 네덜란드의 마리화나 (재배) 거장들에게 종자와 상품을 출품케 해 최고를 뽑는 연례 대회로 11

어떠한 폭력도 행사하지 않고
단지 마리화나를 거래했다는 이유로
20년 넘게 감옥에 갇혀 있는 이들이 지금도 있고
종신형을 사는 이들도 있다. 그들이 모두
석방되기 전까지 내 일은 끝난 게 아니다.

월 추수감사절 주간에 열렸다. 대회는 처음 얼마간 화제성 행사에 그쳤지만, 점차 규모가 커지면서 1990년대 중반부터는 세계 최대의 유일한 마리화나 축제가 됐다. 참가 농민 수도 급증했고, 쿠키 등 마리화나를 재료로 한 온갖 종류의 기호품들이 출시됐다. 시연試煙을 위해 전 유럽서 관광객들이 몰려들기 시작했다. 1996년 캘리포니아가 의료용 마리화나를 처음 합법화한 이래 미국 북부 주들이 잇달아 동참하면서 2000년대 초 캘리포니아 오클랜드에서 첫 카나비스컵 예선전이 열렸고, 현재는 덴버, 미시간, 시애틀, 포틀랜드에서도 동시에 개최될 만큼 성대해졌다. 케네디는 "젊은 세대들, 농업과 식물학, 화학을 공부한 재배자들이 완전히 새로운 교배종들을 선뵈고 있다"라며 자랑스러워했다. 대회는 〈하이타임스〉 재정은 물론, 마리화나의 품종 개량과 다양화, 품질 개선, 마리화나에 대한 시민들의 인식 개선에 큰 도움이 됐다.

케네디의 변호사 활동은 그 와중에도 이어졌고, 수임료의 상당액은 〈하이타임스〉 운영 경비로 쓰였다. 1982년 아일랜드공화국군 IRA에 무기를 밀수출하려다 기소된 다섯 명의 아일랜드인 변호를 맡은 케네디는 배심원단에게 무기 밀거래가 사실상 CIA의 협조 속에 추진된 작전이라는 '합리적 의심'을 제기, 무죄 평결을 받아냈다. 그는 피고들에게 무기를 공급하고 무기수출허가증을 마련해준 것이 실은 CIA였고, 범행 자체가 IRA의 무기 공급원을 소련에서 미국으로 바꾸기 위한 CIA 작전의 일부라는 주장을 정황 증거들과 함께 제기했다. 검찰은 물론 억측이라고 항변했지만, 케네디는 "CIA가 이 사건에 연루되지 않았음을 입증할 책임은 정부에게 있다"라고 주장했다.

베스트셀러 다이어트 안내서 『완벽한 스카즈데일 의학 다이어트 The Complete Scarsdale Medical Diet』를 쓴 뉴욕의 의사 허먼 타노워Herman Tarnower, 1910~1980를 1980년에 권총으로 살해한 그의 연인이자 사립 학교 교장 진 해리스Jean Harris, 1923~2012의 사면을 받아내기도 했고, 1991년에는 2016년 미국 공화당 대선 후보 도널드 트럼프에 대한 이바나 트럼프의 이혼 소송을 대리하기도 했다. 1982년과 2000년에 아내와 여자 친구를 살해하고 2001년에는 이웃 노파까지 살해한 뒤 시신을 훼손한 부동산 재벌 로버트 더스트나, 미국 마피아 최대 조직인 갬비노패밀리의 존 고티 같은 '인기 없는' 피의자의 변호인 석에 그가 섰을 때는, 그에게 실망한 이들도 적지 않았을 것이다. 하 지만 1995년 한 인터뷰[4]에서 그는 오클라호마 연방청사 폭파범 등 역시 인기 없는 피의자들을 주로 변호한 마이클 티거Michael Tigar, 1941~를 편들며 이렇게 말했다. "그는 미국 사법 정의의 값어치가 사 회의 천민들pariahs을 어떻게 대하느냐에 달려 있다는 점을 아는 이 다. 인기 있는 사람을 변호하기란 쉽다"라고 말했다. 아무리 부자고 권력자여도 온 국민이 손가락질하는 피의자라면 법 앞에서 천민이 라고 그는 여겼다.

콜로라도 주가 주민 투표로 오락용 마리화나를 합법화한 건 2012 년 11월이었다. 워싱턴·오리건·알래스카 주가 잇달아 동참했다. 2013년 〈더 네이션〉 좌담회[5]는 시종 밝은 분위기 속에 진행됐다. 거 기서 케네디는 "어떠한 폭력도 행사하지 않고 단지 마리화나를 거 래했다는 이유로 20년 넘게 감옥에 갇혀 있는 이들이 지금도 있고 종신형을 사는 이들도 있다. 그들이 모두 석방되기 전까지 내 일은 끝난 게 아니다. 나는 여전히 그들의 변호사다"라고 말했다. 앞서 2012년 케네디는 동료 변호사들과 함께 〈마리화나를 위한 삶Life for pot〉이라는 사이트를 만들어 비폭력 마리화나 사범들의 사면·석방 운동을 시작했다. 버락 오바마 재선 직후 오바마에게 공개 편지[6]를 써서 마약 전쟁의 폐해들—무해한 이들을 전과자로 만들고, 막대한 예산을 낭비하고, 공권력의 독직과 부패를 양산한 점 등—을 지적 하며 관련자 사면을 촉구하기도 했다. 그 무렵 그는 암과 투병 중이 었다.

사인은 폐렴 합병증이었다. 그의 장례식은 친구 포케이드의 추모 때처럼 비밀스럽고 비장하지는 않았을 것이다. 1978년은 막 싸움을 시작하던 때였지만, 2016년의 그는 당당한 승자였다. 2016년 2월 1 일 자 〈타임〉은 미국의 마리화나 산업 투자·연구 기관인 '아크뷰 마켓 리서치Arcview Market Research' 조사 보고서를 인용, 2015년 마리 화나의 합법 거래액이 54억 달러를 돌파해 전년 대비 17퍼센트 증 가했고, 2016년에는 25퍼센트가 늘어 67억 달러에 달할 것이라고 보도했다. 보고서는 2020년이면 합법 마리화나 시장이 221억 8000 만 달러 규모로 커져 미국 미식축구 리그의 수익을 압도하게 될 것 이라고 내다봤다.

1929 — 2015

앨버트 모리스 벤디크

표 현 의 자 유

미국 수정헌법 제1조의 변호사

미국 연방대법원이 외설obscenity을 일반적인 성 표현과 구분해 법적으로 처음 정의한 게 1957년 이른바 '로스Roth 판결'이다. 음란물 배포 혐의로 기소된 출판업자 로스에 대한 재판에서 법원은 "동시대 지역사회 평균인의 시각으로 대상물작품의 일부가 아닌 전체를 살펴 지배적 주제가 단순한 호색적 흥미에 호소하고 있다면 음란물"이라며 "음란물은 '하등의 사회적 중요성'을 갖지 못하며 헌법의 보호 역시 받을 수 없다"라고 규정했다.[1]

이후 수많은 이들이 연방 음란법 위반 혐의로 기소된다. 그중에는 앨런 긴즈버그Allen Ginsberg, 1926~1997의 기념비적 시집 『울부짖음 Howl and Other Poems』의 출판인 로런스 퍼링게티Lawrence Ferlinghetti, 1919~와 시티라이츠북스토어 매니저도 있었다.

긴즈버그가 장시 「울부짖음Howl」을 발표한 건 1955년이다. "불안하고 굶주린 벌거숭이들 / 몸을 끌고 분노를 폭발할 곳을 찾아 흑인가를 방황하며." 그는 야성의 언어로 시대의 절망과 세대의 분노를 울부짖듯 토로했고, 무성한 성적 어휘와 표현들로 기성의 권위와 위선을 조롱했다. "거룩! 거룩! 거룩! (…) 후장 먹힌 놈과 고생하는 거지, 거룩한 끔찍한 천사들 (…) / 정신병원에 계신 거룩한 어머니! 캔자스 할아버지들 좆! (…) 거룩한, 신음하는 색소폰! 거룩한 비밥 아포칼립스! 거룩한 재즈밴드 대마초 재즈광"

그해 10월 샌프란시스코의 한 갤러리에서 열린 낭독회에서 긴즈버그는 저 신작 시를 격정적으로 낭독한다. 환호하는 관객들 틈에 퍼링게티가 있었고, 그는 즉석에서 출판을 제의했다.

'울부짖음 재판'은 1957년 8월 16일 샌프란시스코 자치 법정에서 배심원단 없이 재판장이 판결하는 '벤치 재판' 형식으로 열렸다. 담당 판사 클레이턴 혼Clayton W. Horn, 1904~1981은 경범죄 피의자에게 그해 개봉 영화 〈십계〉를 보고 감상문을 써서 법정에서 낭독하라고 판결한 이력이 있는 보수적인 기독교인이었다.

로스쿨 졸업 2년 차인 앨버트 모리스 벤디크Albert Morris Bendich는 변호인단 세 사람 가운데 막내로, 인권 단체 미국시민자유연맹의 북캘리포니아 지부 상근변호사로 갓 취직한 참이었다. 그들은 긴즈버그의 시가 '사회적 중요성'을 지니므로 로스 판결의 외설 범주에 포함되지 않는다는 것, 다시 말해 미 수정헌법 제1조의 보호를 받아야 한다는 것을 입증해야 했다. 그들의 전략은 두 선임 변호사가 다양한 문학적 사례를 인용해 검찰의 논고를 논박하고, 벤디크는 문학 일반의 의미와 법 해석적 근거들로 변론을 지원하는 거였다. "(시인에게) 자신의 어휘 대신 김빠진 단어들로 완곡하게만 표현하라면 거기에 어떤 표현의 자유가 있겠는가? 작가는 자신이 전하고자 하는 바의 주제에 진실해야 하며, 그의 사상thoughts과 이념ideas을 그 자신의 언어words로 표현할 수 있어야 한다."[2]

자신의 어휘 대신
김빠진 단어들로 완곡하게만 표현하라면
거기에 어떤 표현의 자유가 있겠는가?
작가는 자신이 전하고자 하는 바의 주제에
진실해야 하며, 그의 사상과 이념을
그 자신의 언어로 표현할 수 있어야 한다.

그해 10월 3일, 혼 판사는 다수의 예상을 깨고 무죄를 선고한다. 그리고 자치 법관으로선 이례적으로 장문의 의견서를 낭독한다. "만일 작품 안에 아주 작은 사회적 중요성이라도 있다면 음란물이 아니며, 마땅히 연방 수정헌법 제1조와 제14조, 그리고 캘리포니아 주법에 의해 보호받아야 한다. (…) 나는 우리 국민이 신학과 경제학, 정치학 그리고 모든 영역에서 진실과 허위를 구분할 수 있는 능력을 지녔듯이 문학에서도 유해한 작품을 스스로 감별할 능력이 있다고 믿는다." 그는 4000단어가 넘는 의견서를 맺으며 "음란물이라 주장되는 작품에 대해 고려할 때 우리는 이 말을 떠올려보는 것이 좋을 것"이라며 영국 기사도 정신의 상징적인 격언 하나를 인용했다. "Honi soit qui mal y pense." 사악한 생각을 품는 이에게 수치가 있으리라는 저 말은, 나쁜 의도의 해석이 미칠 수 있는 사회적 해악을 경계하자는 의미였다.

울부짖음 재판 이후 시가 외설 혐의로 기소된 예는 미국에서 단한 건도 없었다. 워싱턴대학교 로스쿨의 로널드 콜린스 교수는 혼판사의 의견서가 사실은 벤디크의 변론을 거의 그대로 인용한 것이라고 말했다. "농구에 비유하자면 나머지 두 변호사는 수비수를 유인해 셋업setup을 했고, 벤디크는 덩크슛을 넣었다."[3] 벤디크가 2015년 1월 5일에 별세했다. 향년 85세.

벤디크는 1929년 6월 18일 미국 뉴욕에서 태어났다. 그의 20대는 미 하원이 반미국적·반역적 활동들을 조사·배제하기 위해 설립한 비미非美활동위원회의 인권침해가 극에 달하던 시대였다. 다시 말해 매카시즘의 시대였다. 1950년 공화당전당대회에서 위스콘신 주

상원의원 조지프 매카시Joseph Raymond McCarthy, 1908~1957가 "나는 297명의 공산주의자 명단을 쥐고 있다"라고 근거 없는 수장으로 본격화한 10년의 광풍에 정치인과 공무원, 연예인, 교육자, 노동운동가 등 수많은 이들이 감시당하고 조사받고 직장을 잃고 투옥됐다.

벤디크는 캘리포니아 버클리대학교에서 경제학으로 학사와 석사 학위를 받았고, 1955년에 법학 학위를 딴 뒤 변호사가 된다. 그리고 곧장 미국시민자유연맹의 상근변호사로 취직한다. 2014년 3월에 벤디크는 미국시민자유연맹 북캘리포니아 지부 사무총장 압디 솔타니와의 인터뷰에서 이렇게 말했다. "나는 대공황의 가난이 만연했던 1930년대에 유년 시절을 보냈다. 다들 먹을 것을 찾아 쓰레기통을 뒤져야 했고, 몇 푼 벌기 위해 일거리를 찾아 헤맸다. 그래서 나는 경제학을 전공했다." 하지만 대학 시절 FBI 요원이 강의실을 드나들며 교수와 학생을 사찰하는 등 헌법이 무시되고 인권이 유린당하는 현실을 경험하며 그는 법학으로 전공을 바꿨다. "심지어 경찰들이 공중화장실 앞에 지키고 서서 불법 성인용품을 적발하기 위해 소지품을 뒤지던 시절이었다."

1950년대 미국시민자유연맹 북캘리포니아 지부에는 1934년 샌프란시스코 서부 해안 해상파업을 유혈 진압한 주정부에 맞서 노동인권 운동을 전개한 어니 베지크가 있었고, 1941년 일본군의 진주만 공습 직후 미국 군사 지역 인근의 일본인(일본계 미국인 포함)들을 소개疏開하고 연금하라는 대통령령에 맞서 그들의 인권을 옹호한 웨인 콜린스Wayne Collins, 1900~1974가 있었다. 콜린스는 미국 정부의 연금을 피해 피신했다가 체포된 일본계 미국인 프레드 코레마츠Fred Korematsu, 1919~2005 소송에서 승소한 주인공. 교포 3세로 오클랜

259

드에서 태어난 코레마츠는 일본계 차별을 모면하기 위해 이름을 바꾸고 눈꼬리 성형수술까지 받은 이였다. 그는 훗날 반인종주의 인권운동가로 활동했고 2011년 캘리포니아 주정부는 그의 생일인 1월 30일을 '시민 자유와 헌법을 위한 프레드 코레마츠의 날'로 지정했다.

벤디크가 미국시민자유연맹에서 일하기로 마음먹은 데는 저들의 활약과 명성이 크게 작용했을 것이다. 하지만 울부짖음 재판에 투입될 당시 그는 미국시민자유연맹의 유일한 상근변호사였다.

스탠딩코미디언 레니 브루스Lenny Bruce, 1925~1966가 법정에 선 것은 1962년이었다. 파격적인 풍자와 성 표현으로 인기를 끌던 그는 1961년 10월에 샌프란시스코노스비치라는 나이트클럽에서 외설 공연을 한 혐의로 체포됐는데, 경찰이 특히 문제 삼은 단어는 'cock-sucking'이었다.

이듬해 3월 열린 재판의 판사석에는 1957년의 바로 그 혼 판사가 앉았고, 변호인석에는 벤디크가 혼자 앉았다. 두 사람의 인연을 보건대 검찰이 재판부 기피 신청이라도 했어야 할 만큼 피고에게 유리한 상황이었지만, 오히려 브루스가 배심원 재판을 요구했다. 훗날 『레니 브루스의 재판』이란 책을 쓴 콜린스는 "브루스는 (판사의 권위가 아닌) 시민의 심판을 따르겠다는 낭만적인 생각을 품고 있었다"라고 썼다.

벤디크는 외설적 코드가 코미디를 심화하는 데 얼마나 기여하는지 증언해줄 사회학자 등 다양한 증인들을 확보해야 했고, 검찰 측 증언과 주장을 반박할 논리를 챙겨야 했다. 거기에 더해 그는 '배심원 지침'이라는 걸 만들어 재판부에 제출, 배심원단에게 숙지하도록

했다. 지침에는 수정헌법의 정신과 1919년 미 연방대법관 웬들 홈스 Wendell Holmes Jr., 1841~1935의 '명백하게 현존하는 위험의 원칙Clear and Present Danger Rule', 즉 언론 표현의 자유를 제한할 때는 "직접 해악을 초래하는 현재의 위험이 있거나 그러한 해악을 유발할 의도로 행하는 경우"에 국한해야 한다는 원칙과 이후 법리 공방의 이해를 돕는 내용 등이 포함됐다. 보수적인 백인 배심원단이 법이 아니라 감정으로 유무죄를 판단하지 않도록 하기 위한 조치였다. 배심원단은 다섯 시간여의 숙의 끝에 무죄 입장을 밝힌다. 훗날 〈뉴욕타임스〉 인터뷰에서 콜린스는 "만일 '지침'이 없었다면 유죄판결이 났을 게 거의 확실하다"라고 말했는데, 실제로 한 배심원은 재판이 끝난 뒤 "우리는 이 판결이 마음에 들지 않는다. 하지만 지침에 따르다 보니 무죄 외에 달리 판결할 수 없었다"라고 말했다.

벤디크는 경제적 불평등과 동성애 등의 차별에 대해 적극적으로 개입했고, 사형제 폐지에도 확고한 신념을 지닌 변호사였다. 1963년 '배니 페리시 소송'도 그가 변론한 사건이었다. 페리시는 캘리포니아 알마다카운티 사회보장국이 사회보호 대상자들의 집을 새벽에 급습해 실제로 독신인지(노동력 있는 남자와 동거하는 것은 아닌지) 강제로 조사하는, 이른바 '침대 습격Bed Raids'을 지시하자 그에 불응해 해고된 이였다. 가택 조사의 법적 근거도, 조사 지침도 없이 조사 요원이 사회보장기금 수혜자의 집에 들이닥치는 것은 수정헌법 제4조 사생활 침해 금지의 위반이라는 게 벤디크의 주장이었다. 그는 1967년 승소했다.

미 수정헌법은 판례법이다. 시대와 상황에 따라 법 해석과 적용은 진퇴를 거듭해왔다. 벤디크처럼 진전된 판례로, 수정헌법이 보장한 자유의 영역을 넓히는 데 기여한 이들을 미국 시민들은 '수정헌법 변호사'라고 높여 부른다. '수정헌법 제1조 변호사' 가운데 한 사람인 로버트 콘리비어는 "벤디크는 희망과 용기로, 다수가 수용하기 힘들다고 생각하던 표현의 자유를 확보하게 해줬다" "미국이 누리는 표현의 자유는 그에게 크게 빚졌다"라고 말했다.

1960년대 말 미국시민자유연맹을 나온 벤디크는 친구이자 할리우드 영화제작자 솔 제인츠Saul Zaentz, 1921~2014의 솔제인츠컴퍼니와 그 전신인 판타지레코드에서 법률 자문 겸 경영 파트너로 일했다. 그의 마지막 직함은 영화사 공동경영인이었다. 솔제인츠컴퍼니는 오스카 작품상을 탄 〈뻐꾸기 둥지 위로 날아간 새〉〈아마데우스〉〈잉글리시 페이션트〉를 비롯, 최근 완성된 〈호빗〉 3부작을 만든 회사다.

솔타니와의 인터뷰에서 벤디크는 자유를 위한 투쟁, 수정헌법의 가치를 지키기 위한 싸움은 지속돼야 한다며 테러 방지 및 예방을 명분으로 이뤄지고 있는 연방정부 정책들의 인권침해 가능성을 우려했다. "많은 것들이 달라졌다. 이제 정부는 외설 단속을 위해 서점을 검열하지 않는다. (…) 그리고 기술도 변했다. 예컨대 국가안전국NSA은 스노든이 폭로한 행위들을 지금도 할 수 있다. (…) 국민인 우리가 선출한 정부가 우리가 알지 못하는 일을 하고 있는 것에 대해 어떻게 이해해야 할까. 그들이 우리의 종복인가, 아니면 우리가 그들의 종복인가."

그는 국민이 끊임없이 헌법의 정신을 되새기고 그 의미와 역사와 기원을, 우리 사회의 근본 원칙을 매섭게 따져 물어야 한다고 말했다. 자유를 억압하는 모든 것들에 맞섬으로써 자유의 개념을 확장해가는 일, 그것이 자유로운 시민이란 말이 의미하는 바를 보다 완벽하게 깨달아가는 과정이라고 그는 강조했다. 그리고 경제적 불평등의 문제를 꼬집었다. "빈부에 따른 권력의 불평등이 자유 사회에서 의미하는 바가 무엇인지, 우리는 주의를 기울여야 한다. 1950년대 노동자의 노조 조직률은 30퍼센트에 달했지만 지금은 고작 6~7퍼센트에 불과하다. 그것이 미국 시민들의 표현의 자유, 교육과 이익을 대변할 자유에 어떤 영향을 미칠 것인가. 그 모든 것들이 자유의 신장과 관련된 문제들이다."

1954 — 2014
요세프 랑에

따 듯 한 심 장 의 과 학 자

HIV 환자는 실험 대상이 아닌 파트너

"우리가 아프리카 먼 오지에서 시원한 콜라와 맥주를 마실 수 있다면 AIDS 치료제도 못 구할 이유가 없다."

에이즈 연구의 세계적 권위자 요세프 랑에Joseph Marie Albert 'Joep' Lange는 2002년 7월 남아프리카공화국 더반에서 열린 제14회 국제에이즈학회IAS 폐막세션 의장 수락 연설에서 저렇게 말했다. 'HIV'의 습격에 우왕좌왕하던 국제사회가 에이즈라는 병명을 쓰기 시작한 지 만 20년이 되던 해였다.

그날 랑에는 국제에이즈학회와 예방활동가들, 정치인과 보건관료 등 만 7000여 명의 회의 참가자 앞에서 행한 저 연설로 에이즈에 새로운 전투를 선언했다. 면역결핍 바이러스와 에이즈 연구 못지않게, 기존 연구의 성과를 차별 없이 누릴 수 있는 국제적 여건을 마련하기 위해 싸워야 한다는 거였다. 또 앞선 20년의 연구에서 감염자 조기 치료나 칵테일 요법 등 획기적인 진보를 이끈 저 발군의 학자는 "국제에이즈학회도 달라져야 한다"라고 하며 스스로 연구자인 동시에 활동가임을 선언했다. 그리고 덜 알려졌지만 더 멋진, 이런

가난한 이들을 죽이는 수많은 질병 가운데
가장 치명적인 것은 나쁜 정부다.
나쁜 정부와 리더십 부재가 그 어떤 질병보다
많은 목숨을 희생시켜왔다.

말도 남겼다. "가난한 이들을 죽이는 수많은 질병 가운데 가장 치명
적인 것은 나쁜 정부다. 나쁜 정부와 리더십 부재가 그 어떤 질병보
다 많은 목숨을 희생시켜왔다."[1]

　요세프 랑에가 2014년 7월 17일 숨졌다. 향년 60세. 그는 우크라
이나 동부에서 친러 반군의 미사일에 격추된 말레이시아항공
MH-17편의 승객 가운데 한 명이었다. 호주 멜버른에서 열린 제20차
국제에이즈학회 총회 참석차 출국한 그의 곁에는 반려이자 동료였
던 재클린 반 톤저린과 네 명의 국제에이즈활동가들이 함께 있었다.

　랑에는 1981년 네덜란드 암스테르담대학교에서 의학박사MD 학위
를 받고 의사가 됐다. 미국질병통제예방센터가 폐렴 증상의 '새로운
질병' 환자 다섯 명에 대한 최초 보고서를 낸 게 그해 6월이었다. 인
턴십을 마친 그가 HIV와의 전쟁에 뛰어든 것은 어쩌면 자연스러운
일이었다. 물론 그 질병이 바이러스 감염에 의한 것이라는 첫 가설
논문이 나온 건 1983년이고, 프랑스 파스퇴르연구소의 뤼크 몽타니
에와 프랑수아즈 바레시누시의 연구팀2008년에 노벨생리의학상을 받음이
HIV의 정체를 확인한 건 그 이듬해인 1984년이었다. 암스테르담대
학병원 임상의로서 1980년대의 랑에는 HIV 보균자가 에이즈 환자
가 되는 과정의 병리학적 변화를 연구, 보균자의 혈액 속 특정 단백
질P24이 항원이라는 사실을 밝혀냈고, 그 논문으로 1987년 박사 학
위를 받았다.

　초창기 에이즈 연구 진영의 풍경은 참담했다. 미국 듀크대 부설
국제보건연구소 마이클 머슨 소장은 "에이즈가 등장한 이후 15년여
동안 우리는 에이즈와 관계된 거라면 뭐든 얻기 위해 죽을 각오로

달려들어야 했고, 그 과정에서 많은 의학자들이 감염으로 숨졌다"라고 말했다. 랑에의 오랜 친구이자 동료였던 그는 초창기 에이즈 연구자들 사이의 전우애와 흡사한 동지 의식을 전하며 "그들 속에서 랑에는 언제나 전위였다"라고 말했다. 세계보건기구WHO의 글로벌 에이즈 프로그램 총괄책임자였던 머슨은 1992년 랑에를 에이즈 임상 및 치료제 연구 개발 책임자로 발탁, 3년간 함께 일한 바 있다.

연구자로서 랑에는 400편이 넘는 논문을 발표했고, 그중에는 생애 두세 편 쓰기도 힘들다는, 타 논문에 100회 이상 인용된 논문만 열 편이 넘는다.

그는 HIV 감염자 조기 치료를 주장한 선구적 학자였다. 에이즈는 HIV가 인체에 침투해 혈액 속의 면역 기능을 담당하는 T세포 등을 공격, 면역력을 파괴함으로써 2차 질병으로 목숨을 잃게 하는 병이다. HIV가 인체 면역 기능에 이상을 일으키며 에이즈를 발병시키는 데는 짧게는 몇 개월, 길게는 10년도 넘게 걸린다. 랑에는 HIV 양성 환자 열네 명의 병 진행 과정을 2년 넘게 추적한 88년 논문[2]을 통해 HIV 감염 직후부터 최대한 빨리 약물 치료를 시작해야 한다는 입장을 밝혔다. 그의 주장은 이제 에이즈 요법의 상식이 됐지만 당시로서는 상당한 논란거리였다. HIV 감염 자체를 차단하고 박멸하는 것이 아니라 HIV의 활동력을 둔화시키는 데 초점이 맞춰졌기 때문이었다.

에이즈 예방이 어려운 이유는 에볼라 바이러스처럼 HIV가 무척 빠르고 다양하게 변이해 만능의 백신을 개발할 수 없기 때문이다. 랑에는 HIV의 변이 자체를 억제하는 항레트로 바이러스 요법으로 3중복합처방triple-combination drug therapy을 제안하는 논문[3]을 발표했다. 이제는 '칵테일 요법'이라는 이름으로 보편화한 이 치료법도 당시로선 뜨아한 요법이었다. 그의 세안에 따르던 감염자는 하루 스무 알에 달하는 알약을 먹어야 했고, 약값만 1년에 1만 5000달러를 써야 했다. 환자의 간과 신장에 무리를 줘서 다른 질병을 유발할 수도 있었다. 하지만 이제 그의 처방은 하루 한 알 복용으로 줄었고, 약값도 100달러 선으로 저렴해졌다. 그의 HIV 무력화 전략은 에이즈에 대한 학계와 의료계의 대응 전략을 근본적으로 바꿨다.

2003년에 랑에는 르완다와 우간다의 감염 산모들의 자원을 받아 항레트로 요법을 처방, 신생아 감염 비율을 15퍼센트에서 1퍼센트로 줄였고, 그 성과를 2003년에 프랑스 파리 국제에이즈학회 총회에서 발표했다.

유엔에이즈계획UNAIDS의 2013년 보고서에 따르면 HIV 감염자는 연평균 최고 350만 명에서 250만 명 선으로 줄었고, 사망자도 2005년 230만 명에서 2012년 160만 명으로 격감했다. 2012년에 전 세계 HIV 감염자는 약 3530만 명. 유엔에이즈계획은 2011년 3월 에이즈 발병 30주년 보고서에서 지금까지 에이즈로 사망한 사람은 약 3000만 명이라고 추산했다. 랑에와 같은 연구자와 예방활동가들의 노력으로 2000년대 중반 이후 기세가 꺾이긴 했지만 에이즈는 여전히 인류에게, 특히 동성애자에게 무서운 질병 가운데 하나다. 에이즈 자체보다 더 절박하고 분통 터지는 위협은 랑에의 통찰처럼 빈부와 지역에 따른 에이즈 격차AIDS gap이며 그 격차의 해소를 가로막는 국제정치와 국제무역 체제다. 이제 에이즈는 여러 감염성 질병이 그러하듯 가난한 이들의 질병이 돼가고 있다.

2004년에 랑에의 후임으로 2년 임기의 국제에이즈학회 의장이 된 헬레네 게일 박사는 한 인터뷰에서 "그냥 의사도 있고 연구자도 있고 사회활동가도 있다. 하지만 랑에는 그 모든 영역을 이해하고 자신의 역할로 수용한 사람이었다. 한마디로 그는 심장을 지닌 과학자였다"라고 말했다.[4]

랑에는 호주와 태국의 연구 네트워크인 HIV-NAT를 구축했다. NAT는 네덜란드·호주·태국의 알파벳 첫 자다. 미국 알러지감염질병국립연구소 부책임자인 클리퍼드 레인 박사는 "HIV-NAT는 개발도상국과의 국제 임상 협력 연구의 최초 모델 가운데 하나였다"라고 말했다. 랑에는 의학자들이 병리 실험을 하면서도 환자를 잊곤 한다고, 환자는 종속적 객체가 아니라 연구 파트너라고 말했다.[5] 활동가 그룹인 국제에이즈연대의 아프리카 책임자인 숀 멜러스는 1990년대 중반 랑에와의 첫 만남을 회고하며 그와 만나기 전까지 연구 그룹과 활동가 그룹의 본격적인 접촉은 거의 없었다고 말했다. 멜러스는 "랑에는 HIV 보균자와 끊임없는 대화, 나아가 지역사회와의 토론과 접촉을 무척 중시했다"라고 말했다.

그런 랑에에게 1992년에 미국의 조지 부시 정부가 보스턴에서 열릴 예정이던 국제에이즈학회 총회에 HIV 보균자의 참석을 불허한 것은 난센스였을 것이다. 당시 의장도 무엇도 아니던 그는 반쪽 행사가 될 뻔한 그해 총회를 네덜란드에서 열릴 수 있도록 발 벗고 나서서 성사시켰다. 2000년에 총회를 아프리카에서 열자고 발의한 것도 그였다. 아프리카와 동남아시아는 에이즈에 가장 취약한 지역이고, 그는 매번 환자나 보균자와 만났다고 멜러스는 말했다. "그들의 이슈가 뭔지, 뭘 원하는지 알기 위해서였다. (…) 랑에는 지역사회의 목소리가 얼마나 중요한지 알았고, 그것을 자신의 모든 활동에 반영하고자 했다." 그는 국제에이즈학회 의장이 되기 전부터 활동가였다. 저널 〈항바이러스요법The Antiviral Therapy〉을 만들어 편집자로 일했고, 의학 전문가와 활동가들의 교육 사이트인 〈HIV(e)Ducation〉의 과학 분야 책임자로도 활약했다.

〈이코노미스트〉는 그의 2005년 일화를 소개했다. 미국 FDA가 HIV 치료제 가운데 하나를 예방약으로 승인한 건 2012년이지만, 전문가들은 이미 2000년대 초반부터 치료제의 예방 효과를 알고 있었고 일부는 매춘부 등 감염 위험군에게 복용을 권장하기도 했던 듯하다. 하지만 일부 활동가 그룹은 예방약을 복용할 경우 콘돔 사용을 기피할 수 있다는 등의 이유를 들어 연구자들의 활동에 협조하지 않았다고 한다. 랑에는 2005년 한 의학 잡지에 기고한 글에서 그들 활동가를 맹비난하며 이렇게 썼다. "콘돔 사용은 남자의 선택으로 여자가 개입할 여지가 부족하지만, 알약은 여성 스스로 자신을 보호할 수 있는 일이다." 랑에는 명백히 바보스러운 생각이나 행동에 대해서는 누구보다 신랄한 비평가였다고 〈이코노미스트〉는 썼다.

2001년 그가 암스테르담에 본부를 둔 비영리 민간기구 팜액세스재단PAS, PharmAccess Foundation을 설립한 것도 에이즈 갭을 줄이기 위한 활동의 일환이었다. 그는 팜액세스재단과 자신의 인적 네트워크를 통해 사하라 사막 이남 아프리카에 더 많은 의사와 간호사를 파견하고 더 많은 전문 의약품을 보급하고자 애썼다. 그 일은 그에게 로비스트 역할을 요구했다. 각국 정부와 협력, 독일 맥주회사 하이네켄처럼 아프리카 시장에 눈독을 들여온 주요 다국적기업을 설득하는 일도 그의 몫이었다. 2000년대 후반 미국 주도의 아프리카에이즈기구인 '대통령의 에이즈 긴급구제계획PEPFAR' 등이 개도국 의약품 보급을 역점 사업으로 펼치게 된 이후 팜액세스재단은 네덜란드 보험회사들과 아프리카 각국의 의료보험을 연계하는 프로그램과 공중 보건 시스템 정비를 위한 차관 알선 등에 주력, 나이지리아와 탄자니아, 케냐의 건강보험 펀드를 만들기도 했다. 숨질 때까지그의 공식 직함은 팜액세스재단 의장이었다.

랑에는 늘 바빴고 출장 중이었다고 팜액세스재단의 매니징디렉터 미셀 헤이든리크는 〈뉴욕타임스〉 기자에게 말했다. 이번에도 항레르토 바이러스 치료 프로그램을 구축하기 위해 탄자니아에 갔다가 돌아온 직후였다고 한다. 암스테르담 공항에서 랑에가 보낸 문자 메시지도 "super-busy"였고 헤이든리크는 늘 출장 다니는 그였기에 잘 다녀오라는 인사조차 전하지 못했다고 말했다.

아프리카보건투자기금의 실무책임자인 오노 셀러켄 박사는 "내친구랑에는 정치와 인간적 가치가 불화하는 곳이면 어디든 가려고 노력한 사람이었다"라고 하며 "다소 철학적으로 들릴지 모르지만, 그가 친러 반군의 미사일에 당해 숨을 거뒀다는 사실이 그의 삶을 상징적으로 보여주는 걸지도 모른다"라고 말했다. 〈이코노미스트〉는 부고 기사에서 랑에가 그를 숨지게 한 군인들 못지않게 격렬하고 중요한 자신의 전쟁을 치르다가 숨진 순교자라고 썼다.

1998년에 스위스항공 여객기의 추락으로 탁월한 에이즈 백신 연구자 메리 루 클레멘트를 잃은 기억이 있는 국제에이즈학회는 랑에의 사망 소식에 큰 충격에 빠졌고, 그의 공백을 메울 수 있는 누군가를 당장 찾기는 어려울 것이라며 안타까워했다. 하지만 게일은 NPR 인터뷰에서 이렇게 말했다. "훌륭한 리더는 혼자서 모든 걸 다 하려는 사람이 아니라 팀을 조직한다. 요세프는 어떤 영역에서 일을 하든 위대한 팀을 만들었다. 그 팀들이 건재하고 그들이 욥이 시작한 일을 물려받아 해낼 것이다."

1940 — 2015

파테마 메르니시

일 상 의 투 쟁

이슬람 페미니즘의 터전을 마련하다

　'베일veil'은 무슬림 여성들이 두르는 부르카, 차도르, 니잡, 히잡, 알 아미라를 뭉뚱그려 가리키는 말이다. 이슬람 여성 억압의 시각적 상징으로도 흔히 쓰인다. 2010년 프랑스 정부가 EU 국가 최초로 공공장소베일금지법을 제정한 것은 한국 정부와 여당이 추진하고 있는 시위복면금지법처럼, 사실 천을 두르는 행위를 금하자는 것만은 아니었다.

　이어 시작된 '베일 논쟁'은 그 자체로서 하나의 성과였다. 7세기 이슬람 이전의 베드윈 문화와 전통, 기본권인 종교와 신체의 자유, 프랑스가 자랑해온 관용의 정신이 베일 변론대에 놓였다. 하지만 법은 이듬해 3월 시행됐다. 2년 뒤 프랑스통합고등위원회HCI는 '대학 내 베일 금지 권고안'까지 내놨다.

　그 무렵 비영리 연구단체인 국제전략지정학회가 이슬람 페미니스트들의 베일에 대한 입장을 연재하는 기획을 했다. 미국인 아미나 와두드Amina Wadud, 1952~는 "과도한 논란 자체가 짜증스럽다"라고 썼다. 그는 "히잡을 여성에 대한 남성의 성적 억압의 상징으로 삼는 건 페미니즘에 도움을 주기보다 여성의 성적 단순화를 강화한다"
"지나친 단순화이며 역겨운 스테레오타입의 하나일 뿐"이라고 비판
했다. 북아프리카계 미국인인 그는 펜실베이니아대학교 재학 시절
인 1972년 이슬람으로 개종해 이름(본명은 메리 티슬리Mary Teasley)까
지 바꾼 뒤, 종교적 의무여서가 아니라 사적인 편의로 히잡을 두른
다고 말해온 이다. "히잡을 쓰면 피억압자이고 안 쓰면 자유인인가.
(…) 45인치 길이의 천 하나로 천국과 지옥이 나뉜다니 그 발상이
놀랍지 않은가."[1]

　저 특집의 첫 에세이는 파테마 메르니시Fatema Mernissi의 글이었다.
그는 베일이 무함마드와 쿠란의 뜻과 달리 여성을 대중 정치와 신
앙으로부터 분리·배제하는 주요 수단으로 활용된다는 사실을 인
정했다. 하지만 베일은 이슬람 남성 지배 권력이 사회·권력 구조를
지탱해온 수많은 수단과 장치 가운데 하나일 뿐이며 "이슬람 페미
니즘은 '베일' 이슈를 넘어서야 한다"라고 그는 주장했다. "어디서나
여성의 법적·사회적 평등은 사회경제적 구조와 세속주의, 차이에
대한 법적 관용, 자유의 승인, 사적 윤리와 사적 판단 능력에 대한
존중 등과 연관된 문제다. (…) 단순히 베일만 갖고 씨름하는 건 어
떠한 변화도 가져올 수 없다."

　해묵은 베일 논란을 장황하게 옮긴 건, 뻔해 보이는 사실 뒤에도
말 많은 사정이 있다는 걸 알자는 취지다. 그건 베일만의 사정이 아
니라 이슬람 페미니즘 자체의 사정이기도 했다. 무함마드와 쿠란을
어떻게 볼 것인가, 하디스Hadith, 무함마드 언행록는 쿠란과 같은가 다른
가. 근원적으로 '이슬람 페미니즘'이라는 말은 과연 성립할 수 있는

가. 국가·사회 권력의 원천인 이슬람 종교가 여성 억압을 전제한다면 그 틀 안에서의 페미니즘이란 태생적으로 타협의 소산 아닌가 등등.

파테마 메르니시는 이슬람 페미니즘의 저 험난한 이론적·실천적 영역을 바닥서부터 일구며 무슬림 여성에게 드리운 온갖 차원의 '베일'들과 드잡이해온 페미니스트였다. 무슬림 집안에서 태어나 하렘harem에서 자랐고, 유럽과 미국서 공부한 뒤 다시 무슬림 사회로 복귀한 그는 서구 비무슬림 페미니스트들과 무슬림 남성 권력, 그에게 오리엔탈리즘의 혐의를 덮어씌우려는 무슬림 여성 사회에 맞서 이슬람 페미니즘의 독자적인 영역을 개척했다. 그가 2015년 11월 30일에 별세했다. 향년 75세.

그는 1940년 9월 27일 모로코 옛 수도 페즈의 한 지주 집안에서 태어났다. 선친은 딸의 유학을 허락할 만큼 개방적인 사람이었지만 집에는 여성들의 감옥으로 불리는 하렘이 있었다. 메르니시는 그 하렘 안에서 외조모와 어머니, 이혼당하거나 남편과 사별한 친척 여성들 사이에서 성장했다.

1993년 NPR 인터뷰[2]에서 그는 유년 시절의 기억을 언급했다. "집에서 어머니는 하이크haik, 얼굴 일부만 드러내는 흰색 천 원피스를 거부하고 젤라바djellaba, 로브 형태의 남성복를 입곤 했어요. 소매가 따로 있어서 활동하기 편해서였는데, 그건 서구 전통 사회에서 여성이 남자 바지를 입는 것만큼이나 엄청난 도전이었어요." 그런 어머니조차 (남자 친척을 동반하지 않고) 혼자 외출하는 건 엄두를 못 냈다. 언젠가 어머니가 혼잣말처럼 "이른 새벽 인적 없는 거리를 걸어볼 수만 있다면……. 그 무렵 도시의 색깔은 푸르스름하겠지? 아니면 노을 질 때처럼 불그레할까" 하고 물었다고 한다. 메르니시는 어머니의 그 탄식 같은 말에 하렘의 어른들 누구도 대답을 못했다고 말했다.

그의 유년인 1940년대는 터키와 이집트의 이슬람 개혁 운동이 한창이던 때였다. 남자들이 깜빡 잊고 라디오 캐비닛을 열어두기라도 하면 하렘 여성들은 몰래 방송을 들으며 새로운 변화의 기대와 갈망에 들뜨곤 했다. 모로코 역시 프랑스 식민지에 맞선 민족주의 운동으로 진보적 개혁 열기가 달아오르던 때였다. 메르니시는 무슬림 초등학교를 나와 프랑스령의 한 여학교를 다녔다. 그가 수도 라바트의 모하메드5세대학교에서 정치학 학위를 딴 뒤 장학생으로 뽑혀 프랑스 소르본에서 유학하고, 미국 매사추세츠 브랜다이스대학교에서 사회학으로 박사 학위를 딸 수 있었던 데는 그런 분위기 영향도 컸을 것이다. 1975년에 단행본으로 나온 그의 첫 책 『베일을 넘어서Beyond the Veil』는 박사 학위논문을 손본 거였다.

"서구 문화의 성 불평등은 여성의 생물학적 열등성의 믿음에 근거한다. (…) 반면에 이슬람의 불평등 시스템은 여성이 강력하고 위험한 존재라는 가정에서 비롯한다. 모든 성 억압 제도들(일부다처제, 강제 이혼, 성적 격리 등)은 여성의 힘을 억누르려는 전략에서 비롯된 것이다. (…) 서구 여성해방이 여성이 주축이 돼 남성과의 평등을 이루려는 데 초점을 맞춘다면, 무슬림 국가의 페미니즘은 남녀가 함께 양성의 평등적 관계성을 복원하는 데 초점을 맞춘다." 그의 전제는 무함마드 시대 무슬림 사회에는 여성 억압이 없었다는 거였고, 그의 주장은 이후 남성 권력자들에 의해 왜곡된 하디스와 샤리아Sharia, 이슬람 율법의 지배로부터 벗어나야 한다는 거였다. 책에서 그는 무함마드 사후 25년 후부터 정리되기 시작한 하디스의 서술 주체남성와 서술의 맥락, 왜곡 사례 등을 쿠란과 비판적으로 대조했다고 한다. 비무슬림 사회에 만연한 무슬림 여성상에 대해서도 그는 "말 없고 수동적이고 순종적인 여성"은 진짜 이슬람과는 무관하며 남성 중심의 이슬람 공동체Ulama, 즉 남성 권력자들이 가부장 체제를 유지하기 위해 쿠란 텍스트를 조작하고 왜곡한 결과라고 주장했다.[5]

범상해 보이는 그의 주장은 실은 가공할 내파内破의 전략과 수단을 담고 있었다. 그는 무함마드와 쿠란의 정통성 위에서 이슬람 현실을 비판함으로써 이슬람 페미니즘의 독자적 영역을 구축했고 이슬람 현실 권력과 '서양물 든 여성 지식인'이라는 무슬림 여성들의 편견에 맞설 교두보를 마련했다. 그는 후속 연구에서도, 남성 권력과의 싸움에서도, 대중들과의 대화에서도 저 입장 혹은 전략을 평생 견지했다. 메르니시는 박사 학위를 따자마자 조국으로 돌아와 모교인 모하메드5세대학교에서 교편을 잡았다.

그의 주저 가운데 하나인 『베일과 남성 엘리트The Veil and the Male Elite』에서 그는 "신성한 텍스트의 왜곡은 그 자체로서 문제일 뿐 아니라 무슬림 사회 권력의 구조를 왜곡하는 결과를 낳았다"라고 썼다. "7세기 이후 모든 권력—종교와 정치권력, 경제적 이해가 (여성 지위와 권리를 둘러싼) 전통의 조작에 동원되었다."[6] 그는 여성의 물리적 공간 억압의 실체이자 상징인 하렘을 두고, 그곳은 서구인이 상상하듯 술탄이 관장하는 성적 쾌락의 공간이 아니라 온 세대 집

안 여성들이 격리된 채 지내는 따분하고 지루한 부르주아 공간이라고 썼다. 그는 이슬람이 여성을 공간적으로 억압하는 것과 달리 서구의 남성들은 '시간적 통제'를 통해 사실상의 하렘을 운영해왔다고 주장했다. "여성은 열네 살처럼 보여야 한다. 만일 50살이나, 더 심하게 60살쯤으로 보이면 그녀는 끝이다(beyond the pale). 소녀를 미의 이상형으로 상정함으로써 남성은 성숙한 여성을 보이지 않는 존재로 치부한다."

하렘 시절의 체험을 녹여 강하고 개성 있는 여러 여성들을 등장시킨 자전적 소설 『월경의 꿈Dreams of Trespass』이나 무슬림 계층별·직업별 여성 열한 명의 인터뷰집 『일상의 투쟁Doing Daily Battle』 등은 내부의 자의식과 외부의 편견을 동시에 겨냥한 책이었다. 1988년 선거로 파키스탄 수상이 된 베나지르 부토Benazir Bhutto, 1953~2007에 대해 이슬람 원리주의자들이 반발하자 그는 『이슬람의 잊힌 여왕들The Forgotten Queens of Islam』을 출간했다. 책에서 그는 8세기 이후 무슬림 국가의 여성 정치권력자들, 예컨대 인도의 술탄 라지아Sultana Razia, 1205~1240, 몰디브와 인도네시아의 여왕 등을 일일이 깨워 부토의 뒤에 서게 했다. 『이슬람과 민주주의Islam & Democracy』는 걸프전 직후 이슬람 사회의 민주주의 가능성에 대한 논란을 해명한 책이다. 거기서 메르니시는 "서구 사회가 지닌 무슬림 신화와 이슬람 근본주의의 뿌리를 파괴하기 위해서는 무슬림 세계 스스로 민주주의를 복원하고 제 가치와 전망을 내보여야 한다"라고 주장했다. 그 핵심이 물론 여성 인권의 복원이었다.

파키스탄 일간지 〈데일리타임스〉는 부고 기사에서 "글쓰기는 기도의 오래된 형식 중 하나"라는 그의 말을 인용했다. "글을 쓴다는 선 소통이 가능하다는 것, 그들 안에 선량함이 있다는 것을 믿는 것이고 그들의 관대함과 더 나아지려는 희망을 일깨울 수 있다는 믿음을 실천하는 행위다."『월경의 꿈』에는 하렘의 여성들이 춤을 추는 에피소드가 등장하는데, 그중 가장 부드러운 춤사위를 자랑하던 '미나'라는 여인에게 화자가 요령을 묻는 장면이 나오는 모양이다. 미나는 "저 여인들은 자신들의 삶에 화가 나 있고, 그 분노의 인질이 되어 있어. 그건 슬픈 운명이지. (비록 여기는 감옥이지만) 더 열악한 감옥은 스스로 만들어낸 감옥이야"라고 답한다.[7] 저 구절은 〈뉴욕타임스〉에 소개된 어머니의 일화, 즉 인적 없는 새벽의 빛깔을 동경하는 하렘 여인들의 영적·지적 노마디즘과 해방의 열망을 떠올리며 썼을지 모른다. 그리고 스스로 만든 감옥에는 갇히지 않겠다는 그 각오가 극지의 해방구라 해도 좋을 이슬람 페미니즘의 터전을 일군 메르니시의 낙관과 믿음의 밑천이었을 것이다.

에세이에 썼듯이 그는 부르카를 비롯한 모든 베일을, 남성 권력이 강제한 모든 금기와 억압을 거부했다. NPR 인터뷰에서 그는 딱 두 가지를 원한다고, 모스크와 위성^{satellite}이라고 말했다. 그는 흔들림 없이 기도^{페미니즘 글쓰기}했고, '위성방송'으로 그 기도를 전하고자 했다. 『월경의 꿈』의 이런 구절이 그 예일 것이다. "아름다움은 피부에 있어! 잘 가꾸고, 잘 씻고, 오일도 바르고, 향수도 뿌리고, 특별한 날이 아니어도 예쁜 옷을 입어서 네가 여왕이 된 듯 느낄 수 있어야 해. 만일 세상이 너를 모질게 대하면 네 살결을 어루만지면서 맞서. 피부는 정치적이야.(Skin is political.) 아니라면 왜 이맘들이 감추라고 하겠니?"

1928 — 2015
앨빈 브론스타인

폭동 아닌 봉기

수형자의 인권도 존중되어야 한다

"압제tyranny는 힘센 자가 아니라 가장 힘없는 이들을 짓밟는 데서 시작됩니다." 변호사 앨빈 브론스타인Alvin Bronstein에게 약자는 남부의 흑인도 이주 노동자도 도시 빈민도 아닌 옥에 갇힌 이들이었다. 그는 1972년 미국시민자유연맹의 '국가감옥프로젝트NPP'를 만들어 23년간 이끌며 재소자 인권과 수형 제도 개선을 위해 헌신했다. 은퇴 직전인 1995년 3월 〈필라델피아인콰이어러〉 인터뷰[1]에서 그는 저렇게, 또 이렇게 말했다. "내 등을 떠민 건 과도한 국가권력으로부터 개인의 권리를 지켜야 한다는 의무감이었습니다. 그게 바로 권리장전Bill of Rights의 정신이죠. (…) 인권을 의미 있게 여기는 사회라면 재소자에게도 사회 구성원으로서 누려야 할 최소한의 것들을 보장해야 합니다."

인권 피라미드의 가장 아랫단에 등을 대고 인간의 존엄과 문명의 기품이 아주 나락으로 구르지 않게 떠받친 앨빈 브론스타인이 2015년 10월 24일에 별세했다. 향년 87세.

브론스타인은 1928년 6월 8일 미국 뉴욕 브루클린에서 러시아 유대인 이민자의 아들로 태어났다. 아버지는 약품 판매원이었고, 어머니는 가게 점원이었다. 가난했지만 가난보다 더 사무친 유년의 기억은 아버지가 들려주곤 하던 코사크의 유대인 학살 이야기였다고 한다. 제2차 세계대전 나치의 만행을 알게 된 건 스무 살 무렵이었다. 그런 분노는 좀체 사라지지 않는다고, 권력에 대한 불신이 거기서 비롯됐노라고, 그는 여러 차례 말했다. 브루클린 에라스무스홀 고교를 졸업한 뒤 뉴욕시티칼리지와 뉴욕대 로스쿨을 거쳐 1951년에 변호사가 됐다. 그의 첫 직장은 친척이 운영하던 법률사무소였다. 하지만 사업가들의 소송을 대행하며 세법과 상법을 뒤적이는 일이 그의 성에 찼을 리 없다.

선거와 공공장소에서의 흑백 차별을 금하는 민권법이 발효된 1964년 6월, 36세의 그는 로펌에 사표를 내고 미시시피 주 아프리칸아메리칸들의 유권자 등록을 독려하는 미국시민자유연맹의 '자유의 여름' 캠페인에 가담한다. 그리고 만 4년간 미국시민자유연맹 미시시피 주 법률자문위원회 수석변호사로서 디프사우스의 인권 소송을 주도하며 단체와 활동가들을 대변했다. 그는 그 경험을 "내 생의 전기였다"라고 "이제 전에 하던 변호사 업무로 돌아갈 수 없다는 걸 깨달았다" 하고 훗날 말했다. 그를 사로잡은 건 남부 흑인들의 용기였고, 갓 탄생한 민권법의 최전선에서 일한다는 자부심이었다.

감옥 실정을 보게 된 게 그 무렵이었다. 인종차별은, 적어도 법적으로는 개선의 노둣돌이 놓였다지만 감옥은 상상하지 못하던 참경의 공간이었다. 구타와 모욕은 일상이었고, 변기 위의 쪽잠도 예사였다. 법도 사회의 시선도 미치지 않는 인권의 사각. 그는 당시 인권

운동가들이 감옥으로 눈을 돌린 건 논리적 귀결이었다고 1995년 인터뷰에서 말했다.

　미국 교정 행정 역사상 최악의 사태로 꼽히는 '아티카Attica폭동' 이 1971년 9월 일어났다. 뉴욕 주 버펄로 시 와이오밍카운티의 중죄인교도소 아티카의 재소자 1200여 명이 교도관 40여 명을 인질로 잡고 나흘간 교도소를 점거한 사건. 재소자들은 28개의 요구를 내걸고 주정부와 협상을 시도했다. 한 달에 한 개씩 지급되는 두루마리 휴지를 늘려달라, 주 1회 샤워를 허락하라, 종교 자유를 보장하라……. 협상 타결 뒤 기소나 보복을 하지 말라는 것도 물론 포함됐다. 사실 저 요구 대부분은 폭동 전부터 끊임없이 제기해온 거였다. 하루 30센트의 강제 노역 임금으로는 휴지 등 사용품私用品을 구매하기도 힘들고, 정원보다 40퍼센트나 더 많이 수용된 감방에서는 제대로 누울 수도 없었다. 거기에 교도관의 구타와 임의적인 독방 감금, 다쳐도 제대로 치료받지 못하는 현실……. 그 끝이 폭동이었다.

　당시 주지사는 석유왕 존 록펠러의 손자인 보수주의자 넬슨 록펠러Nelson Aldrich Rockefeller, 1908~1979였고, 재소자의 80퍼센트는 흑인과 푸에르토리코 출신 이민자였다. 점거 나흘째인 13일 록펠러는 무력 진압을 명령한다. 훗날 한 조사위원이 "인디언 대학살을 빼면 남북전쟁 이래 최악의 유혈 참사"라고 표현한 그 진압 작전으로 마흔세 명이 숨졌고 여든아홉 명이 다쳤다. 사망자 중에는 교도관 여덟 명과 민간인 직원 세 명이 포함됐는데, 재소자 폭행으로 숨진 교도관 한 명을 뺀 전원이 주방위군의 총격에 희생됐다. 1972년 미연방조사특별위원회는 '과잉 진압'이라는 요지의 보고서를 발표했지만 책임자를 적시하지는 않았다.

시드니 루멧 감독의 영화 〈뜨거운 오후〉는 폭동 4년 뒤인 1975년 개봉됐다. 영화에는 어설픈 은행 강도 '소니' 역을 맡은 알 파치노가 경찰과 협상 도중 "아티카, 아티카"를 절규하듯 연호하는 장면, 시민들이 동조하며 환성을 지르는 장면이 나온다. 영화 속 그들은 폭동을 '봉기'라고 여겼다.

록펠러는 3년 뒤 포드 행정부의 부통령이 됐다. 아티카의 유족과 부상자 가족은 1974년 뉴욕 주정부를 상대로 손해배상 소송을 제기했지만, 뉴욕 주정부는 2000년에야 배상액 800만 달러에 합의했다.

브론스타인이 '국가감옥프로젝트'를 설립한 것은 아티카폭동 이듬해인 1972년이었다. 국가감옥프로젝트는 이후 연방과 주정부를 상대로 수많은 집단소송을 벌이며 재소자 인권 보호 및 법률·제도 개선 운동의 선봉으로 활약했고, 미국뿐 아니라 국제사회에서 유사 소송의 기준이 될 만한 기념비적인 판례들을 개척했다.

출범 직후 앨라배마 주 정부를 상대로 제기한 소송은 1976년 연방법원의 수감시설 최소 기준 설정 판결로 이어졌다. 당시 앨라배마의 감옥은 창문도 없어 '개집Doghouse'이라 불렸는데, 세 명이 간신히 누울 수 있는 공간에 일곱 명이 수감돼 일부는 변기 위에서 잠을 자야 할 정도였다. 1977년 로드아일랜드 집단소송은 수감시설의 위생 및 보건 실태와 교도관들의 폭력을 문제 삼은 거였다. 연방법원은 수정헌법 제8조의 '잔인하고 이례적인 형벌cruel and unusual punishment' 금지 조항 위반이라며, 시정되지 않을 경우 주립교도소를 폐쇄하겠다고 판결했다. 1979년에는 엉터리 치료로 전신이 마비

내 등을 떠민 건 과도한 국가권력으로부터
개인의 권리를 지켜야 한다는 의무감이었습니다.
그게 바로 권리장전의 정신이죠.
인권을 의미 있게 여기는 사회라면
재소자에게도 사회 구성원으로서 누려야 할
최소한의 것들을 보장해야 합니다.

된 한 재소자를 대리해 버지니아 주정부를 상대로 소송을 걸어 미국 교도소 재소자 배상금으로는 사상 최고액인 51만 8000달러를 받아냈고, 1992년에는 재소자가 다른 재소자로부터 심각한 상해를 입을 수 있는 상황을 교도관이 인지하고도 그를 보호하는 데 실패한 경우 교도관에게 책임이 있다는 판결을 받아냈다. 그는 1989년 영국 런던에 본부를 둔 수형자 인권 운동 국제 NGO '국제형벌개혁PRI'의 설립에 주도적으로 참여하기도 했다.

브론스타인이 궁극적으로 원한 건 감옥 환경 개선이 아니라 감옥 시설이 최소화된 사회, 감옥 없는 사회였다. 그는 범죄자의 재활은 감옥이 아니라 지역공동체 안에서, 가족과의 유대 속에서 보다 효과적으로 이뤄진다고 주장했고 국제형벌개혁 등과 더불어 마약 소지 등 경범죄자를 실형 대신 치료감호로 대체토록 하는 운동을 주도했다.

2015년 4월 아일랜드가 마약 소지자를 기소·재판하지 않고 치료 시설에 수용해 재활을 돕기로 한 것, 앞서 2001년 포르투갈, 2009년 멕시코, 또 스위스, 독일, 콜롬비아, 페루, 싱가포르, 홍콩 등 여러 나라가 마약 소지를 '비범죄화decriminalize'했거나 하려는 것도 브론스타인 등이 이끌어낸 변화의 일부였다.[2]

국제수형시설연구센터ICPS가 2013년 10월 발표한 '세계 재소자 현황'[3]에 따르면 전 세계의 재소자미결수 제외는 약 1020만 명이다. 그 가운데 약 22퍼센트가 미국224만 명의 감옥에 있다. 인구 10만 명당 716명꼴로, 세계 평균144명의 다섯 배였다.

브론스타인은 감옥 산업 복합체, 즉 민간 자본이 감옥을 지어 운영함으로써 정부는 재정지출을 줄이고 자본은 재소자의 값싼 노동력을 활용하고 재소자는 적절한 직업교육으로 새활에 도움을 얻는다는, 그럴싸한 논리의 허구성을 성토하곤 했다. 재소자 노동이란게 대부분 기계적 단순노동이고, 이윤 목적의 자본이 수형 환경 개선에 적극적일 리가 없으며, 무엇보다 더 많은 노동력을 확보하기 위해 강경 행형 정책을 지지하게 되고, 그 결과 감옥은 더욱 과밀화되고 인권이 악화되는 악순환을 그는 누구보다 고통스럽게 지켜봐왔기 때문이다. 레이건 행정부의 '마약과의 전쟁' 이후 조지 부시의 보수 정권 8년을 겪은 뒤인 1995년 인터뷰에서 그는 "우리의 감옥을 20세기의 감옥처럼 만들어놓은 모든 진보의 결실들이 점점 침식당하고 있다"라고 말했다.

아티카폭동 40주년 한 달 전인 2011년 8월 9일, 아티카의 재소자 조지 윌리엄스가 교도관 세 명의 집단 구타로 병원에 실려 왔다. "입 닥쳐"라는 한 교도관의 호통에 누군가 "너나 닥쳐"라며 욕을 했는데, 방에서 TV를 보던 윌리엄스의 목소리로 교도관들이 오인한 결과였다. 교도관들은 재소자 전원을 감방에 감금한 뒤 윌리엄스를 끌고 나와 다수가 보는 앞에서 무자비하게 구타했다.(보석상을 턴 혐의로 4년 형을 받은 윌리엄스는 당시 형기를 넉 달 남겨둔 상태였다.) 교도소 당직 의사는 부상 정도가 너무 심해 자기가 치료할 수 없다고 판단했고, 윌리엄스는 50마일이나 떨어진 버펄로 시내의 에리카운티 메디컬센터로 옮겨졌다. 어깨 골절, 두 다리 골절, 다수의 갈비뼈 골절, 왼쪽 눈 주위 뼈 골절, 상악동 출혈, 다수의 자상과 전신 타박

상. 의사의 소신으로 교도관 폭행 사실이 세상에 알려졌고, 주정부와 경찰의 조사가 시작됐다. 아티카의 교도관들은 그 조사에 항의하며 '폭동' 기념일을 기점으로 태업에 나섰고, 그 피해는 오롯이 재소자들의 몫이었다. 배식 지연, 면회 절차 지연, 과잉 수색…….

교도관들은 조사에 철저히 저항했고, 재소자들 역시 보복이 두려워 진술을 기피했다. 조사관들은 진술에 응한 재소자 다섯 명을 다른 교도소로 이감해야 했다. 그렇게 어렵게 확인한바 교도소 측이 폭행도 모자라 사실 은폐를 시도했고, 윌리엄스가 흉기를 소지한 것으로 보고서를 조작한 사실도 드러났다. 그해 12월 13일 관련 교도관들은 '1급 폭행' 혐의 등으로 정식 기소됐다. 성폭행 외에 교도관이 재소자를 상대로 저지른 범죄로 기소된 것은 뉴욕 주에선 처음 있는 일이었다.[4]

'마셜프로젝트'의 톰 로빈스는 2015년 2월 〈뉴욕타임스〉 기사에서 교도관 폭행은 다반사라는 게 아티카 수감자와 출소자 다수의 진술이었다며 한 재소자가 했다는 말—"바깥 사람들이 여기를 변화시킬 수는 없어요. 우리가 (새로운) 폭동을 일으켜야 해요. 그것만이 유일한 해법입니다"—을 전했다. 기자는 그 어조가 위협적이라기보다 절망적이었다고 덧붙였다. 재소자의 저 말은, 비록 어조는 달랐겠지만 아티카폭동조사위원회 책임자였던 아서 리먼이 한 말과 다르지 않은 거였다. "아무리 굳은 대문과 담장이라도 절망한 이들의 분노를 영원히 가두지는 못한다."[5] 그리고 진보 매체 〈더 네이션〉이 1971년 9월 27일 자 사설 「아티카 학살」[6]에서 경고한 말이기도 했다. "미국의 감옥은 법적 기관institutions이 아니라 (쓰레기 등을 담는) 용기receptacles였다. 당연히 죄수는 쓰레기가 아니다. 감옥이 현재의 자유뿐 아니라 미래의 희망마저 박탈하려 한다면 우리는 '아티카'를 새로운 전쟁의 이름으로 기억하게 될 것이다."

천주교인권위원회 활동가 강성준 씨는 2007년에 민주노총이 주최한 비정규직노동자 대량해고규탄집회에 참가했다가 업무방해 등 혐의로 약식기소되어 2012년 6월 대법원에서 벌금 70만 원 판결을 받았다. 그는 벌금 납부를 거부하고 그해 12월 7일 노역 수형자로 서울구치소에 13일간 수감됐다. 그리고 당시 구치소 거실 면적이 표지판 기록8.96제곱미터과 달리 6,687제곱미터고 수용 인원을 반영하면 1인당 1.24제곱미터약 0.375평에 불과하다며, 2013년 3월 과밀 수용에 대한 헌법 소원을 냈다. 소장에는 브론스타인의 국가감옥프로젝트와 국제형벌개혁 등이 쟁취한 미국과 독일의 수용시설 환경기준과 최소 면적 등이 국제 판례로 명시됐다.

유엔인권위원회는 2015년 11월 6일 본위원회 115차 한국 보고서에 대한 최종 권고에서 기업 인권, 성차별, 성폭력, 군대 폭력 등 다양한 문제들에 대한 지적과 함께 '구금시설' 상황에 대한 우려도 표명했다. 유엔인권위는 과밀 수용, 외부 의료시설 접근 제한, 징벌 목적의 보호 장비 임의 사용, 독방 구금 남용 등을 문제점으로 지적했다.

브론스타인의 책상 위에는 그가 앞장서 헐게 한, 지하 감옥이라 불리던 1890년대 테네시 주립교도소의 벽돌 한 장과 하와이 청소년교도소 징벌방 열쇠의 명판이 놓여 있었다고 한다. 명판에는 "이 열쇠가 청년을 절망 속에 가두는 데 또다시 쓰이지 않기를"이라는 문구가 새겨져 있었다.

1924 — 2014
하요 마이어

분노의 목소리

아우슈비츠 생존자로서 나치즘과 시오니즘 비판

1월 27일은 국제 홀로코스트 희생자 추모의 날이다. 외신들은 매년 이날 아우슈비츠 강제수용소의 흑백사진들과 함께 추모식장에서 서방의 주요 정치인들이 헌화하고 묵념하는 장면들을 휴머니즘의 감동적 연설과 함께 전한다. 아우슈비츠 수감자들이 1945년 소련군에 의해 해방된 것을 기려 2005년 유엔총회가 이날을 제정했다.

2010년 추모 행사를 하루 앞둔 1월 26일, 영국 런던대학에서는 '국제유대인반시오니스트네트워크IJAN'와 현지 시민단체인 '스코티시팔레스타인연대캠페인'이 주최한 대중 강연회 'Never Again, For Anyone(누굴 위해서도 다시는 결코)'이 열렸다. 그와 같은 제노사이드가 두 번 다시, 누구에게도 되풀이돼서는 안 된다는 취지의 이 행사가 겨냥한 것은 과거가 아니라 현재, 제3제국과 파시즘이 아니라 이스라엘과 그들의 시오니즘호전적 민족주의이었다. 네덜란드 국적의 독일계 유대인으로 아우슈비츠에서 살아남은 86세의 하요 마이어Hajo Meyer가 연단에 섰다. 그는 홀로코스트 추모 행사장에서 이스라엘·영국·미국 우방 정치인들의 범죄와 위선을, 국제사회의 침묵과

내가 기억하는 유대교의 윤리적 전통은
시오니즘의 바탕과 전혀 다르다.
유대교는 보편성과 인간성에 기초하고 있지만
시오니즘은 아주 협소한 국가주의와 인종주의,
식민지주의의 합성물일 뿐이다.

방조를 거침없이 폭로했다. "아우슈비츠에서 나는 다른 누군가를 비인간화^{dehumanize}하려는 자는 먼저 스스로를 비인간화한다는 사실을 깨달았습니다. 그들이 어떤 유니폼을 입었든—독일 군복이든 죄수복이든—압제자는 더 이상 진정한 인간이 아닙니다." 백발의 그는 자신이 인간으로 남기 위해 그 자리에 섰다고 말했다.[1]

유럽유대인평화연대의 일원이자 네덜란드의 반시오니즘 유대인 모임 '유대인의 다른 목소리^{A Different Jewish Voice}' 위원이며 국제유대인반시오니스트네트워크 멤버로 반시오니즘과 팔레스타인 인권 운동에 헌신했던 하요 마이어가 2014년 8월 22일 네덜란드 레이스베이크 자택에서 숨졌다. 향년 90세.

마이어는 반유대주의자였다. 그는 에드워드 사이드^{Edward Said, 1935~2003}나 놈 촘스키처럼 저명한 학자나 직업적인 정치활동가가 아닌 평범한 유럽 시민이었다. 특별하다면 나치 강제수용소에 갇혔다가 살아 돌아온 이력이겠으나 죽음의 행진을 피해 수용소를 나온 이는 부헨발트의 2만 명을 포함, 약 10만 명에 달했다. 하지만 그는 자신을 가둔 철조망 안에서, 그리고 살아나온 뒤에도 희생자로서 자신과 자기 민족을 특권화하는 대신 그들을 가둔 가해자와 갇혔던 희생자들을, 그들의 내면을 객관화하고자 노력했다. 그는 자신이 겪고 깨달은 바를 세상에 알렸고 재발 방지^{Never Again}를 위한 인류의 헌신에 앞장섰다.

알려진 그의 사적인 삶은 강연 같은 공적인 활동 중에 스스로 밝힌 게 거의 전부다. 그는 1924년 8월 12일 독일 빌레펠트의 한 유대인 가정에서 태어났다. 1938년 11월 9일 이른바 '수정의 밤^{Cristal}

Night'사건이 일어난다. 파리 주재 독일대사관의 3등서기관 한 명이 열일곱 살 독일계 유대인 청년에게 암살당한 그 일을 빌미로 나치 경찰과 군대는 유대인의 집과 상점, 종교시설을 조직적으로 불 지르 며 파괴했고 유대인을 무차별로 구타하고 연행했다. 열네 살이던 그 는 그 일로 엄청난 충격을 받았다고 한 인터뷰에서 밝혔다. 더 큰 충격은 그날 이후 학교를 다닐 수 없게 된 거였다. 그는 〈에무리힙〉 이라는 매체와의 인터뷰에서 당시를 떠올리며 "제노사이드에도 다 양한 형태가 있다"라고 말했다. "그중 한 형태가 교육을 통해 자신 의 퍼스널리티를 개발하고자 하는 젊은이에게 그 기회를 박탈하는 것이다. 대규모 강제 추방도, 굶기는 것도 제노사이드이며…… 그 형태는 무수히 많다." 다른 인터뷰에서는 교육 기회의 박탈을 '아주 느리게 진행되는 학살'이라고 표현하기도 했다.

마이어는 이듬해 혼자 네덜란드로 유학을 떠나지만 전쟁과 함께 네덜란드를 장악한 나치는 1943년 4월 대대적인 유대인 현황 조사 를 시작했다. 그는 지하로 잠적해 1년여 동안 유대계 레지스탕스운 동에 가담하다가 체포된다. 스무 살의 그는 아우슈비츠에 10개월간 갇혀 있다 나왔지만 그의 부모는 살아남지 못했다.

2010년 〈허핑턴포스트〉에 기고한 「배반당한 윤리적 전통」이라는 글에서 그는 자신이 아우슈비츠에서 살아남을 수 있었던 게 두 가 지 행운 덕이라고 밝혔다. 하나는 네덜란드 고학 시절 익힌 열쇠 수 리 기술 덕에 수용소 내 공장에서 일하면서 그 시절 겨울의 혹한을 모면할 수 있었던 거였고, 또 하나는 조스라는 친구를 만난 거였다. 그는 시루 안의 콩나물처럼 수많은 이들이 좁은 수용소 감방 안에 갇혀 부대끼다 보면 누구나 극단적인 외로움을 느끼게 된다며 "그와의 우정이 있어, 서로 돕고 절대적으로 의지할 수 있다는 신뢰가 있어 외롭지 않았다. 그게 나를 심리적으로 죽지 않게 해준 활력이었다"라고 말했다.

그는 강제수용소가 유대인을 비인간화하는(비인간화하기 위한) 공간이라고 이해했다. 유대인이 벌레라고 세뇌당한 나치 군인에게 수용소의 유대인은 더 이상 인간이 아니었고, 그들은 비인간적 범죄를 저지르면서도 죄의식을 느끼지 않게 됐다. 동시에 그런 비인간화의 논리는 상황과 체험을 통해 피해자에게도 내면화됐다. 그러므로 그가 심리적 생존의 활력이라고 했던 우정은 서로에 대한 존중과 공감, 다시 말해 자신의 인간성과 인간으로서의 자존감을 지킬 수 있게 해준 버팀목 같은 거였다. 그는 인류가 아우슈비츠의 경험을 통해 간직해야 할 교훈이 있다면 다시는, 그리고 누구에게도 그런 일이 반복돼서는 안 된다는 사실이라고 강조했다.

그에게 아우슈비츠의 기억은 이스라엘 시온주의자들이 팔레스타인과 아랍 이웃 국가에 행하는 행태를 통해 끊임없이 환기됐다. 그는 이스라엘이 시오니즘적 야심과 범죄를 감추기 위해 아우슈비츠의 의미를 왜곡하고 있다고 주장했다. 상징적인 존재로 마이어는 1986년 노벨평화상 수상자인 루마니아 태생의 유대인 작가 엘리 위젤Elie Wiesel, 1928~을 들곤 했다. 아우슈비츠 생존자인 위젤의 논지는 한마디로 "그 어떤 것도 홀로코스트에 비할 수 없고, 이후의 그 무엇도 홀로코스트와 무관할 수 없다"라는 거였다. 마이어는 2010년에 런던 강연에서 "유대교는 이스라엘에서 홀로코스트라는 신흥 종교로 대체됐고, 그 종교의 대제사장이 엘리 위젤"이라며 신랄한 어조로 비판했다. "위젤은 아우슈비츠를 '시나이의 경험', 즉 모세가 십계명을 받은 신학적 사건에 비유하곤 한다. (…) 그 맥락 안에서 유대인은 지구 상 어느 누구도 겪은 적 없고 겪을 수도 없는 가장 참담한 고난의 독점적 주체가 되며, 유대인이 누구팔레스타인인에게 어떤 짓을 하든 그것은 유대인이 겪었던 것에 비할 수 없다는 논리로 이어진다. 그러므로 죄의식 없이 무슨 짓이든 할 수 있다는 계율적 근기를 미련한다."

연설에서 그는 아리안 나치의 유대인에 대한 영장 없는 체포, 인간을 벌레에 비유하는 교육과 선전, 조직적 세뇌와 학살이 지금 시오니스트 유대인들이 팔레스타인인에게 행하는 짓들, 그리고 그들 자신의 자녀들에게 행하는 교육과 얼마나 똑같은지 사례를 들어 비교하기도 했다.

2010년 유럽에 이어 2011년 1월 24일부터 2월 19일까지 그는 미국 열두 개 도시와 캐나다 토론토를 돌며 'Never Again' 강연을 이어갔다. LA에서 마지막 강연을 앞두고 독립 매체인 〈카운터펀치〉와 가진 인터뷰에서 〈예루살렘포스트〉 등 이스라엘 언론들이 자신을 반유대주의자로 소개하는 사실에 대해 그는 당당한 어조로 무척 자랑스럽게 생각한다며 이렇게 말했다. "과거의 반유대주의자는 단지 유대인이라는 이유, 즉 유대인 천성과 민족성 때문에 그들을 미워했지만, (나와 같은) 지금의 반유대주의자가 미워하는 것은 시오니스트다. 과거 나치의 돌격 대장 헤르만 괴링이 '누가 유대인인지는 내가 정한다'라고 말했듯이 지금 시오니스트들은 누가 반유대주의자인지 자신들이 정하고 있다."

그 역시 유년 시절 유대주의 종교적 전통 속에서 성장했다. 〈인티파다팔레스타인〉과의 인터뷰에서 자신은 비록 무신론자이긴 하지만 어릴 적 교육받은 계몽적이고 개혁적인 유대교의 가르침과 사회문화적 전통에 애착을 지니고 있다고 말했다. "내가 기억하는 유대교의 윤리적 전통은 시오니즘의 바탕과 전혀 다르다. 유대교는 보편성과 인간성에 기초하고 있지만 시오니즘은 아주 협소한 국가주의와 인종주의, 식민지주의의 합성물일 뿐이다. (…) 시오니즘은 그것이 만들어지던 19세기 말 제국주의 국가들의 보편적인 논리와 정서에 바탕을 두고 있다."

그는 아우슈비츠에서 해방된 뒤 네덜란드로 돌아가 대학에서 이론물리학을 전공했고, 필립스전자에 입사해 물리연구소장을 지내는 등 직업인으로서 썩 성공적인 삶을 살았다. 퇴직 후 바이올린과 비올라 디자이너로도 일하면서 여러 반시오니즘 유대인단체에 적을 두고 활동을 이어왔다.

그가 유럽과 미국, 특히 이스라엘 사회에 크게 이름을 알린 것은 2009년에 쓴 저서 『유대 정신의 종말The End of Judaism』 덕이 컸을 것이다. 실제로 그의 강연 활동과 영미·아랍권 중소 독립 매체 인터뷰—〈뉴욕타임스〉〈워싱턴포스트〉〈월스트리트저널〉〈LA타임스〉 등 유대 자본의 미국 유력지와 AP, UPI, 영국 로이터 등 통신사 어디에서도 그의 책 리뷰나 인터뷰, 심지어 부고 기사를 싣지 않았다—가 보도되기 시작한 것도 대부분 책 출간 이후부터다. 그는 책을 낸 동기에 대해 아랍권 온라인 매체인 〈일렉트로닉인티파다〉와의 인터뷰에서 유럽 언론이 오스트리아 극우 자유당FPO 당수 외르크 하이더나 프랑스의 장마리 르펜에 대해서는 보도하면서 2001년 이스라엘 수상에 당선된 파시스트적 성향의 정치인 아리엘 샤론Ariel Sharon, 1928~2014에 대해서는 침묵하는 것을 보고 책을 쓰게 됐다고 말했다. "나는 모든 인간을 동등한 관계 속에 두는 것을 핵심 가치로 여기는 유대주의의 전통 속에서 성장했다. (…) 이스라엘의 시오니스트들은 홀로코스트를 모른다. 그들은 아이들에게(영토 확장과 팔레스타인인 축출의) 편집증을 주입하기 위한 수단으로 홀로코스트를 이용할 뿐이다."[2]

장래 계획을 묻는 질문에 85세의 그는 "내가 몇 살인지 아느냐"라고 웃으며 반문하면서도 "나는 항상 스스로를 조롱하듯 내게는 두 가지 길이 있다고 말하곤 한다. 하고 싶은 게 많아서 늘 피곤하게 사는 것과 얌전히 떠날 날을 기다리는 것. 내 계획은 피곤해지겠다는 거다. 왜냐하면 나는 아직 할 말이 많이 남아 있기 때문이다"라고 말했다.

1948년 12월에 갓 건국한 이스라엘의 자유당 당수 메나헴 베긴 Menachem Wolfovitch Begin, 1913~1992이 미국을 방문했다. 그는 그해 4월 데이르야신 마을 아랍인 주민 학살의 실질적 책임자 가운데 한 명이었다. 그해 12월 2일 자 〈뉴욕타임스〉에는 알베르트 아인슈타인과 한나 아렌트 등 40여 명이 서명한 「뉴욕타임스 편집자에게 드리는 편지」라는 글이 광고 지면에 실렸다. 서명자들은 "과거의 행태에 비춰 보건대 우리는 미래에 어떤 일이 빚어질지 예견할 수 있다"라며 미국이 이스라엘의 극우화를 경계할 것을 촉구했다.

2014년 8월 1일 자 〈뉴욕타임스〉 〈월스트리트저널〉 〈워싱턴포스트〉 〈가디언〉에는 엘리 위젤의 광고 글이 실렸다. 「3500년 전 유대인은 아이의 희생을 거부했다. 이제 하마스의 차례다」라는 제목의 글에서 그는 하마스를 나치에 비유했다. 위젤은 구약의 아브라함이 신의 뜻으로 이삭에게 들었던 칼을 내린 구절을 환기하며 이제 하마스가 무기를 내려야 한다고, 하마스 탓에 팔레스타인 아이들과 민간인들이 희생을 겪고 있다고 주장했다. 글 위에는 복면을 한 채 로켓포를 짊어진 하마스 군인의 사진이 있었다.

그리고 같은 해 8월 23일 자 〈뉴욕타임스〉에는 위젤의 저 광고를 반박하는 반시오니스트 유대인들의 성명서가 역시 전면 광고로 실렸다. 나치수용소 생존자 마흔세 명과 그들의 자녀까지 전부 327명이 서명한 성명서는 "가자지구에서 자행되고 있는 학살과 팔레스타인 점령 및 식민지화를 우리는 비판한다. 나아가 우리는 이스라엘이 공격을 수행할 수 있도록 재정적 지원을 한 미국, 이스라엘을 외교적으로 보호하고 있는 서방 국가들도 비판한다"라고 밝히고 있다. 글의 끄트머리에 "우리는 정당화할 수 없는 것을 정당화하기 위해 역사를 왜곡한 엘리 위젤의 행태에 역겨움과 분노를 느낀다"라는 구절도 딸려 있다. "NEVER AGAIN FOR ANYONE!"으로 끝맺는 그 글의 서명자 명단 맨 앞에는 하요 마이어가 있었다. "피곤하게 살겠다" 하던 약속대로, 아니 숨을 거둔 뒤에도 그는 저렇게 호소했다.

1961 — 2015

카스파 보든

감 시 받 지 않 을 권 리

보편 인권으로서의 프라이버시

미국의 미술가 셰퍼드 페어리Shepard Fairey, 1970~는 2008년 미국 대선 때 버락 오바마의 얼굴 밑에 'HOPE'라는 단어를 새긴 그림을 그렸다. 공식 선거운동원도 아니었던 그는 제 돈과 성금으로 그림 스티커와 포스터 80만 장을 만들어 배포했고, 오바마 지지자들은 'CHANGE' 'VOTE' 등 단어를 바꿔가며 그의 그림을 활용했다. 이듬해 2월 대통령 오바마는 페어리에게 감사 편지를 썼다. "당신의 작품에 담긴 정치적 메시지는 유권자들에게 현실을 바꿀 수 있다는 믿음을 갖게 하는 데 크게 기여했다." 오바마 선거 캠프의 공식 슬로건은 "우리는 할 수 있다(Yes, We Can)"였다.

2013년 페어리는 "우리는 감시할 수 있다(Yes, We Scan)"라고 문구를 단 새로운 오바마 포스터를 그렸다. 그해 6월 에드워드 스노든이 폭로한, 미국국가안전국NSA의 무차별 사찰에 대한 풍자였다. 포스터에는 "완전한 감시사회Monitored Society로 나아가자" "통제에 복종하라" "우리는 너희를 지켜보고 있다" 같은 패러디 문구들이 포함됐다. 페어리는 제 블로그에 "누구든 마음껏 포스터를 사용할 수 있고, 그림(과 글)을 고쳐 써도 좋다"라고 썼다. 오바마의 답장은 물론 없었다.

오바마와 미국 정부의 '답장'은 사실 스노든의 여권 정지라고 해야 할 것이다. 이후 스노든은 곡절 끝에 러시아로 망명했고, 미 정보 당국과 보수 애국주의자들은 그를 '반역자' '매국노'라 불렀다. 한 외신 인터뷰에서 스노든은 애국과 안보·민주주의·자유의 이름으로, 아니 그 이름들에 반해 실제로 어떤 일들이 벌어지고 있는지 알려야 한다며 이렇게 말했다. "만일 내가 당신 이메일이나 당신 부인의 휴대폰 통화 내역을 보고 싶다면 나는 이 시스템프리즘을 이용하기만 하면 된다. 나는 당신의 이메일, 비밀번호, 통화 기록, 신용카드 사용 내역까지 알 수 있다. 나는 이런 사회에 살고 싶지 않다."

스노든의 폭로로 드러났듯이 감시의 주체는 미국국가안전국만이 아니었고 미국만도 아니었다. 미국연방수사국FBI도 있었고, 영국정보통신본부GCHQ도 있었다. 사찰 및 정보 수집 대상이 블랙리스트에 오른 잠재적 테러 집단과 외국인만도 아니었다. 우방을 포함한 세계 주요 정치인과 외교관, 언론인도 그 대상이었다. 평범한 미국 시민도 언제든 '프리즘PRISM. 미국국가안전국의 개인 정보 감시 프로젝트와 시스템'의 타깃이 되고 실제로 그래왔다는 사실도 드러났다.

페어리는 블로그에 이렇게 썼다. "만일 미국 시민들이 그 프로그램을 알고 있고 민주적 절차로 승인했다면, 나는 동의하지 않지만 다수의 선택인 만큼 받아들이겠다."

스노든의 폭로가 있기 직전인 2013년 5월, 프랑스에서 열린 한 국제해커페스티벌에서 스노든과 거의 똑같은 요지의 연설을 한 이가 있었다. 영국의 개인정보 보호 활동가 카스파 보든Caspar Bowden이었다. 그는 "유럽인들의 통화, 이메일 그리고 인터넷으로 주고받는 모든 형태의 정보들이 미국 법원의 영장 없이 미 정보 당국에 의해 감시당할 수 있다" 하고 말했다. 하지만 영국 시민인 그의 생각은 미국 시민인 페어리와 사뭇 달랐다. 그는 미국 시민 다수가 동의하고 의회가 승인한 법이라 하더라도 그 법이 유럽인과 세계인의 프라이버시를 침해한다면 결연히 맞서야 한다고 주장했다. 스노든의 폭로로 그의 경고가 사실로 확인되기 전까지 보든은 '과대망상증 환자' '불안조성자alarmist' 등으로 매도당하곤 했다. 1997년 선구적인 정보 프라이버시 민간 싱크탱크인 '정보정책연구재단FIPR'을 만들고, 심층 웹 '토르Tor'와 인터넷 개인정보 보호를 위한 비정기 국제 컨퍼런스 '안전을 위한 암호화Scrambling for Safety'를 이끌었던 그가 2015년 7월 9일 흑색종으로 별세했다. 향년 53세.

카스파 보든은 1961년 8월 19일 영국 런던에서 태어났다. 컴퓨터를 좋아해서 열네 살 때 혼자 부품을 구해 16비트 컴퓨터를 조립했다고 한다.[1] 수학 전공으로 케임브리지대학교 모들린대학에 진학하지만 졸업은 못하는데, 수학이 싫어서가 아니라 컴퓨터가 더 좋아서였다. 20대 말 투자은행 골드만삭스에 취직하기 전까지 스스로 밝힌 직업은 '발명가'였다. 컴퓨터 하드웨어를 쓰기만 한 건 아니었다는 말을 그렇게 했을 것이다. 게임을 비롯해 이런저런 프로그램도 만들었지만, 이거다 싶은 건 없었던 듯하다. 이후 이력을 보건대 해

커의 어두운 세계를 잠깐 넘봤을 수도 있다.

골드만삭스에 취직한 건, 비록 중퇴였지만 케임브리지대학교에서 수학을 공부한 이력 덕이었다. 그는 선물옵션 애널리스트로 일했고, 옵션 가격 모델 시뮬레이팅, 암호화 소프트웨어 개발 등 전산 업무에서도 꽤 돋보이는 역할을 했던 듯하다. 그랬으니 영국 노동당의 과학 정책 자문기관인 과학자학회Labour Scientist Society 멤버로, 또 회장으로 활동할 수 있었을 것이다. 1997년 영국 총선에서 압승한 토니 블레어의 '신노동당' 과학 정책에는 그의 생각도 스며 있었다.

1990년대는 이른바 정보를 둘러싼 암호전쟁Crypto War이 새로운 국면을 맞이한 시기였다. 1993년 미국국가안전국은 당시 클린턴 행정부를 설득해 클리퍼칩Clipper Chip, 즉 통신사업자들로부터 언제든 고객들의 통신암호정보back-door key를 입수할 수 있는 권한을 법제화하도록 맹렬한 로비를 벌였다. 미국이 '스파이법'으로 알려진 해외정보감시법FISA을 제정한 건 1978년이었다. 그 법으로 설립된 특별법원인 해외정보감시법원FISC은 정보기관의 요청에 따라 구글, 야후 등 미국 통신업체에 '국가 안보 조사(정보 사찰)' 영장을 발부할 수 있었다. 클리퍼칩은 미국국가안전국 등이 영장 없이 상시적으로, 무차별적으로 외국인(과 사실상 자국민)의 통신, 위치 등 사생활 정보 전반을 감시하고 수집할 수 있도록 하자는 거였다.(이른바 '애국법'이 제정된 건 2001년 9·11사태 직후였다. 애국법 제215조를 근거로 미국국가안전국은 외국인, 외국 기관뿐 아니라 자국민에 대해서도 통신 도청·감청을 할 수 있다. 미 의회는 2015년 6월 시한이 만료된 제215조를 개정, 자국민에 대한 정보 사찰 범위를 대폭 규제한 '자유 법안'을 통과시켰다.)

미국 해외정보감시법원이
'인권 및 기본적 자유에 관한 유럽 협약'을
무시하면서 유럽 시민들의 삶에 전면적으로
개입하도록 내버려두는 한
유럽인의 인권과 프라이버시는
보호될 수 없다.

스노든 폭로 직후인 2013년 11월 미국국가정보국ODNI이 공개한 자료에 따르면 미국국가안전국이 해외정보감시법원으로부터 인터넷 감시권을 승인받은 것은 2004년이었다. 그전까지는 법원과 의회의 승인 없이 해외 불법 정보수집이 이뤄졌다는 얘기다. 2009년 부시 전 대통령은 해외정보감시법 수정 법안에 서명한다. 정보기관의 불법 사찰에 협조한 정부통신사업자들의 민·형사상 일체의 책임을 면제해주는 내용이었다.

영국의 1997년 총선 이슈 가운데 하나도 사이버 프라이버시, 즉 개인 정보 보호였다. 노동당은 시민들의 프라이버시를 침해하는 어떠한 정책에도 동의하지 않는다고 선언했고, 정보기관이 통신사업자에게 고객들의 암호를 요구할 수 있는 권한에 반대한다고 공약했다. 그 공약은 물론 보든을 비롯한 과학자문단의 핵심 요구 중 하나였다.

하지만 블레어 행정부는 선거 직후 입장을 180도 뒤집는다. 영국하원이 수사권한규제법RIPA을 상정한 것은 2000년 2월이었고, 통과시킨 것은 그해 7월 26일이었다. 수사권한규제법은 이름과 달리 "테러 및 범죄근절을 위해서라면" 공공기관이 국민의 동의 없이 인터넷, 이메일, 통화 기록 등을 감청·열람할 수 있도록 한 법이었다. 그 권한은 입법 초기에 경찰과 정보기관 등 소수 권력기관에만 부여됐으나 점차 행정기관과 지방정부까지 시민들의 사소한 위법 행위— 예컨대 쓰레기 불법 투기, 위장 전입 등—를 적발하는 데 활용하는 지경에 이른다. 영국정보통신본부가 국내외 주요 언론사의 사내 이메일 등을 광범위하게 사찰해온 건 13년 뒤인 스노든의 폭로로 드러난 사실이었다.

보든은 총선 직후 노동당의 '배신' 의사를 확인하자마자 돌아선다. 그리고 곧장 만든 게 정보정책연구재단이었다. 그와 재단은 블레어 행정부를 상대로 수사권한규제법 법안의 실체를 폭로하고 사찰 권한과 범위를 제한하는 싸움에 나섰다. 예컨대 그는 정보content와 트래픽데이터traffic data에 대한 전화와 인터넷의 차이를 국회의원들에게 설명하고 국민에게 알렸다. 통화 내역은 그야말로 트래픽데이터에 불과하지만 인터넷의 트래픽데이터는 URL, 즉 사용자의 접속 도메인과 IP 주소, 이메일 파일 등 네트워크 정보 자원을 모두 담고 있기 때문에 전화로 치자면 대화 내용content까지 포괄한다는 거였다.[2] 보든의 입장은 2000년 법안에 일부 반영됐지만 그야말로 일부였다. 그와 그의 재단은 다국적 시민단체 '프라이버시인터내셔널PI' '글로벌인터넷자유캠페인' 등과 더불어 '스크램블링 포 세이프티Scrambling for Safety'를 주최해왔다. 1997년 5월 시작된 이래 거의 매년 개최된 이 행사는 개인 정보 보호와 공권력의 프라이버시 침해 실태를 폭로하고 대안을 모색하는 콘퍼런스다.

2002년 보든은 마이크로소프트의 고객정보보호책임자CPO, Chief Privacy Officer로 취직했다. 미국을 뺀 유럽과 중동 40개국이 그의 관할 지역이었다. 마이크로소프트에서 그는 미국 정보기관과 기업들이 어떻게 정보 사찰에 협력하는지 파악하게 된다. 정보보안사업가 윌리엄 히스라는 이는 〈월스트리트저널〉 인터뷰에서 보든이 마이크로소프트에서 일어나는 일들 중 자신이 책임질 수 없는 부분이 있다는 것을 깨달은 뒤, 또 자기도 알 수 없는 일들이 일어나고 있다는 것을 감지한 뒤 "고객정보보호책임자가 아니라 고객정보고문CPA, Chief Privacy Adviser으로 제 지위와 역할을 바꿨다"라고 전했다. 보든의 친구이자 동지인 구스 호사인 프라이버시인터내셔널 의장은 "마이크로소프트에 재직하는 동안 유럽인들의 개인 정보 침해 사례와 관련해 본사에 맞서다 일곱 차례 정도 잘릴 지경에 이른 적이 있다"라는 고백이 담긴 보든의 이메일을 최근 공개하기도 했다. 보든은 2011년 권고사직당했다.

마이크로소프트는 스노든 폭로 직후 "합법적인 절차와 권한 내에서 제한적인 계정에 한해 정보를 제공했다"라고 해명했다. 하지만 보든은 2013년 스위스 로잔에서 열린 스크램블링 포 세이프티에서 "마이크로소프트를 믿지 않는다. (…) 나는 최근 2년 동안 마이크로소프트의 그 어떤 제품도 쓰지 않았고 휴대폰도 안 쓴다"라고 말했다.[3]

스노든의 폭로는 동료 활동가이자 연구자 크리스토퍼 소그호이언Christopher Soghoian, 1981~의 말처럼 "보든의 승리"이기도 했다. 싸워 이겼다는 게 아니라 비로소 그의 의혹이 사실로 확인됐다는 의미, 이제 '미친놈' 소리는 안 듣게 됐다는 의미였다. 2013년 그는 유럽의회와 시민자유정의가족위원회LIBE의 요청으로 국가 간 정보 사찰 실태와 대책 보고서를 작성했다. 보고서에서 그는 미국으로부터 유럽 시민들의 프라이버시와 정보를 지키려면 오픈소스 소프트웨어에 기반한 독자적인 클라우드 산업을 육성할 것 등을 제안했다.

2013년 7월 런던정치경제대학교 저널 인터뷰에서 그는 프리즘의 실체가 드러난 뒤에도 영국 언론들이 그 문제를 소홀히 다루는 것에 대해 어이없어했다. "미국 시민들은 수정헌법 제4조사생활 보호 조항의 보호를 받을 수 있지만, 전 미국국가안전국 국장 마이클 헤이든의 말처럼 그 조항은 국제조약이 아니다. (…) 나는 유럽이 미국에 대해 미국 법해외정보감시법을 수정하도록 거칠게 요구해야 한다고 생각한다. 혹자는 그 주장을 비현실적이라고 말할 것이다. 하지만 미국 해외정보감시법원이 '인권 및 기본적 자유에 관한 유럽 협약'을 무시하면서 유럽 시민들의 삶에 전면적으로 개입하도록 내버려두는 한 유럽인의 인권과 프라이버시는 보호될 수 없다." 그는 "프라이버시는 모든 공적·사적 권리를 포괄적으로 가능하게 하는 메타 권리다"라고 말했다.

그가 숨지던 날, 토르 프로젝트 대변인 겸 개발자 제이컵 애플바움Jacob Applebaum, 1983~은 트위터에 이렇게 썼다. "병원에서 카스파보든은 국적에 상관없이 전 세계인이 동등하게 프라이버시를 보호받는 세상을 만들어달라고 당부했다." 그 유언에 따라 '카스파보든 재단'이 설립됐다. "보편 인권으로서의 프라이버시를 옹호하고 보호·증진하는 기술을 발전시키기 위한" 재단이다. 재단은 보든의 유산과 기부금으로 운영될 예정이다.

1915 — 2015
루스 레거 시버드

무기로 쌓아올린 평화

세계적인 군비경쟁을 폭로하다

『시프리 연감SIPRI Yearbook』이라는 게 있다. 스웨덴 스톡홀름국제평화연구소SIPRI가 1969년부터 매년 발간해온 세계 각국의 군사 비용 및 무기 수출입 자료집이다. 스톡홀름국제평화연구소는 스웨덴 정부가 1966년 설립하고 운영예산을 대지만, 다국적 이사진에 의해 정치적 간섭 없이 운영되는 중립적인 국제 군사외교 연구기관이다. 첫 한국어판은 2001년에 발간됐다.

126년 전통의 국제 평화운동 민간기구인 국제평화국IPS은 2011년 『시프리 연감』이 발행되는 4월 둘째 주 월요일을 '세계 군축 행동의 날'로 정했다. 이날 국제평화국과 세계 70여 개국 비정부기구 등은 동시다발적인 평화·군축 촉구 캠페인을 벌인다. 행사 캐치프레이즈는 "전쟁 대신 복지를(Welfare, Not Warfare)"이다.

한국에서도 행사가 열렸다. 2011년 4월 12일, 35개 시민사회단체와 국회의원 서른한 명이 참여한 제1회 대회부터 2015년 4월의 제6회 대회까지 공동선언문의 요지는 한결같았다. "매년 천문학적인 금액을 군사비로 사용하면서도 세계시민들의 평화와 안전은 요원한 작금의 현실에 대해 성찰하고, 우리의 세금을 군사비가 아닌 사회 정의 회복과 지속 가능하고 평화로운 세상을 만드는 데 사용하도록 요구하고자 합니다."

저 평화·군축의 메시지를 국제사회에 처음 공식적으로 제기한 루스 레거 시버드Ruth Leger Sivard가 2015년 8월 21일에 별세했다. 향년 99세. 그는 1960년대 미 군축청 공무원으로서 『시프리 연감』보다 5년 앞선 1964년 국가별 군사비 지출 내역 연례 보고서를 발간했고, 1966년 보고서부터는 군사비뿐 아니라 교육, 보건, 국제 원조 등 비교 예산 항목을 포함시켜 과도한 군사비 지출과 냉전 군비경쟁의 실상을 세상에 알렸다. 1971년에 공직을 떠난(사실상 쫓겨난) 그는 독립된 비영리단체를 설립, 1996년까지 연례 보고서를 계속 발간했고, 그 작업은 국제평화국과 스톡홀름국제평화연구소를 비롯한 전 세계 평화 연구 및 군축 운동에 값진 자료와 영감을 제공했다.

시버드는 나치를 피해 미국으로 이민 온 재봉사 어머니와 옷감을 팔던 아버지 사이에서 1915년 11월 25일에 태어났다. 스미스대학교와 뉴욕대학교에서 각각 사회학과 경제학을 전공한 시버드는 제2차 세계대전 중 운영된 미국 물가관리국OPA에 취직했다. 전쟁이 끝난 뒤에는 오스트리아 유엔 본부와 스위스에 본부가 있던 전후 국제난민구제기구IRO 등에서 일했다. 1961년 미국군축청ACDA이 설립되면서 그도 일원으로 참여한다. 가족의 이력과 간접적으로 겪은 전쟁의 참상은 그로 하여금 평화와 군축에 남다른 관심을 갖게 했을 법하다. 3년 뒤인 1964년 군축청의 군사비 관련 보고서 「세계의 방위 비용Worldwide Defense Expenditures」은 연방 정부의 주문에 따라 그가 주도해 만든 첫 보고서였다.

이른바 데탕트 시기였다. 전후 서유럽과 일본 경제가 비약적으로 성장했다. 미국으로선 군비 이전·분산을 통한 국제 군사 질서 재편이 절실했다. 군축청은 그러니까, 이름처럼 군축이 아닌 미국 중심의 새로운 냉전 군비 경쟁 전략을 목적으로 한 기관이었다. 시버드의 연례 보고서는 그 전략의 밑그림이자 홍보 자료인 셈이었다. 하지만 군축청 경제분과 책임자였던 시버드는 그 취지에 동조하지 않았다. 단순히 각국 군비 예산만 대비해서 보여주는 것은 냉전의 논리를 뒷받침하는 것이라 여겼고(사실 취지가 그러했다), 평화와 군축의 뜻을 살리고 예산 집행의 우선순위를 살피기 위해서는 사회 부문의 다른 예산들, 예컨대 영아 사망률을 낮추기 위해 투입되는 예산이나 국민 1인당 교육예산과 국방 예산을 대비하는 게 더 중요하다고 여겼다. 1966년 1월에 발간한 보고서에는 국방비뿐 아니라 교육, 보건 등 예산 항목이 추가됐고 보고서 이름도 '세계의 군비 지출World Military Expenditures'로 바뀐다. 그의 보고서는 각 행정부와 외국 정부, 연구기관 등에서 손꼽아 기다리는 보고서가 됐다. 가장 떨떠름해한 것은 당연히 국방부였고, 백악관 역시 썩 달갑잖아 했다. 예산을 인도차이나(특히 베트남)에 퍼붓다시피 하던 때였다.

국방장관 멜빈 레어드Melvin R. Laird, 1922~가 닉슨 대통령에게 보고서에 대해 불평하는 편지를 쓴 사실이 폭로된 것은 1970년 6월 9일이었다. 군축청 보고서가 그릇된 데이터를 근거로 작성돼 소비에트에 비해 미국과 서방이 국방 예산을 과도하게 쓰는 것처럼 보이게 했다는 게 불만의 요지였다. 군축청의 1970년 보고서는 1969년 나토회원국이 국방비로 1080억 달러를 쓴 반면 바르샤바조약기구는 630억 달러를 썼다고 밝혔다. 또 1967년 소비에트가 520억 달러를 쓰는 동안 미국은 750억 달러를 썼다고 전했다. 보고서에 따르면 1964~1967년 사이 소비에트의 국방비는 16퍼센트 증가한 반면 미국은 47퍼센트 늘었다.

백악관 외교안보 보좌관이던 헨리 키신저는 국방부가 제기한 문제를 군축청에 전달했고, 군축청은 "보고서는 우리가 입수할 수 있는 가장 합리적인 자료에 근거해 작성됐다"라고 반박했다. 〈뉴욕타임스〉는 군축청이 "우리 보고서는 선전용이 아닌 사실적 자료로써 세계의 군비 수준을 보여주기 위한 것이다. 보고서는 우리가 확보할 수 있는 가장 신뢰할 만한 자료를 근거로 만들어진다. 다만 워낙 방대하고 복잡한 통계자료들이 담겨 있는 만큼 입장에 따라 다른 해석도 물론 가능하다. 우리 편집진은 좋은 제안이 있다면 언제든 환영한다"라고 응대했다고 밝혔다.

〈뉴욕타임스〉는 그 공방을 전하며 "만일 펜타곤의 지적이 옳았다면, 백악관은 개정판을 내라고 했거나 다음 보고서부터라도 달리 만들 게 했을 것"이라며 시버드를 역성들었다. 그리고 군축청 보고서는 공신력을 유지하기 위해 정보기관들이 생산한 자료보다는 공개된 자료들, 예컨대 미연방 국제개발국이나 유엔 경제협력개발기구 등의 자료를 주로 활용했다는 사실을 전했다.

이듬해 닉슨 행정부는 군축청의 시버드 보고서 발행을 중지시킨다. 대신 순수 국방 예산 자료로만 된『세계 군사 비용 및 무기 거래 World Military Expenditures and Arms Transfers』를 발간하기 시작한다. 1986

년 한 인터뷰에서 시버드는 "수많은 시민들이 부문별 예산집행 내역 전반을 알고자 했지만, 정부는 그 정보를 시민들에게 알리길 원치 않았다. 정부는 군비와 다른 사회적 필요들이 아무 관련 없는 사안이라고 말했지만, 나는 그 둘이 밀접한 관련이 있다고 생각해왔다"라고 말했다. 그의 후임으로 정부 자료집 편집 책임을 맡았던 대니얼 갈릭은 "일개 정부기관이 다른 모든 행정부처의 예산 정책에 대해 질문을 던지는 형식의 보고서는 적절치 않다고 생각한다"라고 밝혔다.[2] 시버드 버전의 보고서는 지미 카터Jimmy Carter, 1924~ 대통령 재임 중 잠깐 부활했지만, 로널드 레이건 행정부에 들면서 다시 퇴행했다.

보고서 발간이 중단되면서 군축청을 나온 시버드는 1971년 비영리 독립기관 '월드프라이어러티World Priorities'를 설립한다. 그는 카네기그룹과 포드재단, 록펠러재단 등의 지원을 받아 3년 뒤인 1974년 12월 『세계 군사 및 사회 지출World Military and Social Expenditures』을 발간한다. 그는 자신이 쓰고 출판한 첫 보고서에 "보고서의 목적은 연간 세계의 자원이 얼마나 사회적으로 또 군사적 용도로 배분되는지 알리고, 예산 배분 우선순위에 대한 객관적인 기준을 모색하는데 있다"라고 썼다.

보고서에는 더 직설적이고, 더 공격적이고, 더 광범위한 데이터들이 담기기 시작했다. 1985년 보고서에서 그는 "연간 전 세계 군비 지출 규모가 8000억 달러에 도달했다. 현재 지구 상에는 세계 인구의 열두 배에 달하는 580억 명을 죽일 수 있는 핵무기가 존재한다"라고 썼다. 세계 인구 43명당 1명의 군인이 존재하는 반면 외과의는

연간 전 세계 군비 지출 규모가
8000억 달러에 도달했다.
현재 지구 상에는
세계 인구의 열두 배에 달하는
580억 명을 죽일 수 있는 핵무기가 존재한다.

1030명당 1명뿐이라는 데이터도, 군인 1인당 연간 50만 865달러를 쓰는 사우디아라비아 국민의 문자 해독률은 세계 120위에 불과한 반면, 문맹률이 가장 낮은 핀란드의 군인 1인당 비용은 세계 34위라는 자료도 보고서에 실렸다. 1988년 보고서에는 "미국의 교육 지출은 군사 지출의 약 34퍼센트에 불과한 반면 서독의 교육 지출은 군비보다 약 40퍼센트가 많다"라고 썼다.[3] 린든 존슨 정부의 부통령을 지낸 휴버트 험프리Hubert H. Humphrey, 1911~1978는 1975년판 서문에 "나는 이 세계의 군사 거물들을 견제해 군비경쟁이 아닌 평화적인 발전 경쟁으로 나아가게 하는 문제보다 인류를 위해 더 중요한 문제가 있다고 생각하지 않는다"라며 응원했다. 역사학자로서 미국의 구소련 주재 대사를 지낸 조지 케넌George F. Kennan, 1904~2005은 "보고서가 선명하게 보여주듯이, 지금과 같은 군비경쟁 추세가 지속될 경우 우리의 미래는 총체적 파국 외에 다른 어떤 것도 기대할 수 없을 것이다"라고 썼다.

그의 뜻에 동조하는 유엔 산하 기구 등 여러 국제단체와 기관들이 양질의 다양한 데이터를 제공했다. 예컨대 유네스코는 세계 각국의 교육 관련 통계자료의 공급처였다. 정부 보고서는 무료였고, 30쪽이 채 안 되는 그의 보고서는 한 부당 5달러에 판매됐다. 그의 보고서는 각국 정부 부처와 대학, 연구기관 등에 한해 평균 2만 부가 팔려나갔고 프랑스어·노르웨이어·스웨덴어·덴마크어·핀란드어·일본어·독일어·스페인어 버전으로도 발간됐다. 시버드는 1986년 인터뷰에서 "미국 정부가 내 보고서의 가장 큰 소비자 중 하나였다. 백악관은 매년 보고서가 나올 때마다 직원들을 보내 사가곤 했고, 의회 역시 마찬가지였다"라고 말했다.

1996년 그의 건강이 나빠졌고, 보고서는 1996년판이 마지막이 됐다. 81세의 그에게 내려진 진단은 치매였다. 그사이 그가 개척한 길을 따라 전 세계에 수많은 평화군축운동 단체들이 생겨났다.

시버드의 열정과 국제 평화운동 단체들의 활동에도 불구하고 세계의 군사력은 커져왔다. 『시프리 연감 2015』에 따르면 2014년 전 세계 군사 지출은 1조 7760억 달러였다. 압도적 1위인 미국의 군비만 7050억 달러로 30년 전의 전 세계 군비 총액과 맞먹는 규모였다. 전체적으로는 전년에 비해 0.4퍼센트 감소했지만 아프리카와 동유럽, 중동 지역의 군비 지출은 늘었다. 중국과 한국이 포함된 동아시아 역시 6.2퍼센트 증가했다. 한국은 군비 지출 세계 10위에 무기 수입 세계 9위지만, 잘 알려져 있다시피 복지비는 OECD 조사 대상 28개국 중 최하위다. 2015년 한국 국방 예산은 전년에 비해 4.9퍼센트 증가한 37조 4560억 원으로 북한 실질 GDP의 두 배가 넘는다.

참여연대는 2015년 4월 '세계 군축 행동의 날' 캠페인 자료에서 "나에게 37조 원이 있다면?"이라는 질문으로 시민들의 상상력을 자극했다. "무상 의료? 반값 등록금? 전 세계 빈곤 퇴치? 대체에너지 개발?" 반값 등록금을 실현하는 데는 연간 약 7조 원이 든다. 툭하면 불거지는 방산 비리, 군수 비리로 새는 돈은 별개 문제고 그 규모 역시 알 길이 없다.

하지만 기획재정부는 2015년 9월 8일, 2016년 국방비를 4퍼센트 늘린 38조 9556억 원으로 증액한다고 밝혔다. "북한의 지뢰 및 포격 도발 사건이 발생하면서 북한 위협에 대비한 핵심 방위력을 보강하기 위해서"라는 게 이유였다.

시버드가 첫 보고서를 낸 이래로 세계는, 적어도 거대 전쟁의 위협으로부터는 비교적 멀찍이 서 있게 됐다. 그 평화는 시버드의 뜻처럼 군비 감축을 통해서가 아니라 파국적인 군사력 축적으로 이룩된 평화다. 하지만 시버드는 "군사력으로 안전을 도모하려는 관료 사회가 지속되는 한 이 지구는 결코 안전해질 수 없다. (…) 우리 주머니에서 나간 돈이 우리를 죽일지 모른다"라고 말했다.

그의 지적은 원론적으로 옳지만 냉정히 말해서 그의 '우리'가 인류라는 이름의 우리는 아니다. 군사 강국의 정치와 군수산업은 지금도 이 지구의 어딘가에서 전쟁무기 수요를 창출하고 있고, 한반도도 그중 한 곳이다. '세계 군축 행동의 날' 슬로건("전쟁 대신 복지를")을 한국에서는 "우리 세금을 무기 대신 복지에!"라고 외친다.

1928 —— 2014
클라이드 콜린스 스노

진실을 말하는 뼈

유골 분석으로 법의인류학을 실현하다

2006년 8월 이라크 바그다드 특별재판소. 전 독재자 사담 후세인 Saddam Hussein, 1937~2006의 전범 재판 증인석에 미국의 법의인류학자 클라이드 콜린스 스노Clyde Collins Snow가 앉았다. 1988년 8월 크루드 족 거주지인 할라브자 마을 주민을 화학무기로 학살한 혐의가 후세 인에게 추가되면서 열린 첫 공판이었다. 스노는 1991년 중동 지역 인권 매체인 〈미들이스트워치〉의 요청으로 국제 법의학 전문가들 을 이끌고 현장 발굴 조사를 다녀온 터였다.

재판장은 이날 이례적으로 후세인에게 전문가 증언에 대한 항변 권을 부여했고, 줄기차게 무죄를 주장하던 후세인은 "이라크 지역 에는 집단 매장지가 널려 있다. 당신이 발굴한 곳이 수천 년 전 수 메르인의 유적이 아니라고 어떻게 확신하느냐"라고 따졌다. 스노는 미국 남부 출신 특유의 느린 어조로 이렇게 대꾸했다. "수메르인들 이 매~우 뛰어난 문명을 누렸다는 사실을 나도 안다. 하지만 그들 중 상당수가 전자시계를 손목에 찰 정도는 아니었다고 알고 있다. (…) 그리고 그 시계들은 1988년 3월 무렵에 대부분 멈춰 있다."

2009년 7월 〈가디언〉에 기고한 글에서 저 일화를 소개하며 스노는 이렇게 썼다. "내 증언이 후세인의 최종 평결에 기여했다는 사실에 만족한다. 그리고 이라크 같은 나라의 정치 지도자들에게 과거의 범죄로부터 결코 자유로울 수 없을 것이라는 사실을 보여줄 수 있어서 기뻤다."

DNA 분석을 통한 유전자 감식이 범죄 수사에 활용되기 전인 1970년대부터 유골 관찰과 분석 등의 기법으로 피살자의 신원과 범죄 가능성을 확인하는 길을 개척했던 선구적 법의인류학자 클라이드 콜린스 스노가 2014년 5월 16일에 별세했다. 향년 86세.

그는 이라크 학살 현장뿐 아니라 1970, 1980년대 아르헨티나와 칠레, 엘살바도르, 코소보, 보스니아, 르완다 등 독재 권력에 의해 자행된 제노사이드, 1979년 시카고 항공 참사, 1995년 오클라호마 폭탄 참사, 2001년 9월 11일 뉴욕 맨해튼 시신 발굴 현장에서 수많은 피해자의 신원을 확인했고, 또 법정에 서서 희생자를 대변했으며 정의를 위해 싸웠다. 그는 이런 말들을 남겼다.

"인간의 몸에는 206개의 뼈와 32개의 치아가 있다. 그 각각은 우리에게 들려줄 이야기를 지니고 있다."

"뼈들의 이야기가 난해하게 들릴지 모른다. 하지만 뼈는 결코 거짓말하지 않으며 나쁜 냄새를 풍기지도 않는다."

"(유해가 묻힌) 땅은 아름다운 여자와 같다. 만약 당신이 부드럽게 대한다면 '그녀'는 자신의 비밀을 들려줄 것이다."

"증인들은 세월이 흐르면서 많은 것을 잊어버릴 수 있다. 하지만 망자, 특히 뼈는 결코 잊지 않는다. 그들의 증언은 조용하면서도 유창하다."

"뼈는 눈雪의 결정처럼 하나하나마다 미세한 차이가 있다. 그 차이들을 통해 유전적 특징과 영양 상태, 습관, 질병의 이력, 학대와 살인의 증거를 얻을 수 있다."

스노는 1928년 1월 1일에 미국 텍사스 포트워스에서 태어나 텍사스 서부 크로스비카운티의 벽촌 랄스에서 자랐다. 반경 30마일 이내에서 유일한 의사였던 그의 아버지는 주민들의 출산에서부터 각종 사건 사고 현장에 빠짐없이 불려 다니곤 했다. 그런 아버지를 따라다니며 스노는 어려서부터 삶과 죽음, 그리고 죽음의 사연들에 익숙해졌다. 그가 인간의 유골을 처음 본 것은 열두 살 무렵이었다. 아버지와 사냥을 갔다가 사슴 뼈들과 함께 쌓인 인골을 보고, 희생자가 사냥감을 옮기다가 심장마비로 숨졌을 정황을 아버지와 함께 추리했다. 당시 경찰은 피해자가 현장에 남긴 유일한 단서였던 열쇠꾸러미를 들고 실종된 인근 지역 사냥꾼들의 집을 찾아다닌 끝에 신원을 확인했다. 주검과의 그 강렬한 첫 만남을 스노는 잊을 수 없다고 말했다.

소년 시절 그는 강의보다 호기심에 끌렸고, 공부보다 장난을 '과도하게' 즐겼던 듯하다. 텍사스 주 교육관이 학교를 방문하던 날, 그는 친구들과 화약 장난을 쳐서 퇴학당했고 로스웰의 뉴멕시코 군사학교에서 간신히 학업을 마쳤다. 졸업 후 댈러스의 남부감리신학

325

대학교, 베일러의 매디컬스쿨 등을 잠깐씩 다니지만 역시 학위를 따는 데는 실패했다. 공부보다 술을 즐긴 시절이었다. 그는 1951년 동부 뉴멕시코대학교를 근근이 졸업하고, 1955년 텍사스공대에서 동물학으로 석사 학위를 받았다. 공군에 입대해 3년을 복무한 뒤 애리조나대학교에 진학해 고고학을 전공, 유적 발굴 기법 등을 익혔고 1967년 인류학으로 박사 학위를 받았다. 저 모든 방황과 유전 流轉이 스노 자신이 짠 인생의 영리한 기획에 따른 것은 아니었을 것이다. 하지만 희한하게도 이후 50여 년에 걸쳐 그가 법의인류학의 독보적 영역을 개척하는 동안 저 학습과 연구의 이력은 절묘하게 기여했다.

그의 첫 직위는 미국연방항공국FAA 사고안전 연구원이었다. 크고 작은 항공기 사고의 유형과 승객 부상 등 피해 메커니즘을 조사해 좌석과 안전벨트 디자인을 개선하고 비상구 위치와 긴급 탈출 전략 등을 조정하는 등의 일이었다고 한다. 하지만 그의 주된 관심은 기체보다 승객, 즉 항공기 안전 역학보다 승객의 상해 및 사망 사연이었다. 그는 박사 학위를 받은 직후인 1968년 미국연방항공국의 민간항공의료위원회 법의인류학 팀장이 됐고, 독보적인 전문가로 이름을 날렸다. 1978년 존 F. 케네디 암살 사건의 하원 청문회에서 엑스레이의 진위를 확인하는 증인으로 나섰고, 일리노이 주의 성공한 건설업자로 1970년대 무려 33명을 살해한 '광대 살인마' 존 웨인 게이시John Wayne Gacy, 1942~1994 사건에서 피해자의 신원 확인 작업을 이끌었다.

1979년 5월 시카고 오헤어공항을 이륙해 LA로 향하던 아메리칸

가운을 입고 작업모를 썼을 때는
냉정하게 작업에 임하라.
울어야겠다면 밤에 집에 가서 울어라.

에어라인 191기가 기체 결함으로 일리노이 주 상공에서 추락, 승객과 승무원 등 273명이 숨졌다. 미국 초유의 참사였다. 스노팀은 희생자의 평상시 사진과 엑스레이, 관련자 증언 등을 토대로 만 2000여 개에 달하는 유해 조각들을 분류, 234명의 신원을 확인해냈다. 영국의 유전학자 앨릭 제프리스Alec Jeffreys, 1950~가 인간의 유전자에서 유전자 지문genetic fingerprinting을 확인한 것은 6년 뒤인 1985년이었고, DNA가 범죄 수사와 신원 확인의 법의학 자료로 활용된 것은 훨씬 나중의 일이었다.(한국에서는 1991년부터였다.)

　스노는 자신의 역량을 보다 자유롭게 활용하고자 1979년 미국연방항공국을 그만둔다. 1983년 12월에 출범한 아르헨티나 라울 알폰신Raul Alfonsin, 1927~2009 정부는 1976년 페론 정부의 권력을 찬탈한 군부 쿠데타 세력의 이른바 '더러운 전쟁' 희생자 발굴 작업에 그의 도움을 청했다. 1985년 시작된 작업에는 불도저가 동원될 정도였다. 노동운동가와 정치인 등 군사정권에 의해 사실상 납치된 '데사파레시도스desaparecidos, 행방불명자'는 1만 5000~3만 명에 달했다. 〈이코노미스트〉는 "무작위로 아무 곳이나 파헤쳐도 유골이 무더기로 쏟아져 나올 정도였다"라고 당시 발굴 상황을 기록했다. 스노는 현지 학생 등으로 발굴단을 조직해 중국 음식점에서 얻어온 나무젓가락 등으로 유골들을 분류, 약 500여 구의 신원을 확인한다. 그는 희생자 대부분이 당시 군대 무기인 이타카 숏건에 희생된 점과 고문 흔적으로 손가락뼈가 부러진 사실 등을 법정에서 증언, 학살을 지휘한 고위 장성 다섯 명의 유죄 평결을 이끌어내는 데 기여했다. 그는 임신 중 납치돼 고문 끝에 숨진 한 여인의 골반뼈 이야기를 증언하기도 했다.

험한 시절을 헤쳐 나온 국가와 국제 인권단체들이 부를 때마다 그는 달려갔다. 유고슬라비아, 필리핀, 엘살바도르, 칠레, 과테말라, 이라크, 콩고, 이디오피아, 짐바브웨……. 그는 호주를 제외한 지구전 대륙의 20세기 학살·참사 현장에서 일했다.

그의 이름이 가장 뜨겁게 세계 언론에 등장한 것은 1985년 아우슈비츠의 학살자 요제프 멩겔레Josef Mengele, 1911~1979의 신원을 확인했을 때였다. 나치 친위대 장교이자 내과 의사였던 멩겔레는 제2차 세계대전 중 아우슈비츠 비르케나우수용소에서 생체 실험을 주도해 '죽음의 천사'라고 불렸던 1급 전범. 그는 나치 항복 직전에 종적을 감춘 뒤 이스라엘 정보기관 모사드와 '나치 사냥꾼' 비젠탈그룹의 끈질긴 추적을 피해 살아남았다. 모사드가 1960년에 홀로코스트의 지휘자 카를 아돌프 아이히만Karl Adolf Eichmann, 1906~1962을 아르헨티나에서 체포하면서 멩겔레의 흔적도 찾아냈지만 그를 붙잡는 데는 실패했다.

포기를 모르는 조직으로 알려진 비젠탈그룹은 1979년 브라질 상파울로에서 수영 도중 발작으로 익사한 '볼프강 게르하르트'라는 남자가 멩겔레일 가능성이 높다고 판단, 브라질 정부에 협조를 구한 뒤 스노에게 도움을 청했다. 스노는 무덤을 열고 뼈들을 정교하게 조합한 뒤 키와 두개골 둘레 등 신체 사이즈와 나치 친위대 자료에 기록된 멩겔레의 유니폼 사이즈, 사진과 유골의 치아 등을 비교, 멩겔레의 유골이 거의 확실하다고 판정했다. 확증을 얻기 위해 스노는 법의인류학 동료인 리처드 헬머와 함께 '두개골·얼굴 중첩 기법 skull-face superimposition'으로 검증까지 거친다. 훗날 이집트의 파라오 투탕카멘의 얼굴 복원에도 활용된 이 기법은 귓구멍, 안구 등 두개골의 해부학적 주요 지점 서른 곳과 얼굴 이미지를 정교하게 대조해 두개골에 피부를 입히는 것. 그들은 멩겔레가 100퍼센트 확실하다는 의견을 냈다.[2] 그 판정은 훗날 발견된 멩겔레의 치아 방사선 사진과 DNA 분석으로 또 한 번 입증됐다. 『멩겔레의 해골』의 저자 이얼 바이저만은 "멩겔레 조사는 실종자 신원 확인 기법의 발전에 결정적으로 기여했다. 인권·범죄 사건에서 과학자가 전문가로 나서게 된 것도 스노의 영향이 크다"라고 썼다. 〈뉴욕타임스〉에 따르면 DNA 분석 등 다양한 과학수사 기법들이 활용되고 있는 지금도 미국 내 약 100여 명의 법의인류학자가 활약 중이다.

2009년 〈가디언〉에서 스노는 1990년대 초 볼리비아에서 전설의 악당 부치 캐시디Butch Cassidy, 1866~1908와 선댄스 키드Sundance Kid, 1867~1908(영화 〈내일을 향해 쏴라〉의 주인공들)의 유해 발굴 실패담도 소개했다. 미국 공영방송 PBS의 프로그램으로 진행된 그 발굴 작업에서 스노는 부치와 선댄스가 남미의 여러 나라를 전전하던 끝에 볼리비아의 고원 마을인 산비센테라는 곳에서 사살됐다는 기록과 1911년 두 명의 '그링고'가 묻혔다는, 당시 경찰 조사를 근거로 작은 묘지에서 두 구의 유해를 발굴한다. 하지만 DNA 분석 결과 시신은 당시 현지 탄광기술자로 파견됐다가 총기 사고로 사망한 독일인의 유해로 판명된다. 스노는 "내게 그 일은 대단한 과학적 경험이었다. 틀릴 수도 있다는 중요한 사실을 알게 해줬기 때문이다. 만일 우리가 몇 피트 정도 떨어진 무덤을 열었다면 부치와 선댄스를 찾아낼 수 있었을지 모른다. 하지만 그 둘이 죽어서까지 추적을 피했다는 점에서 더 멋진 결말이었던 듯도 하다"라고 썼다.

오클라호마 노먼의 스노 집을 방문했던 〈이코노미스트〉 기자는 작업실과 거실의 구분조차 없던 집 분위기를 인상적으로 묘사했다. 두개골과 골편들이 널려 있는 테이블 위에서 커피를 마시고, 필터 없는 카멜 담배를 끊임없이 피워대며 유쾌한 담소를 나눴다는 이야기. 그는 가끔 테이블 위의 두개골들을 애틋한 손길로 어루만지곤 했다고 한다.

과테말라 조사 당시 현지 경찰이 트집을 잡으며 출입을 막자 그가 근엄한 자세로 주머니에서 일리노이 주 검시관협회의 커다란 금속 배지를 내보인 뒤 당당하게 통과한 일도 있었다. 코미디 영화의 한 장면 같은 그 일화의 사연을 묻는 〈워싱턴포스트〉 기자에게 그는 "(권력과 마찰을 빚을 땐) 언제나 더 큰 배지를 가진 놈이 이기는 법"이라고 말했다. 참혹한 발굴 현장에서 학생들이 감정적으로 동요할 때면 "가운을 입고 작업모를 썼을 때는 냉정하게 작업에 임하라. 울어야겠다면 밤에 집에 가서 울어라" 하고 말하기도 했다. UC버클리 법대 교수인 에릭 스토브는 저 말을 "'먼저 과학자가 돼야 한다, 하지만 인간성을 잃지는 마라'라는 뜻으로 들었다"라고 기억했다.

스노는 세 차례 결혼과 이혼을 했고, 1970년에 결혼한 제리 휘슬러와 해로했다. 휘슬러는 스노가 집에서 쥐조차 못 잡게 했다고 전했다. 휘슬러는 "작업 속에 너무 많은 죽음과 파괴가 내재돼 있기 때문이라는 게 그의 생각이었다"라고 말했다.

1926 — 2016
엘리자베스 리비 윌슨

선 택 과 권 리

삶에 대한 결정권은 본인에게 있어야 한다

엘리자베스 리비 윌슨Elizabeth 'Libby' Wilson은 1977년 남편 그레이엄을 위암으로 잃었다. 의료진 처방대로 갖은 항암 치료를 다 했지만 병은 악화됐다. 어느 날 의사는 '브롬튼칵테일brompton cocktail'을 처방했다. 헤로인, 코카인, 에틸알코올을 섞은 강력 진통제. 그들도 의사였고, 그 처방이 무슨 의미인지 잘 알고 있었다. 그레이엄은 진통제를 거부했다. 죽음이 임박해지면 의식도 반의식─무의식으로 사라져갈 테지만, 통증을 잡자고 숨도 멎기 전에 약으로 의식을 잃지는 않겠다는 거였다. 그는 위스키, 탄산수, 차만 마시겠다고 했고 리비는 그 뜻을 존중했다. 그레이엄은 만 2주를 버티고 숨졌으며 리비는 그 과정을 속절없이 지켜봐야 했다.

1960년대부터 미혼 여성 피임클리닉을 열어 여성들의 피임·낙태 권리를 위해 일한 리비였다. 59세의 남편을 떠나보낸 51세의 리비는 남은 생을 불치·말기 환자의 스스로 죽을 권리와 조력자살 합법화에 바치기로 결심했다. 그에게 두 활동은 크게 다르지 않은 거였다.

333

국가와 사회의 억압과 간섭으로부터 개인의 자유와 선택의 권리를 지키는 일. 피임과 낙태가 생명의 선택권이라면 존엄사는 죽음의 권리였다. 그에겐 둘 다 인간이 마땅히 누려야 할 삶의 권리였다.

2016년 2월 말, 리비는 말기 췌장암 진단을 받았다. 그가 자신의 마지막을 위해 준비한 건 '자살 봉지suicide bag'라 불리는 헬륨 키트였다. 농축 헬륨 가스와 비닐봉지, 그리고 봉지를 밀폐하는 데 쓰는 벨크로 밴드. 89세의 그는 항암 치료를 마다하고 그 길로 퇴원했다. 병원을 나서면서 어쩌면 그는 더불어 늙어가는 자식들과 장성한 손주들이 아니라 먼저 간 남편의 마지막 나날과 자신의 헬륨 키트를 떠올렸을지 모른다. 그리고 어쩔 수 없는 슬픔과 함께, 적어도 부질없는 고통으로 남은 시간을 보내지 않을 수 있다는 안도감 혹은 위안을 느꼈을지도 모른다. 2010년 인터뷰에서 그는 "나도 헬륨 키트를 쓰고 싶지 않다. (…) 머리에 뭔가를 뒤집어쓰는 것 자체를 싫어한다"라고 말했다. 그 바람대로 리비는 헬륨 키트를 쓰지 않고 "평화롭게" 한 달 뒤인 3월 29일 집에서 별세했다.

엘리자베스 리비 윌슨은 1926년 6월 3일 영국 런던에서 태어났다. 어머니는 간호사였고, 아버지는 의사였다. 언젠가 그는 "내가 의사가 되길 원치 않았던 때는 단 한 순간도 없었다"라고 말했다고 〈가디언〉은 전했다. 여성 의사가 극히 드문 때였다. 그는 런던 킹스 칼리지 의대에 진학했고, 세인트메리병원에서 일했다. 병원 동료 의사였던 그레이엄과 1949년 결혼해 여섯 명의 아이를 낳았다.

영국이 낙태를 합법화한 건 1967년이었다. 어디나 마찬가지였겠지만, 그때까지 영국 산부인과 환자의 태반이 불법 낙태 수술 후유증 환자였고, 그들 대부분은 미혼 여성이었다. 리비가 생기는 대로 아이를 낳은 것도, 아이들 키우느라 병원을 그만두고 셰필드 지역 보건의GP가 된 것도, 낙태를 불법화한 법과 무관하지 않았을 것이다. 그는 1960년대 초 기혼 여성 가족계획과 미혼·독신 여성 피임을 돕는 '408클리닉'이라는 여성보건센터를 개설했다. 여성(자신)의 삶에 대한 법의 부당한 간섭을 어떻게든 최소화하자는 취지였다.

그의 클리닉에 가장 먼저 반응을 보인 건 여성들이 아니라 윤리 경찰을 자임한 성직자와 지역 유지들이었다. 그들은 설교와 신문 칼럼 등을 통해 클리닉의 부도덕성을 성토했다. 리비는 "그건 우리가 기대조차 하지 않았던 최고의 홍보였다. (…) 여성들이 몰려들어 클리닉이 있던 블록을 에워쌀 정도였다."[1]

1967년 그레이엄이 글래스고의과대학교 교수가 되면서 가족은 글래스고로 이사했다. 제철소, 조선소, 탄광들이 줄줄이 폐업하면서 도시가 황폐해지던 때였다. 리비는 갓 문을 연 가족계획협회 일을 거드는 한편 북부 슬럼가 방문 상담 활동에 주력했고, 성병 피임 낙태와 관련된 궂은일을 도맡았다. 거친 동네에 그가 적응한 방식은 스스로 그들과 다르지 않다는 걸 내보이는 거였다. 그가 훗날 설립한 존엄사 옹호 단체 'FATE'는 그 무렵 한 남자가 난처한 표정으로 그를 찾아와 머뭇거리자 리비가 먼저 이렇게 말한 적이 있었다는 일화를 전했다. "문제가 뭐죠? 너무 빨리 싸요, 아니면 안 서요?" 환자들로 하여금 터놓고 말하게 하려고 선수를 친 것이기도 하지만

나는 윤리적 관점에서
내 입장에 반대하는 이들의 생각을
충분히 이해한다. 내가 이해하지 못하는 건,
왜 그들은 내 생각을 짓밟으려고만 하느냐는 거다.
사람은 삶을 어떻게 끝맺을지
스스로 선택할 수 있어야 한다.

평소 그의 성격과 어투가 그랬다고 말하는 이도 있다. 그를 이어 FATE 회장을 맡은 세일라 더피는 리비의 부고에서 "리비 윌슨은 개인의 권리를 위해 싸운 파이터였지만, 무엇보다 따듯하고 친절하고 용기 있는 여성이었다"라고 말했다.

리비는 1990년 은퇴 후 가족계획 국제 NGO인 '마리스토프스인터내셔널MSI'을 도와 아프리카 시에라리온에서 1년간 봉사 활동을 했다. 2009년 인터뷰에서 그는 "전 세계 어디나 여성은 다 똑같다. 내가 만난 시에라리온 여성들은 글래스고에서 만난 수많은 가난한 여성들을 떠올리게 했다. 그들은 남편을 두려워하고, 섹스를 거부하지 못하고, 어쩔 수 없이 또 아이를 낳곤 했다"라고 말했다.[2] 법은 법이고, 가부장 권력은 또 가부장 권력이라는 얘기였다.

MSI는 고생물학자로 영국 최초의 산아제한클리닉을 연 마리 스토프스Marie Stopes, 1880~1958를 기려 설립한 단체로 아프리카 등 의료 낙후 지역 주민들을 대상으로 피임과 성 보건 교육, 콘돔 보급과 피임 시술, 낙태가 합법인 국가에서는 낙태와 낙태 후 치료까지 제공하는 단체다. MSI에 따르면 현재 세계에는 복합적인 이유로 현대적 낙태 의료 서비스를 못 받는 여성이 2억 2500만 명 있고, 한 해 평균 28만 9000명의 임산부가 출산 과정에서 숨지며, 2000만 명이 안전하지 못한 낙태 수술을 받고, 그중 4만 7000명이 목숨을 잃는다. 리비는 시에라리온에서의 경험과 여성이 임신과 출산, 낙태와 관련해 겪는 문제들을 '마른하늘에 날벼락(Unexpected Always Happen)'이라는 제목을 달아 책을 썼다. 앞서 2004년에 낸 『섹스 온 더 레이츠Sex on the Rates』는 글래스고 성피임클리닉에서 겪은 일화를 엮은 책이라고 한다.

남편과 사별한 리비는 '자발적안락사협회'에 가입, 조력자살 합법화 운동을 시작했다. 1935년 설립된 협회는 환자와 의사를 보호하며 존엄하게 죽을 권리를 지지하는 시민단체로, 법 개정 운동과 함께 존엄사 안내서 『존엄하게 죽기How to Die with Dignity』 등 다양한 관련 서적 출판과 연구를 병행해온 단체다. 리비는 "활동 방식이 못마땅해" 1999년 협회를 탈퇴, 독자적인 단체 FATE를 설립했다. 두 단체의 차이는 분명하지 않다. FATE 역시 은퇴한 의사와 변호사, 학자, 운동가 등이 주축이 돼 조력자살 관련 법 개정 운동과 존엄사와 관련된 다양한 기술적·윤리적 연구 및 교육 홍보, 공개 세미나 등 행사를 벌여왔다. 개별 상담은 물론이고 특별한 경우 스위스 조력자살기관 '디그니타스'까지 동행도 마다하지 않은 점에 비춰, FATE가 좀 더 급진적이고 실질적인 활동을 병행했던 듯하다.

영국 상원은 1936년과 1969년 두 차례 자발적 안락사 법안을 부결한 바 있다. 1961년 자살법Suicide Act에는 조력자살 관련 조항이 없어, 자살을 도울 경우 판사 재량에 따라 살인 방조나 과실치사죄가 적용돼 최고 14년 형을 받을 수 있는 중범죄였다. 2009년 9월 인권변호사 출신 검찰총장 키어 스타머가 기소 가이드라인, 즉 금전적인 이익을 얻지 않고 말기 환자의 의지에 따라 자살하려는 이를 선의로 돕는 경우 기소를 지양하라는 지침을 내리기까지 자살을 도우려면 징역형을 각오해야 했다.

리비가 서리 주 워킹 시 경찰에 연행된 건 스타머의 지침이 발표된 지 꼭 일주일 뒤였다. 앞서 6월 자살한 대학강사 캐리 로더의 죽음을 리비가 적극적으로 도왔다는 혐의였다.

로더는 꽤 알려진 인물이었다. 30대 초 발병한 다발성경화증으로 고통받던 로더는 의사가 처방한 항우울제와 비타민, 아미노산 등을 우연히 복합 투여한 결과 병세가 눈에 띄게 호전됐고, 자신의 투병 체험기를 '햇빛에 서서(Standing in the Sunshine)'란 제목의 책으로 출간해 주목을 끌었다. 의학계는 '캐리 로더 요법'으로 알려진 그의 처방으로 임상 실험을 진행하기도 했다. 2009년 그의 병세는 급격히 악화했다. 요양시설에는 결코 가지 않겠다던 독신의 그는 FATE에 전화로 도움을 청했고, 거기 리비가 응했다. "로더는 실행을 위한 거의 모든 준비를 갖춘 상태였고, 다만 도움이 될 만한 마지막 정보가 있는지 알고 싶어 했다. 그는 아주 지적이고 독립적인 여성이었고 무엇보다 결심이 확고했다"라고 리비는 말했다. 리비는 또 "그는 몸이 마비돼가는 상황에도 혼자 자신의 삶을 책임질 만큼 독립적인 여성이었지만 (죽기 위한 준비까지) 혼자 해내야 하는 현실을 끔찍하게 여겼다"라고 전했다.

로더는 이웃에게 강아지 산책을 부탁한 뒤 인터넷으로 구입한 헬륨 키트로 목숨을 끊었다. 그는 자신의 선택이 온전히 자발적이며 모든 과정을 스스로 실행했음을 밝히는 유서를 남겼다. 하지만 경찰은 83세 '피의자' 리비를 연행했고, 자해나 자살을 시도할까 봐 그의 신발 끈을 풀고 펜까지 압수했다고 한다. 리비는 당일 풀려났지만, 검찰이 최종 불기소 결정을 내린 것은 1년여 뒤인 2010년 8월이었다. FATE 대변인은 "리비 같은 이들이 여전히 법적으로 불안전한 상황을 감당해야 한다는 것도 염려스럽지만, 막대한 세금과 경찰력이 낭비되고 있다는 점이 더 걱정스럽다"라고 논평했다.[5] 조력자살 캠페이너들은 "만일 법이 의료진의 조력자살을 허용했다면, 로더는 병세가 더 악화할 때까지 조금은 더 살 수 있었을 것" 하고 말했다. 리비 역시 자신이 상담한 수많은 이들이 아직 육체를 통제할 힘—적어도 밸브를 열 힘, 독극물 든 잔을 들 힘—을 지닌 채 주어간 현실에 분노했다. "나는 윤리적 관점에서 내 입장에 반대하는 이들의 생각을 충분히 이해한다. 내가 이해하지 못하는 건, 왜 그들은 내 생각을 짓밟으려고만 하느냐는 거다. 사람은 삶을 어떻게 끝맺을지 스스로 선택할 수 있어야 한다."[6]

스코틀랜드 의회의 마고 맥도널드Margo MacDonald, 1943~2014 의원은 남편 짐 실러스 전 의원과 함께 2007년 토니 블레어 총리의 전범 기소를 촉구하는 장문의 청원서를 당시 법무장관에게 제출한 일로 한국 언론에도 소개된 적이 있다. 블레어가 주권국 이라크 침공을 공모·강행함으로써 국제법과 스코틀랜드 국내법을 위반했다는 게 이유였다. 당시 맥도널드는 파킨슨병 환자였다. 투병하면서, 또 여러 환자와 가족들을 만나면서, 그는 열정적인 조력자살 옹호론자가 됐다. 그는 숨지기 직전 어렵사리 자신의 이름을 딴 조력자살 법안을 의회에 상정했다. 그는 2014년 4월에 별세했고, 의회는 이듬해 법안을 부결했다. 리비는 글래스고 자택 욕실 벽에 마고가 서명한 법안 사본을 걸어두고 살았다.[7]

리비는 이언 랜킨의 작품을 특히 좋아했던 스릴러 마니아였고,

그의 서재 책장은 온갖 추리소설들로 빼곡했다고 한다. 아마도 그는 가장 걱정 없고 행복한 시간들을 거기서 그 책들과 함께 보냈을 것이다. 책장 맨 위에는 작고 빨간 상자가 늘 놓여 있었는데, 상자에는 검은색 해골이 아니라 활짝 웃는 아이의 사진이 붙어 있었다고 한다. 헬륨 키트 상자였다.[8]

레베카 마시카 카추바

1 pulitzercenter.org, 2016. 2. 4.
2 amnestyusa.org, 2010. 4. 13.
3 pulitzercenter.org, 2016. 2. 4.
4 amnestyusa.org, 2010. 4. 13.
5 〈가디언〉 2016. 2. 9.

홀브룩 콜트

1 http://www.whosaeng.com/sub_read.html?uid=34169
2 http://www.modernluxury.com/san-francisco/story/when-doctors-need-doctors-after-dodging-death-sentence-looking-cure
3 〈뉴욕타임스〉 2013. 12. 23.
4 http://www.nytimes.com/2013/12/24/science/a-doctors-intimate-view-of-hemophilia.html?_r=1
5 http://www.ibclifesciences.com/upload/wysiwyg/drug_discovery_series/D13172/podcasts/Kohrt_Holbrook_2013-08-26.pdf
6 Stanford.edu, 2016. 3. 1.
7 http://sm.stanford.edu/archive/stanmed/2009summer/article5.html
8 〈뉴욕타임스〉 2013. 12. 23.
9 med.stanford.edu, 2016. 3. 1.

스텔라 영

1 〈가디언〉 2014. 12. 17.

딘 포터

1 〈아웃사이드〉 2011. 6. 5.
2 〈Beyond the Edge〉 2015. 5. 17.
3 〈아웃사이드〉 2011. 6. 15.

바버라 아몬드

1   『어머니는 아이를 사랑하고 미워한다』 머리말에서
2   『나쁜 엄마』 16쪽
3   『어머니는 아이를 사랑하고 미워한다』 35쪽
4   『어머니는 아이를 사랑하고 미워한다』 354쪽
5   http://archive.boston.com/lifestyle/health/articles/2011/01/17/
    dr_barbara_almond_discusses_the_hidden_side_of_motherhood/

노먼 파버로

1   〈LA타임스〉 2009. 5. 18.
2   〈뉴욕타임스〉 2015. 9. 15.
3   『에드윈 슈나이드먼 박사의 심리 부검 인터뷰』 중에서
4   〈텔레그라프〉 2015. 9. 16.
5   〈LA옵저브드〉 2015. 9. 17.

니키 콰스니

1   nwi.com, 2015. 2. 8.

우자와 히로후미

1   『사회적 공통 자본』 27쪽
2   『지구온난화를 생각한다』 역자 후기 중에서

에푸아 도케누·

1   http://www.thegirlgeneration.org

더글러스 톰킨스

1   〈가디언〉 2009. 2. 15.
2   〈The Atlantic〉 2014. 9. 15.
3   〈뉴욕타임스〉 2005. 8. 7.
4   〈The Atlantic〉 2014. 9. 15.

미주

메리 도일 키프
1 『자유를 위한 탄생』 337쪽
2 〈워싱턴포스트〉 2014. 8. 10
3 www.loc.gov/vets

로저 보이스졸리, 로버트 이블링
1 NPR, 2006. 1. 28.
2 〈LA타임스〉 1987. 1. 28.
3 NPR, 2012. 2. 6.
4 〈뉴욕타임스〉 2012. 2. 3.
5 fws.gov, 2016. 3. 24.
6 http://www.npr.org/sections/thetwo-way/2016/01/28/464744781/30-years-after-disaster-challenger-engineer-still-blames-himself
7 NPR, 2016. 2. 25.

델 윌리엄스
1 〈뉴욕타임스〉 1973. 6. 11.
2 〈뉴욕타임스〉 2015. 3. 13.

글렌 포드
1 〈허핑턴포스트〉 2015. 4. 3.
2 shreveporttimes.com, 2015. 3. 20.

데니즈 마셜
1 〈가디언〉 2014. 12. 8.
2 〈더 선〉 캠페인 'Give Me Shelter' 자료 중에서
3 〈가디언〉 2015. 7. 30.
4 〈가디언〉 2011. 2. 15.

제럴드 라루

1   〈LA타임스〉 2014. 9. 21.

로절린 벅샌덜

1   http://www.npr.org/templates/story/story.php?storyId=94240375
2   wordsofchoice.blogspot.kr
3   jaconbinmag.com, 2015. 10.19.
4   〈뉴욕타임스〉 2015. 10. 14.

에버렛 라마 브리지스

1   〈The Spokesman Review〉 2015. 1. 29.

앤드루 딘 스태프

1   workers.org, 「Andy Stapp, a thorn in the Pentagon's side」
2   『미국의 베트남전쟁』 177~179쪽
3   『미국의 베트남전쟁』 228쪽

도리스 필킹턴 가리마라

1   호주인권기회균등위원회 'Bringing Them Home' 보고서, 1997
2   〈가디언〉 2002. 10. 25.
3   〈가디언〉 2014. 5. 7.
4   〈뉴욕타임스〉 2002. 11. 29.
5   〈가디언〉 2002. 10. 27.
6   〈가디언〉 2013. 5. 26.

로버트 루시

1   〈뉴욕타임스〉 2015. 10. 13.
2   〈뉴욕포스트〉 1999. 5. 14.
3   〈뉴욕타임스〉 1981. 8. 9.

미주

델머 버그

1 eldiario.es, 2015. 3. 12.
2 〈Anderson Valley Advertise〉, 2013. 10. 9.

네비 써니

1 〈가디언〉 2014. 12. 30.
2 〈가디언〉 2014. 11. 8.

윌리엄 그린

1 http://www.theroot.com/blog/janet_cookes_hoax_still_resonates_after_30_years/

마이클 존 케네디

1 〈하이타임스〉 2015. 3. 6.
2 〈하이타임스〉 2016. 1. 25.
3 〈하이타임스〉 2015. 3. 6.
4 http://www.뉴욕타임스imes.com/1995/06/09/us/for-defense-lawyer-in-bomb-case-latest-in-a-line-of-unpopular-clients.html?pagewanted=all
5 http://www.thenation.com/article/baking-bad-potted-history-high-times/
6 http://www.hightimes.com/read/requiem-dragonslayer-michael-kennedy-1937-2016

앨버트 모리스 벤디크

1 『표현 자유 확장의 판결』 중에서
2 벤디크의 최종 변론 「First Amendment News」 중에서
3 〈뉴욕타임스〉 2015. 1. 13.
4 「First Amendment News」 중에서

요세프 랑에

1 〈뉴욕타임스〉 2002. 7. 13.
2 〈Journal of Clinical Investigation〉
3 〈Journal of Virology〉 1989.
4 NPR, 2014. 7. 18.
5 〈이코노미스트〉 2014. 7. 26.

파테마 메르니시

1 Geostategic and Geopolitical studies institute, 2013. 3. 14.
2 http://www.npr.org/2015/12/10/459223430/remembering-islamic-feminist-fatema-mernissi
3 〈뉴욕타임스〉 2015. 12. 9.
4 resetdoc.org
5 oxfordislamicstudies.com, Fatema Mernissi
6 〈뉴욕타임스〉 2015. 12. 9.
7 goodreads.com, Fatema Mernissi

앨빈 브론스타인

1 http://articles.philly.com/1995-03-02/living/25700471_1_national-prison-project-alvin-bronstein-civil-rights-act
2 thinkprogress.org, 2015. 11. 4.
3 http://www.prisonstudies.org/sites/default/files/resources/downloads/wppl_10.pdf
4 〈뉴욕타임스〉 2015. 2. 28.
5 〈워싱턴포스트〉 2012. 7. 19.
6 http://www.thenation.com/article/september-9-1971-attica/

하요 마이어

1 〈Innovative Minds〉 2010. 1. 26.
2 〈일렉트로닉인티파다〉 2009. 6. 1.

카스파 보든

1 〈월스트리트저널〉 2015. 7. 10.
2 〈가디언〉 2015. 7. 13.
3 〈텔레그라프〉 2015. 7. 13.

루스 래거 시버드

1 〈뉴욕타임스〉 1970. 6. 9.
2 〈뉴욕타임스〉 1986. 1. 18.
3 〈워싱턴포스트〉 2015. 8. 29.

클라이드 콜린스 스노

1 〈LA타임스〉 2014. 5. 14.
2 〈테크놀로지&사이언스〉 2014. 5.

엘리자베스 리비 윌슨

1 〈가디언〉 2016. 4. 12.
2 〈The Scotsman〉 2009. 10. 1.
3 〈The Independent〉 2009. 6. 23.
4 〈텔레그라프〉 2009. 6. 21.
5 〈Daily Mail〉 2010. 8. 17.
6 〈The Scotsman〉 2009. 10. 1.
7 〈가디언〉 2016. 4. 12.
8 〈The Scotsman〉 2009. 10. 1.

ㄱ

게이시, 존 웨인 326
게일, 헬레네 270, 273
고르, 앙드레 232
긴즈버그, 앨런 255

ㄴ

냅, 휘트먼 208
네빌, A. O. 202
네스, 아르네 98
노이스, 필립 201, 202
니클린슨, 토니 232
닉슨, 리처드 138, 215, 315, 316
닐, 조녀선 190, 194

ㄷ

데이비스, 스테프 48, 49
도드슨, 베티 124, 125

ㄹ

라이드, 샐리 119
러드, 케빈 197, 205
러셀, 수지 96, 97
레비, 로널드 27
레어드, 멜빈 315

레오 13세 77
레이건, 낸시 238, 249
레이건, 로널드 117, 223, 238, 249,
    289, 317
록웰, 노먼 105, 107, 108, 110, 111
록펠러, 넬슨 285
루뭄바, 파트리스 15
리어리, 숀 43
리어리, 티머시 248
리트먼, 로버트 64
린제이, 존 208
링겔, 에르빈 64

ㅁ

마시, 샘 188
마오쩌둥 81
매카시, 조지프 259
맥도널드, 마고 340
먼로, 메릴린 65
메러디스, 제임스 132, 133
멩겔레, 요제프 329, 330
모건, 로빈 170
무어, 로빈 207

ㅂ

방구라, 자이납 하와 21

배니스터, 제프 183, 184

배리, 매리언 238

베긴, 메나헴 300

베블런, 소스타인 79

부시, 조지 허버트 270, 289

부토, 베나지르 280

브래들리, 벤저민 235, 241

브루스, 레니 260

빈델, 줄리 152, 155

ㅅ

사이드, 에드워드 295

샌퍼드, 테리 236

샤론, 아리엘 299

서피코, 프랭크 207~211, 214

세세 세코, 모부투 15

소그호이언, 크리스토퍼 310

쉬나드, 이본 100

슈나이드먼, 에드윈 62

스타머, 키어 230, 338

스타이넘, 글로리아 91, 93

스타인벡, 존 218

스토프스, 마리 337

스티글리츠, 조지프 83

스피어스, 브리트니 127, 128

시, 캐럴린 52

ㅇ

아메리, 장 61, 62, 68, 69

아베츠, 에릭 202

아이히만, 카를 아돌프 329

알리, 무하마드 190

알폰신, 라울 328

애로, 케네스 83

엑스, 맬컴 132

오바마, 버락 138, 139, 253, 303, 304

올브라이트, 매들린 16, 131

와두드, 아미나 275

요한 바오로 2세 77, 78

우나이폰, 데이비드 201

월드먼, 아옐렛 55

위젤, 엘리 297, 300, 301

윌리엄스, 로빈 188

윌리엄스, 트리트 214

ㅈ

제인츠, 솔 262

제프리스, 앨릭 328

젱킨스, 사이먼 230, 232

존슨, 린든 138, 187, 192, 319

ㅊ

차베스, 세자르 248

촘스키, 놈 132, 223, 295

ㅋ

카빌라, 로랑 16

카터, 지미 317

캐머런, 데이비드 93, 150, 153, 154

캐시디, 부치 330

케넌, 조지 319

케네디, 로버트 133

케네디, 존 F. 172, 326

코레마츠, 프레드 259, 260

콜린스, 웨인 259~261

쿡, 재닛 235~238, 240~243

클라크, 펠턴 G. 204

키팅, 폴 204

킹, 마틴 루터 132, 135, 190, 248

ㅌ

타노워, 허먼 252

톰킨스, 크리스 맥디비트 98

티거, 마이클 252

ㅍ

파이어스톤, 슐라미스 171

파크스, 로자 135

퍼링게티, 로런스 255, 256

포케이드, 토머스 K. 245~249, 253

프리던, 베티 126, 172

프리티, 다이앤 229, 232

플린, 엘리자베스 걸리 174

ㅎ

하워드, 존 204

험프리, 데릭 162

험프리, 휴버트 319

호퍼, 에릭 218

혼, 클레이턴 256

흐루쇼프, 니키타 169

방송·영화·웹사이트·노래명

ㄱ

〈가족인 이유〉 74

〈광년〉 75

〈굿모닝 베트남〉 188

ㄴ
〈노리미츠〉 35
〈뉴버그리포트〉 184

ㄷ
〈더 클리프 드웰러스〉 127
〈뜨거운 오후〉 286

ㄹ
〈램프업〉 35, 38

ㅁ
〈마리화나를 위한 삶〉 253
〈미시시피 버닝〉 136

ㅂ
〈뻐꾸기 둥지 위로 날아간 새〉 262

ㅅ
〈슈리브포트타임스〉 145
〈스타트렉〉 164
〈십계〉 256

ㅇ
〈아마데우스〉 262
〈오리건에서는 어떻게 죽는가〉 163
〈잉글리시 페이션트〉 262

ㅊ
채널31 35

ㅌ
〈토끼 울타리〉 201, 202
〈토니윙슈트〉 46

ㅍ
〈폭풍의 산〉 97
〈필 도너휴 쇼〉 242

ㅎ
〈형사 서피코〉 211, 212
〈호빗〉 262

기타
〈180도 남쪽〉 97
ABC 35, 147
AP통신 71, 111
BBC 91, 93, 231

CBS 157, 159

C-SPAN 139

ESPN 45, 49

〈HIV(e)Ducation〉 271

〈LA옵저브드〉 66

NPR 114, 117, 119~121, 273, 277, 281

PBS 139, 330

〈SF게이트〉 58

〈What a Wonderful World〉 188

〈내셔널지오그래픽〉 41

『누구를 위하여 종은 울리나』 221

〈뉴요커〉 93

「뉴욕타임스 편집자에게 드리는 편지」 300

〈뉴욕타임스〉 26, 42, 44, 53, 55, 141, 164, 192, 203, 207, 211, 212, 242, 261, 272, 281, 290, 299~301, 316, 330

〈뉴욕프레스〉 129

책·잡지·신문·편명

ㄱ

〈가디언〉 93, 152, 175, 226, 232, 300, 324, 330, 334

〈군대저널〉 193

『근대경제학의 재검토』 84

『긴 그림자』 155

ㄴ

『나리타란 무엇인가』 84, 85

『나쁜 엄마』 55

『나의 투쟁』 105

ㄷ

〈더 네이션〉 252, 290

〈더럼선〉 236

〈더 본드〉 193, 194

〈데일리타임스〉 280

『도시의 왕자』 212

『돈키호테』 219

〈디복스〉 92

ㄹ

〈라이프〉 209

『레드 다이퍼』 167

〈레지스터〉 165

ㅁ

〈마녀〉 201

『마른하늘에 날벼락』 337

〈마리끌레르〉 87

『멩겔레의 해골』 330

『미국 경제사 백과사전』 107

『미국 노동 여성』 174

『미국 전쟁사 속 여성』 107

『미국의 베트남전쟁』 190

『미국의 전망』 109

「미래엔 어떻게 될까」 90

〈미즈〉 126

ㅂ

「배반당한 윤리적 전통」 296

『베일과 남성 엘리트』 279

『베일을 넘어서』 278

『변화 : 한 목부의 딸』 201

〈보그〉 87

〈보스턴글로브〉 59, 83

『분노의 포도』 218

「불 지피기」 172

ㅅ

『사막의 꽃』 87

『사회적 공통 자본』 78, 79

〈새터데이이브닝포스트〉 105

〈샌프란시스코매거진〉 25, 27

「성직자가 침묵의 죄를 범할 때」 159

『세계 군사 및 사회 지출』 317

『세계 군사 비용 및 무기 거래』 316

「세계의 군비 지출」 315

「세계의 방위 비용」 314

『섹스 온 더 레이츠』 337

〈슈리브포트타임스〉 145

〈스포츠일러스트레이티드〉 177, 178, 181

〈스포크스맨리뷰〉 183

〈시드니모닝포스트〉 31, 38

〈시드니모닝헤럴드〉 205

〈시카고트리뷴〉 73

『시프리 연감』 313, 314, 320

『심층생태학』 98

ㅇ

〈아메리칸스펙테이터〉 179

〈아웃사이드〉 46

「아티카 학살」 290

『어머니는 아이를 사랑하고 미워한다』 51

『어머니의 사랑, 어머니의 증오』 53

〈에모리휠〉 296

〈에스콰이어〉 192

〈엘르〉 87

「여든 살의 나에게」 31

『여성의 신비』 126, 172

「연루자들」 235

『영혼의 암살자』 155

〈예루살렘포스트〉 298

『올 더 센추리언스』 209

『완벽한 스카즈데일 의학 다이어트』 252

「울부짖음」 255

『울부짖음』 255

〈워싱턴포스트〉 93, 97, 108, 136, 180, 235, 236, 238, 240~243, 299, 300, 331

『워즈 온 파이어』 174

〈워커스월드〉 194, 195

『월경의 꿈』 280, 281

〈월스트리트저널〉 299, 300, 309

『유대정신의 종말』 299

「은퇴를 생각한다」 103

「이달의 돼지」 194

『이슬람과 민주주의』 280

『이슬람의 잊힌 여왕들』 280

〈이코노미스트〉 163, 271, 272, 330

「인종주의 프로그램으로부터 탈주한 원주민 소녀들」 203

〈인티파다팔레스타인〉 298

〈일렉트로닉인티파다〉 299

『일본의 교육을 생각한다』 84

『일상의 투쟁』 280

ㅈ

『자동차의 사회적 비용』 84, 85

「자살의 증거들」 63

『자위 해방』 125

『자유를 위한 탄생』 106

〈자유연구〉 159

『자유죽음』 61

『장미 자르기』 88

〈저니앤드크로싱〉 110

『정원의 혁명』 126

〈제3섹터〉 154

『존엄사와 종교』 163

『존엄하게 죽기』 338

『죽어가는 짐승』 167

「죽을 권리―힘을 얻다」 163

『지구온난화를 생각한다』 84

「지미의 세계」 235

ㅊ

『책으로 찾아가는 유토피아』 84

ㅋ

〈카운터펀치〉 298

〈카운트포인트〉 194

〈퀘스티아〉 80

ㅌ

〈타임〉 158, 253

〈텔레그라프〉 226

『토끼 울타리』 198, 201

〈톨레도블레이드〉 236, 241

ㅍ

〈파울라〉 103

『페미니스트 회고 기획』 172

『포 볼』 184

〈포춘〉 106

〈퓨틸러티인필더블로그〉 183

〈프렌즈앤네이버스〉 218

『프렌치커넥션』 207

〈플래닛마운틴〉 43

〈플레이보이〉 246

〈필라델피아인콰이어러〉 283

ㅎ

〈하이타임스〉 245~247, 249, 251

〈항바이러스요법〉 271

『햇빛에 서서』 339

〈허핑턴포스트〉 296

『혈우병과 더불어 살기』 24

『호주의 역사』 103

기타

「3500년 전 유대인은 아이의 희생을 거
부했다. 이제 하마스의 차례다」 300

〈GQ〉 242

〈LA타임스〉 116, 134, 136, 139, 185,
299

〈USA투데이〉 131

기관·단체명

ㄱ

결백프로젝트 143~145

공감과선택 163

과학자학회 306

국가감옥프로젝트 283, 286, 291

국립야생보존위원회 120

국제난민구제기구 314

국제노동자당 193, 195

국제사면위원회 20, 21

국제수형시설연구센터 288

국제에이즈학회 265, 267, 269, 270
~272

국제유대인반시오니스트네트워크 293

국제자살예방협회 64

국제평화국 313, 314

국제형벌개혁 288, 291

군민평화연대 194

ㄴ

남부기독교지도자회의 135

농장노동자조합 222

뉴욕경찰청 마약특별조사팀 208

뉴욕경찰청 207, 209, 211, 212, 214

뉴욕급진파여성 170

ㄷ

대통령의 에이즈 긴급구제 계획 272

더 걸 제너레이션 92, 93

디그니타스 229, 230, 338

디그니티 인 다잉 229, 230

디디허시정신보건서비스 68

ㄹ

레드스타킹스 171

ㅁ

마리스토프스인터내셔널 337

마리화나법 개정을 위한 전국기구 247

마약단속국 209, 247~249

물가관리국 314

미국과학진흥협회 119

미국국가안전국 303, 304, 306, 311

미국국가정보국 308

미국국립정신보건원 63

미국군인노조 187, 193

미국군축청 314

미국리벳공로시위원회 110

미국시민자유연맹 248, 256, 259, 260,
262, 283, 284

미국연방수사국 304

미국연방항공국 326

미국자살학위원회 65

미국질병통제예방센터 26, 267

미국청년공산주의자연맹 220

미국항공우주국 236

미국해외공보처 236

민주학생연합 190

ㅂ

버려진 이들의 자활연대협회 19

베어 강 철새들의 피난처 120

보육해방 170

비미활동위원회 248, 258

ㅅ

세계보건기구 87, 89, 91, 268

세계산업노동자연맹 174

소수자인권그룹 88

스톡홀름국제평화연구소 313, 314

스톤월주거협회 151

시민자유정의가족위원회 310

시에라클럽 96

심층생태학재단 98

ㅇ

아일랜드공화국군 251

아프리카연합 87

여성보건연구개선기금 88

여성을 위한 정의 152

영국정보통신본부 308

영원한사랑형제회 248

옥스팜 18~20

월드프라이어러티 317

위민스에이드 152, 153

위치 171

유네스코 319

유니세프 90~92

유엔 19~21, 87, 88, 90, 92, 314, 316, 319

유엔에이즈계획 269

유엔인구기금 90

이퀄리티 나우 91

인종평등회의 135

ㅈ

자발적안락사협회 338

재향군인관리국 62, 63

전국농민노동자협회 248

전미긴급시민자유위원회 247, 248

전미여성기구 123, 127, 129, 172

전미유색인종지위향상협회 132, 133, 222

정보정책연구재단 305, 309

ㅊ

창조과학회 158

청소년을위한동원 170

ㅍ

팜액세스재단 271, 272

프라이버시인터내셔널 309, 310

프랑스통합고등위원회 275

ㅎ

학생비폭력조정위원회 190

한국중앙심리부검센터 64

헴록 162, 163

호주영화위원회 203

호주예술위원회 201

휴먼라이츠워치 21

흑표당 190

기타

408클리닉 335

FATE 335, 337~339

FBI → 미국연방수사국 127, 169, 222,
  249, 259, 304

HRW → 휴먼라이츠워치 21

IRA → 아일랜드공화국군 251

KKK 135, 136

LA자살예방센터 64, 65, 68

MSI → 마리스토프스인터내셔널 337

NASA → 미국항공우주국 113~117,
  119~121